LE MONDE SELON ÉTIENNE KLEIN

Du même auteur

Conversations avec le Sphinx. Les paradoxes en physique, Albin Michel, 1991 ; « Le Livre de Poche », 1994.

Le Temps et sa Flèche, avec M. Spiro (dir.), Éditions Frontières, 1995 ; « Champs », 1996.

L'Unité de la physique, PUF, 2000.

Les Tactiques de Chronos, Flammarion, 2003 (prix « La science se livre », 2004) ; « Champs », 2004.

Petit Voyage dans le monde des quanta, « Champs », 2004 (prix Jean Rostand, 2004) ; nouv. éd. 2016.

Il était sept fois la révolution. Albert Einstein et les autres…, Flammarion, 2005 ; « Champs », 2007 ; nouv. éd. 2016.

Le facteur temps ne sonne jamais deux fois, Flammarion, 2007 ; « Champs », 2009 ; nouv. éd. 2016.

Les Secrets de la matière, Plon, 2008 ; « Librio », 2015.

Galilée et les Indiens. Allons-nous liquider la science ?, Flammarion, 2008 ; « Champs », 2013.

Pourquoi je suis devenu chercheur scientifique, propos recueillis par Ludovic Ligot, Bayard, 2009.

Discours sur l'origine de l'univers, Flammarion, 2010 ; « Champs », 2012 ; nouv. éd. 2016.

Anagrammes renversantes ou Le sens caché du monde, avec Jacques Perry-Salkow, Flammarion, 2011.

En cherchant Majorana. Le physicien absolu, Les Équateurs-Flammarion, 2013 (élu « Meilleur livre de science 2013 » par le magazine *Lire*) ; « Folio », 2015.

LE MONDE SELON ÉTIENNE KLEIN

Recueil des chroniques diffusées
dans le cadre des « Matins » de France Culture
(septembre 2012 - juillet 2014)

Champs sciences

ISBN : 978-2-0813-9154-3

AVANT-PROPOS

En temps ordinaire, l'actualité ne déborde pas de nouvelles croustillantes en provenance de la physique. Et les chercheurs ont beau travailler intensément, ils ne peuvent pas découvrir l'équivalent du boson de Higgs tous les quatre matins.

Dès lors, aucun sujet ne s'impose d'emblée. Aussi l'écriture d'une chronique de physique destinée à être lue chaque jeudi à 7 h 17 pile, un horaire où la plupart des cerveaux disponibles sont en lente phase d'éveil, réclame-t-elle souvent qu'on lui sacrifie une partie de la nuit qui précède l'entrée en studio. À minuit passé, dans le silence de son appartement, le chroniqueur doit inventer séance tenante le moyen d'augmenter la réalité promue ou délaissée par les médias en y insérant ses marottes, ses manières d'interroger ce qui se passe dans ou hors des laboratoires. Heureusement pour lui, il finit toujours par trouver, parfois *in extremis*, un grain à moudre, une idée à creuser, un contresens à corriger, une autre façon de regarder le monde.

Il expliquera une loi physique connue, mais mal connue ($E = mc^2$), défera des vulgates (« tout est relatif »), moquera une façon abracadabrantesque de parler (« inverser la courbe du chômage »), problématisera des concepts apparemment simples (« quand ça change, qu'est-ce qui change ? »), partagera un sourire (« le paradoxe du chat beurré »), intriguera (« comment connaître l'âge et la pointure de pied d'une personne sans lui demander ni son âge ni sa pointure de pied ? »), racontera des anecdotes relatives à tel ou tel grand physicien (« les moutons de Dirac »), révélera deux ou trois anagrammes percutantes, ou tout simplement confiera un petit morceau de sa propre vie.

Le tout en six minutes, soit le temps de cuire deux œufs à la coque d'affilée. Voire en sept, quand l'attention pourtant scrupuleuse du maître des lieux et surtout du temps, Marc Voinchet, se relâche.

Il paraît qu'une telle durée, par les temps qui courent (c'est le mot), c'est énorme.

LES MATHÉMATIQUES, LA PHYSIQUE ET LE LANGAGE

Je voudrais vous parler des liens entre mathématiques, physique et langage.

Tout lycéen le sait : la physique a son langage à elle. Ce langage, depuis que Galilée en a eu l'idée, ce sont les mathématiques. Les lois physiques s'écrivent sous forme d'équations, c'est comme ça et pas autrement.

Quand on lui demandait « Pour quoi faire des mathématiques ? », Laurent Schwartz, qui fut l'un des professeurs les plus prestigieux de l'École polytechnique, répondait : « Il faut faire des mathématiques, parce que les mathématiques, ça sert à faire de la physique. La physique, ça sert à faire des frigidaires. Les frigidaires, ça sert à y mettre des langoustes, et les langoustes, ça sert aux mathématiciens, qui les mangent et sont alors dans de bonnes dispositions pour faire des mathématiques, qui servent à la physique, qui sert à faire des frigidaires qui… » Même s'il semble bassement utilitaire, l'argument n'est pas sans valeur. Mais il y a mieux, il y a encore plus fort. Je passe sur la beauté intrinsèque des mathématiques, sur les joies intellectuelles qu'elles donnent, pour évoquer plutôt l'efficacité proprement stupéfiante des mathématiques en physique. D'abord, les mathématiques sont capables de condenser en une simple équation beaucoup de phénomènes physiques différents. On pourrait dire que l'*algèbre abrège*, ce qui fait presque une anagramme. Ensuite, les mathématiques en physique sont devenues une sorte de « treuil ontologique », au sens où elles ont permis de prédire l'existence de nouvelles sortes d'objets physiques, qui ont par la suite été détectés. Je pense au photon, à l'antimatière, aux neutrinos, aux quarks, et tout récemment à la découverte du boson de Higgs annoncée le 4 juillet dernier, quarante-huit ans après sa prédiction grâce à des arguments mathématiques, par les physiciens Robert Brout, François Englert et Peter Higgs, en 1964. Désormais, grâce à cette découverte, nous savons par quel mécanisme les particules élémentaires ont acquis leur masse, très tôt dans l'univers primordial.

Le 31 juillet dernier, le Premier ministre, Jean-Marc Ayrault, accompagné par Geneviève Fioraso, la ministre de la Recherche et de l'Enseignement supérieur, est venu visiter le CERN [1] et son gigantesque accélérateur, le LHC, dans le but de mieux comprendre ce que font et surtout ce que cherchent les physiciens des particules. Nous lui avons expliqué que les expériences qui sont menées auprès du LHC permettent de prolonger, avec des outils ultramodernes, une quête fort ancienne, celle qui fut amorcée par les philosophes présocratiques : de quoi la matière est-elle faite et comment s'est-elle structurée ? Cette découverte est certes l'aboutissement d'une aventure passionnante, mais pourra-t-elle avoir des applications concrètes ? Voilà une question qui est souvent posée. Si nous étions malhonnêtes intellectuellement, nous pourrions faire croire que grâce à la détection du boson de Higgs, qui nous permet de savoir d'où vient la masse des particules élémentaires, quelque industriel

1. Le Centre européen pour la recherche nucléaire (CERN) est situé à Meyrin, en Suisse. Il abrite le plus grand accélérateur de particules au monde, le Large Hadron Collidor (LHC).

génial pourra bientôt exploiter ce résultat et mettre au point, puis sur le marché, un appareil permettant de perdre de la masse, c'est-à-dire de maigrir, donc de résoudre ce problème de santé publique qui s'appelle l'obésité… Les magazines adoreraient cette science-fiction et la physique des particules pourrait enfin se prévaloir de répondre à un problème de société. Mais tout cela ne serait bien sûr qu'esbroufe, mensonge et poudre aux yeux.

Pas dupe, le Premier ministre a compris qu'il ne fallait pas attendre de retombées industrielles ou économiques, du moins à court terme, de la découverte du boson de Higgs, dont la durée de vie, extrêmement courte, se chiffre en millionième de milliardième de milliardième de seconde : on ne fera pas de nouvelles molécules et encore moins de nouveaux médicaments avec une telle petite chose… Alors, avant de nous quitter, il nous a adressé un message : selon lui, il est devenu crucial que les chercheurs trouvent les moyens d'expliquer au grand public l'enjeu de leurs travaux, sans quoi nos concitoyens auront de plus en plus de mal, en ces temps de crise, à comprendre les financements qui sont accordés aux recherches les plus fondamentales, qui peuvent être très coûteuses.

Le problème est : comment faire ? Comment dire avec des mots simples ce que diraient les équations de la physique si elles pouvaient parler ? Mise en phrases, n'importe quelle équation perd toute concision et l'essentiel de sa puissance, sans rien gagner en intelligibilité pour le profane. Pierre-Simon de Laplace, l'un des grands savants de l'époque napoléonienne, donna de plaisantes illustrations de cette situation dans son *Essai philosophique sur les probabilités*, où l'on rencontre des paraphrases de cet acabit : « La probabilité des erreurs que chaque élément laisse encore à craindre est proportionnelle au nombre dont le logarithme hyperbolique est l'unité, élevé à une puissance au carré de l'erreur, pris en moins, et multiplié par un coefficient constant qui peut être considéré comme le module de la probabilité des erreurs. » Encore s'agit-il là d'expliquer une notion simple, la loi des grands nombres : on imagine ce que pourrait donner la traduction en phrases d'équations de la théorie quantique des champs ou de la relativité générale…

Dès lors, comment bien dire avec des mots ce que nous comprenons grâce à des équations ?

C'est un enjeu éthique : en général, on dit que les questions éthiques qui concernent les sciences commencent avec les applications. Je pense plutôt qu'elles commencent dès notre façon de dire les choses, car notre façon de dire les sciences détermine en partie la façon dont elles seront pensées : si on les dit mal, on les pensera mal, d'où l'importance qu'il faut accorder au langage avec lequel nous tentons de dire la science.

On entend souvent dire : « La physique, ou les mathématiques, c'est du chinois. » Rien de plus vrai : prenez un livre de physique, écoutez la conférence d'un mathématicien, vous n'y comprendrez pas grand-chose. Face à ce constat, il y a deux façons de réagir.

La première rejoint la fameuse citation de Lacan : « Tout le monde n'a pas le bonheur de parler chinois dans sa propre langue. » Elle consiste à penser que la physique n'est compréhensible que par ceux qui la comprennent déjà, à la considérer comme une sorte de corpus intraduisible, car de nature trop singulière. Mais à la phrase de Lacan, on peut préférer celle de Richard Feynman : « Ce qu'un fou a pu comprendre, tous les fous peuvent le comprendre. » En d'autres termes, la physique et les mathématiques sont partageables, mais ce partage exige un effort d'un type très particulier. Il faut effectuer une sorte de saut. Rien à voir avec le saut à la perche où le sauteur, sauf accident, est dans le même état après le saut qu'avant. Le saut dont il s'agit ne peut être un simple déplacement : ce doit être une *transformation.* Il ne s'agit pas de transporter la physique telle qu'elle est dans le langage tel qu'il est, de dire ses équations avec des mots ordinaires, mais de les transposer, de les donner à voir et à sentir.

En la matière, j'ai l'impression que Cédric Villani vient d'ouvrir une nouvelle voie, comme disent les alpinistes. Ce jeune mathématicien, lauréat en 2010 de la médaille Fields, vient de publier un livre étonnant, original, et même d'un genre à ma connaissance parfaitement inédit. Intitulé *Théorème vivant*, il nous raconte ce qui lui est passé par la tête pendant toutes ces années où un certain problème l'a obsédé, celui de l'amortissement Landau, « par lequel les plasmas peuvent retrouver l'équilibre sans augmentation d'entropie, à l'opposé, en apparence, des mécanismes qui sont régis par l'équation de Boltzmann ». Le livre est parsemé d'équations, de portraits de mathématiciens, de récits de nuits blanches où l'on croit entendre jusqu'aux os de son cerveau, d'anecdotes vécues dans le célèbre RER B, de commentaires subtils sur les madeleines servies aux goûters de l'université Princeton. Il y a des pages auxquelles on ne comprend rien, mais ce n'est pas grave, c'est même délicieux. On est embarqué, on suit les déambulations d'un esprit qui est un miracle profane, on décolle avec lui, tout en déplorant de n'être pas soi-même un génie.

En prime, il livre un critère permettant à chacun d'entre nous de savoir s'il a ou non l'esprit mathématicien. Ce critère, on le doit à André Weil, le frère de la philosophe Simone Weil : « Tout mathématicien digne de ce nom a ressenti, même si ce n'est que quelquefois, l'état d'exaltation lucide dans lequel une pensée succède à une autre comme par miracle. Contrairement au plaisir sexuel, ce sentiment peut durer pendant plusieurs heures, voire plusieurs jours. » Que chacun examine sa propre vie à l'aune de ce critère, et jauge ainsi de ce qu'il en est de sa disposition à faire des mathématiques…

30 août 2012.

QUAND ÇA CHANGE, QU'EST-CE QUI CHANGE ?

Il y a quelques mois, on a beaucoup lu et entendu cette phrase : « Le changement, c'est maintenant. » Mais le temps a passé depuis ce temps, et certains font remarquer que le changement, s'il avait commencé d'avoir lieu, aurait déjà dû produire ses effets. On leur rétorque que tout changement prend nécessairement du temps et que ce n'est pas parce que les choses n'ont pas l'air de changer que leur changement n'est pas déjà en cours. On voit par là que la notion de changement, et ce sur quoi elle porte, et sa vitesse, tout cela se discute. Il faut dire que si on ne précise pas *ce qui va changer* quand on dit que *ça va changer*, ni à quel rythme cela va se faire, on reste dans le vague et toutes les appréciations sont possibles. Puis il y a une chose bizarre avec le changement, c'est que par obéissance à lui-même, il est sans cesse condamné à changer sa façon d'être le changement pour continuer de l'être. Eh oui ! Comme, par définition, le changement change les choses, il doit s'adapter sans cesse à ce que les choses sont devenues sous son action pour pouvoir continuer à les changer. Bref, il doit se changer lui-même s'il veut demeurer. Je vous entends froncer les sourcils et j'en conclus que ce que je dis n'a pas de sens, que c'est presque du Raymond Devos, en moins bon. Alors je vais tenter de clarifier les choses en posant une question bête : qu'est-ce au juste que le changement ?

C'est une question qui n'a l'air de rien, mais vous allez voir, elle pourrait transformer votre cerveau en brasier.

Les journalistes politiques se demandent régulièrement, à propos de tel ou tel personnage important, « s'il a ou non changé » : oui, commencent-ils par répondre dans leurs articles, cet homme-là ne dit plus les mêmes choses, il a modifié son style, et il a changé de femme ; bref, il est clair qu'il a radicalement changé… Mais aussitôt, ils se reprennent : en fait, non ; au fond il est resté le même ; s'il a changé, ce n'est qu'en surface, le naturel qu'il avait voulu chasser est revenu au grand galop, il demeure tel qu'en lui-même l'éternité ne le change pas… En somme, à les lire, tout se passerait comme si on ne pouvait évoquer le changement d'un être qu'en invoquant le fait qu'il n'a pas vraiment changé. Comme si, pour se dire, la notion de changement avait besoin de son exact contraire, à savoir l'invariance, le non-changement.

Valéry Giscard d'Estaing est connu pour avoir inventé l'expression « Changement dans la continuité ». Formule en vérité bien étrange, puisqu'elle est à la fois un pléonasme et un oxymoron : un pléonasme, car un changement sans continuité serait une rupture, le remplacement de la chose par une autre chose, et non pas un changement ; un oxymoron, car s'il y a une stricte continuité au cours du changement, comment pourrait-il y avoir réellement changement au bout du compte ? Il ne s'agirait tout au plus que d'un aménagement périphérique, d'une modification à la marge, pas d'un changement véritable.

On voit apparaître là un dilemme, que les Grecs avaient déjà entrevu. De deux choses l'une : ou bien l'être ou l'objet particulier dont on dit qu'il change demeure un et le même, et alors il n'a pas changé ; ou bien il a vraiment changé, et alors on ne peut plus dire qu'il est un et le même. Il y aurait comme une incompatibilité entre le principe d'identité de soi à soi et le principe de changement. Être ou devenir, être ou changer, il faudrait choisir. Il faudrait en somme prendre parti, être soit du côté de Parménide, le champion de l'Être, de l'Être invariable, de l'Être avec un grand E et un gros accent circonflexe, soit du côté d'Héraclite, le héros du changement, le grand prêtre du « tout coule ».

Heureusement, il est apparu que le choix n'est peut-être pas aussi cornélien qu'il en a l'air. Car on a compris que changer, ce n'est pas être remplacé, ce n'est pas cesser d'être soi, c'est être soi *autrement* : cette femme blonde, c'est celle qui, avant, était brune ; c'est la même femme, qui a été teinte en blond. Cela montre au passage – chose troublante – que nous ne parvenons à dire le changement qu'au prix d'un jeu verbal, d'un stratagème sémantique par lequel nous considérons que le sujet du verbe changer, *cela* dont nous disons qu'il change, c'est précisément *ce qui ne change pas au cours du changement.*

C'est incroyable, mais quand nous disons que « *x* change », le sujet du verbe « changer », à savoir *x*, est précisément ce qui ne change pas dans le changement de *x*... Il demeure le même du début à la fin, le *x* d'avant le changement est le même que le *x* d'après le changement. Quand je dis que la société a changé, je parle d'une seule et même société, d'une société qui, en tant qu'elle est une société, est restée la même, mais dont une propriété secondaire, par exemple le pouvoir d'achat ou l'espérance de vie, a évolué. En définitive, elle n'a pas changé d'identité, seulement modifié quelque chose dans sa façon d'être elle-même.

Et la physique dans tout ça ? me direz-vous. Peut-elle nous aider à y voir clair ? Je pense que oui. Car d'un côté, elle a repris l'idée de Parménide d'un primat de l'invariance sur le devenir, dans la mesure où elle considère que les particules élémentaires ne changent pas de nature au cours du temps : un électron qui est là en septembre 2012 est strictement identique à un autre électron qui était là en avril 1958 ou bien dans l'univers primordial. De l'autre côté, elle a également repris l'idée d'Héraclite d'un univers qui ne cesse pas d'évoluer. Mais le point important, qui vient d'ailleurs rapprocher Héraclite de Parménide et permet même de les associer en une belle synthèse, est que les changements dans l'univers sont décrits par des lois physiques qui, elles, ne changent pas au cours du temps. La physique s'est donc constituée en une sorte de « législation invariable des métamorphoses » : la conservation de l'énergie.

Les physiciens tirent parti de cette invariance des lois physiques pour explorer le passé lointain de l'univers : en provoquant de très violentes collisions de particules, ils créent – ou plutôt recréent – dans un tout petit volume et pendant une durée très brève les conditions physiques extrêmes qui étaient celles de l'univers primordial (très haute température et très grande densité d'énergie). Comme les lois physiques n'ont pas changé, ils peuvent ainsi voir dans le présent ce qui s'est passé il y a 13,7 milliards d'années, offrant au passage une cure de jouvence spectaculaire à l'univers observable.

Tous les hommes politiques parlent de changement, sans toujours dire ce qu'ils entendent par ce mot. Il serait profitable que, de temps à autre, leurs discours s'inspirent de ce que les physiciens ont compris, notamment à propos de cette articulation subtile entre les idées de changement et d'invariance. Pour nous qui les écoutons, cela sonnerait comme un joli changement. Mieux, comme une révolution.

19 septembre 2012.

La vérité est-elle relative ?

Einstein et les Rolling Stones, une affaire de pierres

Avez-vous remarqué que *la vérité* est l'anagramme de *relative* ? Cette coïncidence est intéressante, mais vous serez d'accord avec moi pour dire qu'elle ne prouve rien et que sa portée est pour le coup toute relative puisque cette anagramme ne fonctionne qu'en français…

Si j'ai choisi cette question aujourd'hui, c'est parce qu'on parle beaucoup du dernier livre de Bruno Latour, *Enquête sur les modes d'existence.* Ne l'ayant pas encore lu, je ne puis le commenter, mais j'observe que sa publication a réactivé dans la presse le débat sur le relativisme : nos connaissances sont-elles relatives à nous-mêmes, à notre culture, ou parviennent-elles à dire quelque chose de la réalité ? J'ai compris que Bruno Latour ne plaide plus pour un relativisme radical : s'inquiétant de la montée du climato-scepticisme dans l'opinion, il admet désormais que les chercheurs peuvent produire des vérités. Reste que, dans le passé, d'autres sociologues des sciences étaient allés beaucoup plus loin en prétendant que les théories tenues pour « vraies » ou « fausses » ne l'étaient pas en raison de leur adéquation ou inadéquation avec des données expérimentales, mais seulement en vertu d'intérêts purement sociologiques [1]…

1. C'est le sens de cette phrase : « En reconnaissant le caractère conventionnel et artificiel de toutes nos connaissances, nous ne pouvons

En clair, ces gens nous sommaient de considérer que toutes nos connaissances sont artificielles et conventionnelles, et nous enjoignaient même de gommer l'idée qu'elles pouvaient avoir le moindre lien avec la réalité.

C'est cette conception « absolument relative », si j'ose dire, de la vérité, que je voudrais interroger, pour ne pas dire critiquer, pour ne pas dire ébranler.

J'ai récemment donné un cours de relativité (et non de relativisme, ça n'a rien à voir) à de futurs ingénieurs. Alors que je venais d'effectuer un calcul montrant que la durée d'un phénomène dépend de la vitesse de l'observateur, un étudiant prit la parole : « Monsieur, personnellement, je ne suis pas d'accord avec Einstein ! » J'imaginai qu'il allait défendre une théorie alternative, réinventer l'éther luminifère ou je ne sais quoi d'autre, en tout cas qu'il allait *ar-gu-men-ter*. Mais il se contenta de dire : « Je ne crois pas à cette relativité des durées que vous venez de démontrer, parce que je ne la… sens pas ! » Là, j'avoue, j'ai eu un choc : ce jeune homme n'avait certainement pas lu les travaux des sociologues des sciences, pas plus qu'il n'avait lu Einstein, mais il avait suffisamment confiance dans son « ressenti » personnel pour s'autoriser à contester un résultat qu'un siècle d'expériences innombrables avait cautionné. Je découvris à cette occasion que lorsqu'elle se transforme en alliée objective du narcissisme, la subjectivité a vraiment du mal à s'incliner devant ce qui a été objectivé si ce qui a été objectivé la dérange ou lui déplaît.

---

faire autrement que de réaliser que c'est nous-mêmes, et non la réalité, qui sommes à l'origine de ce que nous savons. » Simon Schaffer et Steven Shapin, *Léviathan et la pompe à air. Hobbes et Boyle entre science et politique*, tr. Thierry Piélat, Paris, Éditions La Découverte, 1993, p. 344.

Cette anecdote me semble indicatrice d'un changement de climat, qui explique au passage la facilité déconcertante avec laquelle a pu se développer la vraie-fausse controverse sur le changement climatique. Aujourd'hui, notre société est parcourue par deux courants de pensée qui semblent contradictoires. D'une part, on y trouve un attachement intense à la *véracité*, un souci de ne pas se laisser tromper, bref une attitude de défiance généralisée, une détermination à crever les apparences pour atteindre les motivations réelles qui se cachent derrière et qui s'étend désormais jusqu'aux sciences les plus dures. Mais à côté de ce désir de véracité, de ce refus d'être dupe, il existe une défiance tout aussi grande à l'égard de la vérité elle-même : la vérité existe-t-elle ? se demande-t-on. Si oui, peut-elle être autrement que relative, subjective, culturelle, historique ? Ce qui est surprenant, c'est que ces deux attitudes, l'attachement à la véracité et la suspicion à l'égard de la vérité, qui devraient s'exclure mutuellement, se révèlent en pratique parfaitement compatibles. Elles sont même mécaniquement liées, puisque le désir de véracité suffit à enclencher un processus critique qui vient ensuite fragiliser l'assurance qu'il y aurait des vérités sûres.

Revenons-en aux critiques des relativistes absolutistes à l'endroit des sciences dites « dures ». Elles visent à démontrer que les activités et les résultats de ces sciences seraient entièrement déterminés par des forces sociales, de sorte que l'ambition de ces sciences à dévoiler des vérités serait infondée. Mais n'y a-t-il pas quelque chose qui cloche dans l'argumentation ?

Car contrairement à ce qui se passe avec l'histoire en tant que discipline – où la contestation de l'histoire officielle doit elle-même s'appuyer sur l'histoire, c'est-à-dire sur de nouvelles données historiques –, les dénonciations des sciences exactes ne se basent jamais sur des arguments relevant des sciences exactes. Elles s'appuient toujours sur l'idée étonnante qu'une certaine sociologie des sciences serait mieux placée pour dire la vérité des sciences que les sciences ne le sont pour dire la vérité du monde… En somme, il faudrait se convaincre que la vérité n'existe pas, sauf lorsqu'elle sort de la bouche des sociologues des sciences qui disent qu'elle n'existe pas…

Certes, je n'ignore pas que des intérêts militaires ont contribué à l'essor de la physique nucléaire, par exemple. Cela relève d'ailleurs de la plus parfaite évidence : la périphérie de la science et son contexte social influencent son développement. Mais de là à en déduire que de tels intérêts détermineraient, *à eux seuls*, le *contenu même* des connaissances scientifiques, il y a un pas qui me semble intellectuellement infranchissable. Car si tel était le cas, on devrait pouvoir montrer que nos connaissances en physique nucléaire exprimeraient, d'une manière ou d'une autre, un intérêt militaire ou géopolitique. Or, vous m'accorderez que si l'humanité décidait un jour de se débarrasser de toutes ses armes nucléaires, il est peu probable que cette décision changerait *ipso facto* les mécanismes de la fission de l'uranium…

Et si l'atome et la physique quantique n'étaient que de simples constructions sociales, expliquez-moi par quels miracles – oui, je dis bien *miracles* – on serait parvenu à concevoir des lasers ! Si les lasers existent et fonctionnent, n'est-ce pas l'indice qu'il y a un peu de vrai dans les théories physiques à partir desquelles on a pu les concevoir, de « « vrai » » avec autant de guillemets que vous voudrez et un *v* aussi minuscule que vous le souhaiterez ? Promettez-moi d'y réfléchir la prochaine fois que vous glisserez un CD dans votre lecteur qui, comme vous le savez, est doté d'une diode laser. Si vos oreilles entendent alors les Rolling Stones, ne sera-ce pas la preuve – oui, soyons fous, osons le mot –, la preuve rétrospective qu'Einstein et les autres avaient bel et bien compris deux ou trois bricoles non à propos d'eux-mêmes, ou de leur culture, mais carrément à propos des interactions entre la lumière et la matière ?

26 septembre 2012.

De la valeur des découvertes

Niels Bohr, l'un des pères de la physique quantique, est mort il y a cinquante ans, quelques jours après le premier concert des Rolling Stones, mais il ne semble pas que ces événements soient corrélés. Prix Nobel de physique en 1922, il a dit et écrit beaucoup de choses, notamment celle-ci : « Il est difficile de faire des prédictions, surtout quand elles concernent l'avenir. »

Il avait raison. Je m'étais laissé aller à prédire que le prix Nobel de physique serait donné à Peter Higgs et François Englert, qui ont écrit en 1964 deux courts articles ayant abouti, quarante-huit ans plus tard, à la découverte du boson de Higgs. J'avais préparé une chronique dans ce sens. Comme vous le savez, la journée d'avant-hier m'a donné tort. J'avais péché par excès de zèle. Le prix Nobel a été attribué à David Wineland et Serge Haroche qui le méritent, ô combien ! Je reconnais que, toujours dans l'émotion du 4 juillet [1] dernier, je n'ai pas vu le coup venir.

Toutefois, il y a un commentaire que j'aurais fait si cela avait été Higgs que je peux reprendre presque mot pour mot à propos de Serge Haroche : chaque fois qu'on annonce une découverte en physique, ou un prix Nobel de physique, la façon de traiter l'information me donne

1. La découverte du boson de Higgs a été publiquement annoncée le 4 juillet 2012 lors d'une conférence donnée au CERN.

toujours la même impression, celle que nous aurions collectivement cessé de vouloir expliquer ces découvertes, donc de comprendre en quoi elles consistent. Il y a comme un parfum de renoncement. La science ne serait qu'une suite d'énoncés abscons, de logogriphes. Du coup, on se rabat sur le palpable. Car assez vite tombe la question : à quoi cela va-t-il servir ? Pour Peter Higgs et François Englert, on est bien embêté, tant il est difficile d'imaginer aujourd'hui une application du boson – comment parvenir à élaborer des médicaments avec une particule dont la durée de vie est seulement de 10^{-23} seconde ? Pour David Wineland et Serge Haroche, on peut à la rigueur évoquer la perspective de pouvoir réaliser un jour un ordinateur quantique. C'est comme s'il fallait toujours se projeter, faire des pronostics futuristes, sans jamais s'arrêter sur ce qui vient d'être réalisé ou compris. Cette mauvaise pente oblige les chercheurs à ne plus parler qu'au conditionnel et à ne s'adresser au public que sur le mode de la promesse.

Ainsi s'installe l'idée que la valeur d'une connaissance ne se mesure qu'à l'aune de ses éventuelles retombées concrètes. C'est un peu dommage car certaines découvertes ont une importance cruciale en « elles-mêmes », si j'ose dire. Ce sont celles qui correspondent à ce que le philosophe Maurice Merleau-Ponty appelait des « découvertes philosophiques négatives ». Que faut-il entendre par là ? Que certains de ses résultats, théoriques ou expérimentaux, peuvent modifier les termes en lesquels certaines questions philosophiques se posent, apporter des contraintes, et ainsi s'inviter dans des débats qui leur sont *a priori* extérieurs. Songeons par exemple à la question du temps : on peut la traiter à coups de citations d'Aristote, de saint Augustin, Kant, Husserl ou Heidegger, mais il arrive toujours un moment où il faut jeter un œil sur ce qu'en dirait la théorie de la relativité d'Einstein, si elle pouvait parler. De la même façon, on ne peut guère traiter philosophiquement de la question du « réel », de ses caractérisations, de son accessibilité, de son autonomie par rapport au sujet, sans tenir compte des leçons de la physique quantique, qui sont assez contraignantes en la matière. Pas plus qu'on ne peut désormais disserter du concept de masse en faisant comme si le boson de Higgs n'existait pas. La masse n'est plus une propriété essentielle des particules élémentaires, mais une propriété secondaire qu'elles acquièrent du fait de leur interaction avec le vide, qui n'est pas vide puisqu'il contient des bosons de Higgs, ce qui est somme toute rassurant quand on fait de l'alpinisme.

Gaston Bachelard, qui est mort lui aussi il y a cinquante ans, comme Niels Bohr, écrivait justement : « Finalement la philosophie de la physique est peut-être la seule philosophie qui s'applique en déterminant un dépassement de ses principes. Bref, elle est la seule philosophie qui soit vraiment ouverte. » L'intellect ne se développe pas qu'à partir de lui-même : il y a un en-dehors de l'esprit, et cet en-dehors de l'esprit, c'est le réel, que les physiciens tentent justement de cerner et qui, au gré de leurs découvertes, peut faire retour sur l'esprit.

Dans une interview, Serge Haroche expliquait que tout en s'étant senti destiné aux mathématiques il avait néanmoins choisi la physique pour soumettre les mathématiques à l'épreuve du réel. C'est ce qui l'a amené, avec son équipe, à trouver des ruses permettant de préserver, dans des systèmes de plus en plus gros, les lois quantiques, alors même qu'elles ont tendance, lorsque la taille des systèmes augmente, à être très rapidement brouillées par ce qu'on appelle la « décohérence ». Ils ont réalisé des versions simples des expériences de pensée qui avaient été imaginées par les fondateurs de la théorie : ils ont piégé des photons ou des atomes un à un dans une cavité électromagnétique, les ont observés de manière continue, les ont même intriqués, les ont manipulés pour ainsi dire *in vivo* à l'aide de faisceaux laser... Ils ont ainsi pu mieux comprendre la frontière molle qui sépare le monde quantique du monde classique, et résoudre le lancinant paradoxe du chat de Schrödinger [1], qui en avait sans doute assez, je parle du chat, d'être quantiquement ballotté entre la vie et la mort depuis 1935.

Il n'est pas indifférent de noter que cette expression, « découverte philosophique négative », se trouvait aussi sous la plume de deux des pères fondateurs de la physique quantique, Fritz London et Edmond Bauer, qui s'étaient posé la question des implications philosophiques du nouveau formalisme qu'ils avaient contribué à clarifier. En conclusion de leur article de 1939 consacré à « La théorie de l'observation en mécanique quantique », ils écrivaient : « La physique en tant que science empirique ne peut pas aborder les problèmes philosophiques en toute généralité ; elle se contente de se servir de concepts philosophiques suffisant à ses besoins ; mais parfois elle peut se rendre compte que certains des concepts qui lui ont servi ne lui sont *nullement nécessaires*, qu'ils contiennent des éléments inutiles et même incorrects, véritables obstacles au progrès. Si l'on peut contester qu'il soit possible de fonder des vérités philosophiques par les méthodes des physiciens, il n'est sûrement pas hors de leur compétence de mettre en évidence que certaines affirmations qui prétendent à une validité philosophique n'en ont pas en vérité. Et parfois ces découvertes philosophiques "négatives" des physiciens ne sont pas moins importantes, ni moins révolutionnaires

1. Je consacre une chronique à ce paradoxe devenu mythique page 79.

Bachelard fut également une figure exemplaire au sens figuré du terme, si j'ose dire, car son parcours est symbolique d'un certain type de destin : boursier d'origine modeste, gloire de l'école laïque de la IIIe République, il a gravi des échelons qui, à son époque, étaient déjà fort raides et qui, aujourd'hui, sont devenus carrément verticaux. De surnuméraire des Postes et Télégraphes à Remiremont qu'il était en 1903, il est parvenu à occuper la chaire d'histoire et de philosophie des sciences de la Sorbonne trente-sept ans plus tard, en 1940, treize ans après avoir soutenu sa thèse de philosophie à l'âge de quarante-trois ans… Eh oui ! une bonne thèse peut ne pas souffrir de se mûrir longuement…

Mais Bachelard fut surtout un penseur hors norme, qui a construit une épistémologie rigoureuse en s'appuyant sur une connaissance solide de la physique et de la chimie. Son pari, c'est que pour bien parler de la science, il faut partir de la science même, et non des idées que l'on se fait à son sujet. Il fut aussi celui qui a renouvelé l'approche de la poésie en mobilisant des théories d'avant-garde, notamment la psychanalyse, de sorte que son œuvre a deux versants : un versant épistémologique, où il s'intéresse à la raison scientifique, à ce qui la féconde et à ce qui la transforme ; et un versant littéraire, où il s'intéresse à l'imagination poétique. *A priori*, raisonner et imaginer se présentent comme deux dynamiques contraires. Le savant se doit de résister à la pente imaginative du langage pour élaborer rigoureusement ses concepts. Le poète, lui, doit échapper à la structure simplement logique du langage pour produire des métaphores inouïes. En réalité, explique Bachelard, la raison scientifique et l'imagination poétique agissent de conserve, puisqu'elles ont en commun de mettre l'esprit en branle, de ne pas se satisfaire des évidences premières, et de défier le sens commun.

Tout cela peut paraître daté et dépassé, d'autant que les chercheurs collaborent désormais au sein de grands organismes et que leur façon de travailler n'a plus grand-chose à voir avec la façon de travailler d'Einstein ou des pères fondateurs de la physique quantique, qui portaient la barbichette, faisaient leurs calculs à la main, s'envoyaient des cartes postales remplies d'équations, se réunissaient en petit comité à l'hôtel Métropole de Bruxelles, dans le cadre des congrès Solvay, parcouraient l'Europe en train et traversaient les océans en bateau. Mais en ces temps d'hémiplégie intellectuelle – là, je parle de notre époque, et non des années 1920 ou 1930 –, en ces temps où l'on veut nous faire croire que les scientifiques seraient ontologiquement des scientifiques, avec des gènes spéciaux, et les littéraires consubstantiellement des littéraires, avec d'autres gènes tout aussi spéciaux, il est bon de raviver une pensée qui n'oppose nullement culture scientifique et culture littéraire, et qui choisit même de les conjuguer.

Dans l'œuvre de Bachelard, il y a des choses qu'on relit aujourd'hui avec délice. Par exemple, ces phrases extraites de son livre *La Formation de l'esprit scientifique* : « La science s'oppose absolument à l'opinion. S'il lui arrive, sur un point particulier, de légitimer l'opinion, c'est pour d'autres raisons que celles qui fondent l'opinion ; de sorte que l'opinion a, en droit, toujours tort. L'opinion pense mal ; elle ne pense pas ; elle traduit des besoins en connaissances. On ne peut rien fonder sur l'opinion : il faut d'abord la détruire. Elle est le premier obstacle à surmonter. » Bien sûr, c'est un peu lapidaire. Mais quel bonheur, tout de même, de relire cela ! Sans doute aurez-vous remarqué que sur certains sujets, notamment ceux qu'on dit « chauds », les scientifiques sont médiatiquement débordés par des discours plus simples que ceux qu'ils pourraient eux-mêmes tenir. Eh oui ! la science est elle aussi victime d'une sorte de populisme racoleur… Les explications laborieuses, les arguments compliqués ont du mal à se faire entendre, alors que certaines assertions éloquentes, en apparence convaincantes car conformes au bon sens, prolifèrent alors qu'elles sont en réalité fausses. Vous vous souvenez de cette ritournelle qui fut régulièrement proférée pendant la prétendue controverse sur le changement climatique : « Comment les climatologues peuvent-ils prétendre prévoir le climat du prochain siècle alors que les prévisions météorologiques ne vont pas au-delà de quelques jours ? » Si cette perle rhétorique était vraie, au motif incontestable que nul ne sait dire quel temps il fera dans quinze jours à Paris, on n'aurait pas les moyens d'affirmer qu'en 2015 le mois d'août dans la capitale sera en moyenne plus chaud que le mois de janvier… Pourtant, je vous le dis, il fera effectivement plus chaud en été qu'en hiver à Paris, et d'ailleurs partout en France, comme quoi on peut faire des prévisions climatiques justes qui vont bien au-delà de l'horizon temporel des prévisions météorologiques. On voit par là que le faux, lorsqu'il s'appuie sur le prétendu bon sens, peut prendre le masque du vraisemblable et se montrer plus convaincant que le vrai. Bachelard nous mettait en garde à ce propos, et c'est une autre bonne raison de le lire aujourd'hui.

Je ne voudrais pas laisser penser que la philosophie de Bachelard se réduirait à une sorte d'ascétisme épistémologique. C'est pourquoi je tiens à rappeler que ce bon vivant a aussi chanté le vin comme personne. On boit du vin ou du champagne non pour étancher sa soif, expliquait-il, mais pour augmenter son être. Nul besoin d'en dire plus pour que vous deviniez que les boissons alcoolisées occupent une place de choix dans l'*épicurisme actif* que Bachelard appelait de ses vœux, notamment dans son merveilleux livre sur Lautréamont. « Quand il m'arrive en rêve de boire du vin, il ne sent rien, il n'a point de goût et, horreur pour un Champenois, le vin qu'on boit en rêve est chambré. Il est tiède – naturellement – comme du lait. Dans les rêves on n'arrive pas à boire frais. » Voilà un excellent argument pour boire le vin en vrai plutôt qu'en rêve. Je ne sais pas si on a le droit de dire de telles choses à la radio, mais je suis persuadé que la meilleure façon d'évoquer Bachelard, c'est de parler de sa philosophie et de sa poétique un verre de bon vin à la main.

À la vôtre, donc, et à la semaine prochaine.

18 octobre 2012.

Vous avez dit normal ?

L'autre jour, j'ai entendu Serge Haroche dire qu'il allait tenter d'être un prix Nobel « normal », alors même qu'il sait très bien qu'un homme tout à fait normal a peu de chance d'obtenir un tel prix. En outre, que signifie « être un prix Nobel normal » ? S'agit-il de vivre normalement, comme s'il n'avait pas reçu le prix Nobel de physique, de continuer à vivre comme avant, quand il n'avait pas le prix, sauf qu'il l'a ? Ou bien s'agit-il de vivre comme vivent en général les prix Nobel de physique, c'est-à-dire autrement que les gens normaux qui, majoritairement, n'ont pas le Nobel ? J'imagine que Serge Haroche a déjà trouvé le moyen de combiner ces différentes possibilités en se mettant dans la superposition quantique d'un homme normal et d'un prix Nobel, de sorte que son degré de normalité demeurera indéterminé, comme est indéterminé le degré de vitalité du chat de Schrödinger.

En prononçant cette phrase, notre prix Nobel faisait allusion au président de la République qui avait mis en avant sa normalité avant de découvrir que cette posture était piégée. En temps de crise, il faut un président de crise et non un président normal, sauf si l'on considère que la crise est un régime permanent, auquel cas la crise n'est plus une crise mais la forme durable d'une certaine normalité. Là encore, quand l'actuel chef de l'État disait vouloir être un « président normal », que voulait-il dire ?

Qu'il voulait être, statistiquement, comme la moyenne des présidents précédents, ou bien qu'il désirait être conforme aux règles ? Ou encore qu'il souhaitait lui-même « servir de règle », comme lorsqu'on parle d'« école normale » ? Je rappelle que l'*école normale* n'est pas l'opposé d'une école pathologique, mais celle qui transmet les méthodes et forme les enseignants, bref celle qui normalise l'enseignement… J'avoue ne pas savoir laquelle de ces significations s'applique au cas du président.

On voit que le mot « normal » interroge davantage qu'il n'instruit. On peut dire qu'est normal ce qui est « conforme à la norme ». Mais en fonction de ce qu'on entend par « norme », « normal » peut être « ce qui est habituel », « ce qui se rencontre dans la majorité des cas », « ce qui ressemble à la moyenne », « ce qui ne sort pas de l'ordinaire », ou encore « ce qui ne présente ni anomalie ni altération ». C'est la norme qui se trouve derrière le mot « normal » et la représentation qu'on s'en fait. Or, en disant « président normal » ou « prix Nobel normal », on n'explicite pas la norme à laquelle on se réfère, et on ne tranche donc pas la question de savoir en quoi consiste le fait d'être normal.

Pour une fois, je ne vais pas vous parler de physique, mais de logique. Et cela va nous conduire à voir la normalité comme quelque chose d'encore plus mystérieux.

Vous connaissez le paradoxe du menteur, énoncé pour la première fois par Eubulide, un philosophe du VIe siècle avant J.-C. On demande à un menteur s'il ment lorsqu'il affirme être en train de mentir. S'il répond : « Oui, je mens », de toute évidence il ne ment pas, car si un menteur affirme qu'il ment, c'est qu'il dit la vérité. À l'inverse, s'il répond : « Non, je ne mens pas », alors il est vrai qu'il ment ; par conséquent, il est en train de mentir. Cela montre qu'une proposition en apparence anodine peut se contredire elle-même. Si on pense qu'elle est vraie, on doit aussitôt faire marche arrière et penser qu'elle est fausse. Mais à peine a-t-on décidé qu'elle est fausse qu'un retournement similaire ramène à l'esprit qu'elle est vraie. Ce jeu de ping-pong entre le vrai et le faux semble inarrêtable, comme si le langage était tombé dans un piège. Cela renvoie aux paradoxes de ce qu'on appelle l'« autoréférence », qui adviennent lorsque l'énoncé d'une phrase contredit sa signification : par exemple si je dis qu'« il est interdit d'interdire » ou que « je ne m'ai jamais trompé en parlant », je prononce deux phrases qui se contredisent elles-mêmes. Idem si on prétend que « les racistes sont des êtres inférieurs », phrase raciste qui semble pourtant condamner le racisme.

Au début du XXe siècle, en 1901, le philosophe Bertrand Russell (dont on oublie qu'il fut également prix Nobel de littérature en 1950) tenta de formaliser les paradoxes liés à l'autoréférence. Il proposa de classer les ensembles en deux groupes. D'un côté, les ensembles normaux, de l'autre les ensembles non normaux. Il appelait « ensemble normal » tout ensemble qui ne se contient pas lui-même comme élément. Par exemple, l'ensemble des chroniqueurs de France Culture est un ensemble normal puisque cet ensemble n'est pas lui-même chroniqueur à France Culture et n'est donc pas élément de lui-même (cela ne veut pas dire que les chroniqueurs de France Culture eux-mêmes sont tous normaux…). Évidemment, un ensemble sera dit « non normal » s'il se contient lui-même comme élément. Par exemple, l'ensemble de tous les ensembles étant un ensemble, il se contient lui-même comme élément, et il est donc non normal. Appelons N l'ensemble de tous les ensembles normaux. La question (vicieuse !) que pose Russell est : N est-il un ensemble normal ou un ensemble non normal ? Essayons les deux cas de figure.

Si N est normal, il appartient à N puisque N est l'ensemble des ensembles normaux. N est donc élément de lui-même, et donc… non normal ! Inversement, si N est non normal, il se contient lui-même comme élément (par définition), et il est donc normal puisque N est l'ensemble de tous les ensembles normaux ! Conclusion : N est normal si et seulement si N est non normal !

Cela paraît absurde, mais c'est ainsi : en partant de concepts tout bêtes, en l'occurrence ceux d'ensembles et d'éléments d'un ensemble, nous avons construit une proposition qui est à la fois vraie et fausse. Preuve que les idées simples peuvent avoir leurs impasses et leur verglas. Signe aussi qu'il n'est pas très normal et même tout à fait paranormal de prétendre savoir ce qu'on dit quand on dit qu'on est normal.

1er novembre 2012.

La dictature du simple

Tous ceux qui écrivent des livres de physique destinés à un « public large » savent d'expérience que les éditeurs insistent pour que le moins de choses possibles soient supposées connues des lecteurs. Cette demande est-elle à mettre sur le compte d'un souci démocratique louable, celui de toucher le plus grand nombre de personnes ? Ou bien prend-elle simplement acte du fait qu'il serait devenu plus difficile qu'avant de transmettre les connaissances scientifiques ?

Je penche plutôt pour la seconde hypothèse. Car quoi qu'on en dise, nous vivons moins dans une « société de la connaissance » que dans une société à l'aise avec la technique, une technique de plus en plus conviviale et de plus en plus causante : nous utilisons avec aisance les appareils issus des nouvelles technologies, mais sans presque rien savoir des principes scientifiques dont elles découlent. Qui sait comment fonctionne un téléphone portable, et qui a besoin de le savoir ? Un enfant de cinq ans le manipule aussi habilement qu'un major de Polytechnique. Mais, justement, par leur facilité d'usage, les nouvelles technologies sont finalement devenues des produits masquants : elles cachent les connaissances dont elles dérivent. Leur usage ne nous éduque pas et on ne peut donc guère compter sur leur diffusion croissante pour distiller un peu de science dans la société.

Dès lors, comment faire ? Comment faire pour diffuser les connaissances scientifiques, par exemple celles de la physique ?

À mon avis, il faut disposer d'au moins deux choses.

D'abord, de temps. Car la science, la diffusion de la science, est peut-être la victime principale d'une crise de la patience qui touche tous les secteurs de la vie sociale. Il est impossible de faire comprendre en une minute trente ce que signifie et ce qu'implique $E = mc^2$.

Ensuite, il faut disposer d'un langage riche, capable non seulement de *dénoter* mais aussi de *connoter*, d'un langage qui donne sa part à la raison et sa part à l'émotion, d'un langage qui puisse préfigurer des mondes nouveaux, bref d'une véritable langue de culture et non pas d'une « langue de service ». Il faudrait pouvoir creuser une langue étrangère au sein même de la langue pour parvenir à dire l'originalité de ce que la physique nous apprend et que le langage ne sait pas dire. Impossible en tout cas de dire quoi que ce soit de la physique avec le vocabulaire du journal de vingt heures ou la novlangue des aéroports. Einstein disait qu'« il faut rendre les choses simples, autant que possible, mais pas plus simples ». Or un énoncé qui n'est pas simple ne peut pas être dit dans une langue beaucoup plus simple que lui. S'il excède la portée d'une langue bornée, il se trouve *de facto* soustrait à la discussion.

Vous me direz, mais ce langage riche qui est nécessaire, nous l'avons, c'est le nôtre, c'est la belle langue française ! Dès lors, pourquoi s'inquiéter ou se lamenter ? Vous avez raison, avec la langue française on peut presque tout dire, faire sentir presque tout et presque tout expliquer. Mais si on lit bien le dernier livre de Jean-Michel Besnier, *L'Homme simplifié. Le syndrome de la touche étoile*, on a quelques raisons de s'inquiéter à propos du destin du langage. Pourquoi ? Parce que le langage est de plus en plus soumis aux standards de la technique. Du coup, il est voué aux simplifications. Quand la machine et l'homme fonctionnent de conserve, explique Jean-Michel Besnier, la première impose son format au second, qui se trouve ainsi limité et mutilé dans sa capacité à dire ou à accueillir l'étrange, le nouveau, le subtil, l'étonnant.

Vous avez déjà fait, et mille fois, l'expérience de la touche étoile. Vous engagez une démarche auprès d'un organisme, composez un numéro, et commence alors pour vous une odyssée homérique et numérique. En guise de réponse, un automate vous expose à des choix d'itinéraires toujours trop étroits, vous condamne à prononcer des phrases comportant des mots-clés que vous n'utilisez jamais, et vous réoriente finalement vers un itinéraire antérieur, accessible par la touche étoile de votre téléphone, qui vous laisse finalement en tête à tête, parfois très prolongé, avec *Les Quatre Saisons* de Vivaldi. *Le 22 à Asnières*, en comparaison, c'était un délice.

Les machines nous simplifient la vie, mais elles réduisent aussi nos comportements à la logique de leur fonctionnement dépourvu d'ambiguïté, d'ironie ou d'émotion. D'une certaine façon, les technologies dites intelligentes nous rendent un peu bêtes.

Et Jean-Michel Besnier de conclure : « "Appuyez sur la touche étoile", répète mécaniquement le serveur vocal, au risque de déchaîner un jour l'esprit de subversion qui puise toujours sa force dans l'excès des systèmes les plus résolus à étouffer l'incontrôlable joie de vivre. »

Ah, une phrase significative, que ça fait du bien ! Luttons ensemble, camarades, pour que la touche étoile ne mette pas la physique sur la touche, notamment celle des étoiles…

8 novembre 2012.

D'OÙ VIENNENT LES IDÉES (SCIENTIFIQUES) ?

Il y a de multiples façons de faire une découverte, qui laissent plus ou moins de place au hasard, aux événements, à l'imaginaire de leur(s) découvreur(s), à la courbure de leur tempérament, aux rencontres qu'ils font, à leur culture, à leur génie, voire à leur folie. Tous ces facteurs s'entremêlent dans l'acte créatif, dans le jaillissement d'une idée neuve. Ils se mélangent au point qu'il n'existe pas une méthode simple qu'il suffirait d'appliquer pour faire des découvertes.

Je pourrais vous raconter mille exemples, non j'exagère, disons vingt exemples qui montreraient l'extrême diversité des cas. Par manque de temps, je n'en citerai que trois, en commençant par Henri Poincaré dont on commémore en ce mois de novembre le centième anniversaire de la disparition.

Dans le cadre de ses travaux en géométrie algébrique, Poincaré a découvert les fonctions dites fuchsiennes et aussi kleinéennes (eh oui ! ça existe). Ce sont des équations automorphes si vous voulez tout savoir, mais peu importe.

Poincaré a connu à cette occasion un *eurêka* silencieux, qu'il a raconté en détail par la suite lors d'une conférence à la Société française de psychologie. Il explique que, depuis plusieurs semaines, il travaille à l'élaboration et à la compréhension de ces fameuses fonctions fuchsiennes. Son esprit est très agité. Un soir, contrairement à son habitude, il boit du café noir et ne parvient pas à s'endormir. Des idées surgissent alors en foule, il a du mal à faire le tri, obtient quelques résultats mais bute sur des difficultés qui lui paraissent tellement insurmontables qu'il décide d'abandonner. Puis il quitte Caen, où il habite, pour prendre part à une course géologique organisée par l'École des mines. « Les péripéties du voyage me firent oublier mes travaux mathématiques, raconte-t-il ; arrivés à Coutances, nous montâmes dans un omnibus pour je ne sais quelle promenade ; au moment où je mettais les pieds sur le marchepied, l'idée me vint, sans que rien dans mes pensées antérieures parût m'y avoir préparé, que les transformations dont j'avais fait usage pour définir les fonctions fuchsiennes étaient identiques à celles de la géométrie non euclidienne. Je ne fis pas la vérification ; je n'en aurais pas eu le temps, puisque, à peine assis dans l'omnibus, je repris la conversation commencée, mais j'eus tout de suite une entière certitude. De retour à Caen, je vérifiai le résultat à tête reposée pour l'acquit de ma conscience [1]. »

Le deuxième exemple est celui de la découverte de l'équation de Schrödinger, qui deviendra l'équation fondamentale de la physique quantique. En 1925, Schrödinger a trente-huit ans (il n'est pas encore l'homme du chat), il passe son automne à étudier la thèse de physique qu'un Français, Louis de Broglie, a soutenue le 25 novembre 1924 à Paris : Broglie a établi que les électrons, qui avaient toujours été considérés comme des petits grains de matière, peuvent aussi se comporter comme des ondes. Schrödinger se pose des questions :

1. Henri Poincaré, *Science et Méthode*, Paris, Flammarion, 1908, p. 51.

de quelle sorte sont ces ondes et comment se comportent-elles ? Son cerveau se transforme en bouillon de culture pour points d'interrogation. Il voudrait trouver la bonne équation, mais il sent qu'il piétine. Alors que décide-t-il ? Il renoue avec une de ses anciennes maîtresses et, juste avant Noël, part avec elle à Arosa, une station de ski dans les Grisons, où ils demeurent jusqu'au 9 janvier 1926. Difficile de dire à quoi les deux amants passent leurs jours et leurs nuits, mais on peut en avoir une petite idée quand on la confidence que Schrödinger a faite à l'un de ses amis : c'est au terme d'« un épisode érotique fulgurant et tardif » qu'il a fait sa grande trouvaille, l'équation qui depuis porte son nom. Dans l'article qu'il publie à son retour, il omet de remercier sa mystérieuse maîtresse pour leurs « échanges fructueux », selon la formule consacrée… Je dis sa mystérieuse maîtresse, parce que la dame n'a jamais été identifiée. On sait seulement qu'elle vivait à Vienne, une information parfaitement insuffisante quand on connaît l'intensité de la vie amoureuse de Schrödinger.

Quelques années plus tard, en 1930 – ce sera mon troisième exemple –, Paul Dirac prédit l'existence des antiparticules et comprend qu'une particule et son antiparticule ne peuvent apparaître que par paire, c'est-à-dire ensemble, l'une en même temps que l'autre. On ne peut pas créer un électron sans créer en même temps un positron (le positron est l'antiparticule de l'électron). Un jour, quelqu'un lui demanda comment cette idée bizarre lui était venue. Il répondit qu'enfant sa mère lui avait raconté une petite histoire qui avait joué un rôle dans la genèse de ses idées : un jeune prêtre, qui vient d'être affecté à une nouvelle paroisse, décide de rendre une visite aux habitants du village afin de faire connaissance avec ses nouvelles ouailles. Un jour qu'il frappe à la porte d'une ferme, une jeune femme lui ouvre et le fait entrer dans la pièce principale, qui est pleine d'enfants.

« Combien avez-vous donc d'enfants, madame ? demande le prêtre.

– Nous avons cinq paires de jumeaux, mon père.

– Vous et votre mari, vous faites donc toujours des jumeaux ?

– Oh non ! mon père, parfois nous ne faisons rien du tout ! »

Cette femme semblait ne pas savoir qu'on peut faire des enfants par tranche d'une unité, si j'ose dire.

Voilà trois façons d'avoir des idées, qui participent d'une poétique de la science. Elles n'ont pas grand-chose en commun et ne sont pas interchangeables. Schrödinger montant dans un omnibus, cela n'a jamais rien donné de très intéressant sur le plan de la physique. Chacun son truc. À chaque scientifique de trouver sa façon de découvrir, ce qui suppose qu'il fasse une première découverte pour la découvrir, et c'est ça le plus dur.

15 novembre 2012.

Le tour de la question

Il y a quelques semaines, je vous parlais d'un joli saut : celui de Félix Baumgartner, qui s'est offert une petite chute de 39 kilomètres. Mais la semaine dernière, le 15 novembre, nous avons pu assister à une autre arrivée en parachute, en fait en parapente, encore plus belle et plus émouvante, celle de Lionel Daudet, qui descendait d'une hauteur de 500 kilomètres, record mondial littéralement explosé. Cinq cents kilomètres, oui, je m'explique : celui qu'on appelle Dod dans le petit monde des alpinistes bouclait ce jour-là son tour de la France exacte en décollant en parapente du sommet du mont Blanc d'où il était parti quinze mois plus tôt, le 10 août 2011. Entre-temps, il a effectué *sans moyens mécaniques* le tour de la France, en suivant à un mètre près la ligne de frontière, c'est-à-dire en gardant un pied en France, un pied hors de France, ce qui représente plus de 500 kilomètres de dénivelé positif, donc de dénivelé négatif (c'est pourquoi je dis qu'il est redescendu de bien plus haut que Baumgartner). Il a escaladé plus de 1 200 sommets et marché plus de 6 000 kilomètres. Regardez par où passe précisément la frontière dans les Alpes ou les Pyrénées, et vous mesurerez la hauteur de l'exploit, sans même compter les innombrables clôtures et autres grillages de propriétés privées qu'il a dû escalader aussi, le lac Léman qu'il a traversé en kayak, la Corse dont il a fait le tour en voilier, les serviettes de plage entre lesquelles il a dû slalomer, la foudre qu'il n'a eu besoin de traverser (c'est elle qui l'a transpercé du bas du dos jusqu'au bout des pieds, quelque part dans les Alpes). Sans compter non plus les chasseurs qui ont failli le prendre pour cible dans les Ardennes, j'en passe et des meilleures, et des pires… Le plus facile a sans doute été pour lui de suivre la frontière franco-suisse qui passe à travers l'immense site du CERN (Conseil européen pour la recherche nucléaire) : déambulation tranquille, car au CERN, seules les énergies des particules sont hautes. Le relief, lui, est plat et archiplat. Pour un grimpeur, c'est aussi reposant qu'une sieste.

Lionel Daudet doit avoir aujourd'hui beaucoup de choses à dire sur la notion de frontière, sur ce qu'elle représente, sur ce qu'elle symbolise même quand on ne la voit pas, sur ce qu'elle devient. Curieuse coïncidence : au moment où Dod achevait son aventure circulaire, en fait très zigzagante, dans une prairie de Chamonix, commençait à Bordeaux un colloque organisé par Alain Glykos et dont l'objectif était d'explorer une autre frontière que celle de la France : la frontière qui sépare la connaissance de l'ignorance.

Bonne idée que ce colloque intitulé « Savoir ignorer », car la connaissance et l'ignorance se tiennent un peu « par la barbichette », ou « par une étrange dialectique ». Ignorer qu'on ignore, c'est ne pas savoir du tout. Mais savoir qu'on ignore, c'est vraiment savoir, car cela suppose de savoir tout ce qui est déjà su et d'être capable de détecter ce qui fait trou dans la connaissance. C'est croire savoir sans vraiment savoir qui constitue la vraie pathologie du savoir. C'est pourquoi, au fond, l'ignorance est la grande affaire des savants. Elle est le pays dont le savoir est le pays limitrophe. À ce titre, elle est une chose trop sérieuse pour être laissée aux seuls ignares : c'est une affaire de spécialistes. Savoir ignorer, ce n'est pas ignorer le savoir, mais savoir que le savoir peut être oublieux et, dès lors, constamment l'inquiéter. En somme, savoir ignorer, c'est ne jamais cesser de faire de la science.

Les physiciens savent que de nouveaux savoirs peuvent accroître l'ignorance : grâce à une découverte, on comprend qu'on ne savait pas qu'on ne savait pas et, d'un coup, les perspectives changent, l'horizon de la connaissance se reconfigure.

À la fin des années 1920, les physiciens de premier plan pensaient que l'électron et le proton suffisaient à rendre compte de la totalité de la matière. Mais les années qui suivirent n'ont pas cessé de leur donner tort : de nouvelles particules furent détectées les unes après les autres, à un train d'enfer, à commencer par le neutron, le positron (l'antiparticule de l'électron), le muon et le pion.

Aujourd'hui, alors même que plusieurs centaines de particules ont été découvertes grâce aux accélérateurs de particules, au CERN ou ailleurs, les physiciens savent qu'ils ignorent la nature des éléments principaux du mobilier ontologique de l'univers : ils ont constaté que la matière telle qu'ils la connaissent ne constitue qu'une part très faible du contenu de l'univers, et que tout le reste leur échappe. En somme, ce qu'ils ont appris leur permet de dire qu'ils en savent moins qu'avant, quand ils croyaient savoir. Apprendre va de pair avec désapprendre. Que s'est-il passé ? Depuis plusieurs décennies, ils observent les galaxies et ce qu'ils voient les a conduits à supposer que la partie visible des galaxies est enveloppée par une masse énorme de matière invisible, ce qu'ils appellent la matière « noire ». Cette matière est noire au sens où elle demeure mystérieuse, où son statut est obscur, mais elle n'est nullement noire au sens physique du terme. Il s'agit plutôt d'une matière qui n'émet ni n'absorbe de lumière, qui est même parfaitement transparente à la lumière.

De quoi est-elle faite ? Personne n'en sait rien, même si d'aucuns ont des idées, qui parlent de neutralinos, de fermions de Majorana ou d'autres étrangetés. Pour cesser de ne pas savoir comment répondre à cette question, il va falloir faire le tour de la question, comme Dod a fait le tour de la France, en explorant comme lui, au mètre près, la frontière qui sépare ce que nous savons de ce que nous ne savons pas. Il va falloir grimper dans le ciel des idées, faire de temps en temps des rappels, explorer le champ des possibles, zigzaguer, avaler des arêtes, tout essayer, et à la fin, seulement à la fin, découvrir ce qu'on peut dire de la matière noire, en *connaissance* de cause.

Vous voyez, il n'y a pas besoin de beaucoup chercher pour trouver un trait d'union reliant la physique et l'alpinisme. Cela rappelle d'ailleurs le bon vieux temps, quand les physiciens avaient des mollets et grimpaient sur les sommets pour cueillir les rayons cosmiques, qui furent découverts – autre coïncidence – il y a tout juste cent ans. Mais c'est une autre histoire, voire une autre chronique…

22 novembre 2012.

Sommes-nous loin des lumières ?

Seules les particules de masse nulle, comme les photons, peuvent aller à la vitesse de la lumière, qui est de 299 792 458 mètres par seconde, je le dis avec précision pour les puristes matutinaux. Une particule massive, elle, va nécessairement à une vitesse inférieure, pas forcément de beaucoup : si elle a beaucoup d'énergie, sa vitesse peut être très proche de celle de la lumière. Mais – et c'est ce qu'il faut bien comprendre – lorsque la vitesse d'une particule s'approche de la vitesse de la lumière, la vitesse de la lumière par rapport à cette particule demeure égale à 299 792 458 mètres par seconde… Imaginez qu'un photon, une particule de lumière, traverse la pièce dans laquelle vous vous trouvez. Vous vous mettez à courir après lui, à courir très vite, tel un superhéros, par exemple à 299 000 kilomètres par seconde (on va faire comme s'il n'y avait pas de murs, je tiens à votre intégrité physique). Vous aurez envie de croire qu'il suffirait que vous puissiez encore accélérer un peu pour aller aussi vite que le photon. Eh bien non : quelle que soit votre vitesse, la lumière se déplacera par rapport à vous à la vitesse… de la lumière ! Vous ne pourrez jamais courir aussi vite qu'un photon, et encore moins le rattraper, et encore moins le doubler. Avec la lumière, c'est fichu d'avance. Accepter une telle conclusion réclame une certaine ouverture d'esprit, j'en conviens, mais bon, on peut s'ouvrir l'esprit sans se fracturer le crâne.

Voilà pour la lumière physique. Mais la lumière, les lumières, c'est aussi une affaire philosophique. Il y a un esprit des Lumières. C'est celui qui promeut l'autonomie de l'entendement et la primauté de l'esprit scientifique. C'est aussi celui qui pose la finalité humaine de nos actes – on ne vise pas Dieu, mais les hommes –, et l'universalité, notamment celle des droits de l'homme. Nous nous considérons comme les héritiers des Lumières, mais à quelle distance sommes-nous *réellement* de leur esprit ?

Cette question fut posée lors des rencontres Physique et interrogations fondamentales (Société française de physique et Bibliothèque nationale de France, samedi 24 novembre) consacrées à la lumière physique, mais aussi aux Lumières philosophiques.

La poser n'implique pas qu'on idéalise l'esprit des Lumières, mais qu'on choisit de le prendre comme référence. Gaston Bachelard expliquait que « la lumière projette toujours quelque part des ombres ». Cette formule s'applique aussi bien à la lumière elle-même, je veux dire à la lumière au sens physique du terme, qu'à la philosophie des Lumières, qui a des versants sombres : Pierre Bourdieu parlait même d'« un obscurantisme des Lumières, pouvant prendre la forme d'un fétichisme de la raison ou d'un fanatisme de l'universel ». Elle s'applique même encore mieux au siècle des Lumières lui-même : ce fut en effet un siècle ambigu, où voisinèrent l'*Encyclopédie*, les fêtes galantes et la guillotine.

Reste que c'est au siècle des Lumières que s'est forgée l'idée de progrès et avec elle l'espoir d'une amélioration future de nos conditions de vie. Mon ami Jacques Perry-Salkow m'a d'ailleurs soufflé que *l'idée de progrès* a une anagramme renversante qui est *le degré d'espoir* [1]. Justement, où en sommes-nous en matière d'espoir ? J'ai

1. Jacques Perry-Salkow et Sylvain Tesson, *Anagrammes à la folie*, Paris, Équateurs, 2013.

l'impression qu'il y a comme un doute qui plane, voire un désenchantement, avec des illusions qui se perdent. On en est venus à parler du progrès comme on parle du Tour de France : on dit « le progrès, c'était mieux avant » exactement comme on dit « le Tour de France, c'était mieux avant », même si, dans le cas du progrès, la phrase peut sembler autocontradictoire.

Mais l'idée de progrès n'est pas qu'un concept. C'est aussi une idée sacrificielle puisque, au nom d'une certaine idée de l'avenir, elle vient sommer le genre humain de travailler à un progrès dont l'individu ne fera pas lui-même l'expérience puisqu'il n'est qu'un infime maillon de l'interminable lignée des générations. Croire au progrès, c'est accepter de fabriquer du futur collectif en sacrifiant du présent personnel. Question : de ce point de vue, où en sommes-nous ? Quelles sont nos utopies sacrificielles ? Sommes-nous proches des Lumières, ou très éloignés d'elles ? À chacun d'entre nous de le déterminer, mais pour vous y aider, je voudrais vous donner deux indices.

Le premier est une remarque. Le second, une anecdote.

La remarque concerne le dicton : « On n'arrête pas le progrès. » Son sens est devenu ambivalent, et c'est le signe d'une prise de distance avec les Lumières. Lorsque j'étais jeune (je précise que c'était quand même bien après les Lumières), il y avait quelque chose de joyeux dans ce « on n'arrête pas le progrès ». C'était une salutation enthousiaste adressée au futur qui semblait moralement interdire qu'on pût souhaiter stopper la marche du progrès. Or aujourd'hui, « on n'arrête pas le progrès » signifie plutôt qu'il n'est dans le pouvoir d'aucun humain de l'arrêter, comme si le progrès s'était émancipé de nos propres désirs et échappait à toute maîtrise. Cela dit assez bien la vitesse à laquelle notre rapport au progrès a changé.

L'anecdote, c'est la lecture d'une interview de Jean Rochefort dans *TGV Magazine*. On l'interrogeait à propos de l'engouement croissant des jeunes pour le métier d'acteur. (Les cours de théâtre refuseraient du monde.) Et il répondit ceci : « Aujourd'hui, dans les familles bourgeoises, si un garçon veut faire Centrale, son père lui dit : Non, mon fils, tu feras le cours Florent ! » Cela montre, là encore, que quelque chose s'est passé. Mais quoi ? C'est toute la question.

Sur ce, je vous laisse réfléchir. Quand vous aurez trouvé, nous saurons à quelle distance nous sommes des photons philosophiques qui faisaient tout l'esprit des Lumières.

29 novembre 2012.

Les moutons de Dirac

Aujourd'hui, on tweete beaucoup, on tweete même pour un rien, du moins assez souvent pour ne rien dire. C'est une loi du genre : plus il y a de modes de communication, plus cela permet l'autocélébration, la promotion de la vétille au rang d'épopée du genre humain et une polyphonie de l'insignifiance.

Aussi, pour me placer à contre-courant de cette tendance au bavardage, je voudrais évoquer la mémoire d'un physicien qui fut un champion olympique en matière de discrétion verbale, un type qui pensait qu'on ne doit parler que pour dire des choses vraies et qui était donc quasi mutique.

Ce physicien, c'est Paul Dirac. Il y a une seconde raison pour parler de lui aujourd'hui : il a reçu le prix Nobel il y a quasiment quatre-vingts ans, en 1933, en même temps qu'Erwin Schrödinger. Schrödinger a obtenu le prix Nobel pour son équation éponyme et Dirac pour l'équation dite de Dirac, grâce à laquelle il a pu prédire en 1930 l'existence des antiparticules.

Paul Dirac était convaincu que le langage ne fonctionne pas comme l'artillerie : quand on parle, l'abondance de la mitraille ne compense pas l'imprécision du tir. Il ne parlait donc que lorsqu'il jugeait la chose absolument indispensable, et toujours en usant du plus petit nombre de mots possible.

Par exemple, en 1931, en séjour à l'université du Wisconsin, il expédia un journaliste au bord de la crise de nerfs en répondant ainsi à ses questions [1] :

« Professeur Dirac, j'ai remarqué que vous aviez beaucoup d'initiales devant votre nom de famille : P, A, et M. Ont-elles une signification particulière ? [Paul Adrien Maurice.]

– Non.

– Vous voulez dire que je peux les interpréter à ma guise ?

– Oui.

– Par exemple, si je disais que les lettres P, A et M signifient Poincaré, Aloysius et Mussolini, cela vous irait ?

– Oui.

– Pouvez-vous me donner des nouvelles de vos recherches ?

– Non.

– Qu'est-ce que vous aimez le plus en Amérique ?

– Les pommes de terre.

– Allez-vous au cinéma ?

– Oui.

– Quand ?

– En 1920. »

Et après un long silence :

« Peut-être aussi en 1930. »

Dirac n'était guère plus prolixe avec ses collègues physiciens. En octobre 1927, à Bruxelles, lors d'un congrès Solvay qui avait pour thème « Électrons et photons », certains ont entendu cet échange entre Niels Bohr et Paul Dirac [2].

---

1. Cette interview est rapportée dans le livre de Walter Gratzer, *Eurekas and Euphonias. The Oxford Book of Scientific Anecdotes*, Oxford, Oxford University Press, 2002, p. 69.

2. Cette conversation fut rapportée par Dirac lui-même dans l'ouvrage *History of Twentieth Century Physics (Italian Physical Society)*, ed. Charles Weiner, Academic Press Inc., 1977.

Bohr : Dirac, sur quoi travaillez-vous ?

Dirac : J'essaie d'élaborer une théorie relativiste de l'électron.

Bohr : Mais Klein [1] a déjà résolu le problème !

Dirac : Je ne crois pas.

Fin du dialogue.

(Je précise pour ceux qui pensent que j'étais déjà né en 1927 ou bien qui croient que j'ai élaboré une équation révolutionnaire que ce Klein-là s'appelait Oskar…)

En certaines occasions, Dirac parlait un peu plus, mais c'était seulement dans le souci de préciser ce qu'il voulait dire. Un jour d'octobre 1926, Wolfgang Pauli débarque à Copenhague pour travailler avec Niels Bohr. Au premier coup d'œil, les jeunes physiciens présents jugent qu'il est devenu trop gros. Ils chargent donc très officiellement Dirac, qui est un ascète, de veiller à ce que Pauli ne mange pas trop. Inquiet, Pauli demande à Dirac combien de morceaux de sucre il a le droit de mettre dans son café. Dirac réfléchit, puis répond : « Je pense qu'un morceau devrait te suffire. »

Il marque une pause avant d'ajouter : « Je pense qu'un morceau devrait suffire à n'importe qui. »

Après un moment de réflexion supplémentaire, Dirac de conclure : « Je pense que la taille des morceaux de sucre a été précisément calculée pour qu'un morceau soit exactement ce qu'il faut à tout le monde. »

Comme je l'ai dit, en 1933, Dirac se voit donc attribuer le prix Nobel, conjointement avec Schrödinger. Dans un premier temps, il veut refuser le prix, car il déteste tout ce qui pourrait ressembler à de la publicité.

---

1. Il s'agit d'Oskar Klein, physicien suédois et grand ami de Niels Bohr, qui, en même temps que Walter Gordon, trouva l'équation qui régit l'évolution, non pas d'un électron, mais d'une particule de spin nul et de masse non nulle.

Il ne souhaite surtout pas devenir célèbre ! Dirac était alpiniste (il a gravi le mont Elbrouz en 1938) et il aurait volontiers faite sienne la phrase d'un autre alpiniste, Louis Lachenal, le « Prince des Grandes Jorasses », qui écrivit à son retour de l'Annapurna : « La gloire est une affaire privée [1]. » Jolie phrase par laquelle Lachenal voulait sans doute se moquer de Maurice Herzog qui cherchait les honneurs à tout bout de champ.

Mais Dirac finit par comprendre qu'il aurait affaire à plus de journalistes encore s'il refusait le Nobel. Il se résigne donc à aller chercher son prix à Stockholm, mais se fait accompagner par sa mère qu'il charge de faire écran entre lui et la presse, inventant du même coup le concept de bouclier humain par temps de paix.

Mme Dirac mère accomplit fort bien sa mission, sans toutefois parvenir à masquer l'embarras de son fils lorsqu'il se trouve en présence de personnes de l'autre sexe : un journal londonien le trouve « aussi timide qu'une gazelle et aussi modeste qu'une femme de chambre victorienne », et le surnomme « le génie qui avait peur de toutes les femmes ».

Pour finir, une dernière anecdote, plus profonde que les autres : un jour, Pauli et Dirac voyagent ensemble en train. Après une heure de silence, Pauli commence à chercher désespérément un moyen d'entamer la conversation. Il aperçoit au loin un troupeau de moutons et dit à Dirac : « On dirait que ces moutons ont été fraîchement tondus. » Dirac regarde attentivement par la fenêtre du wagon, puis se retourne vers Pauli : « Oui, au moins de ce côté-ci. »

Eh oui ! Pour être certains que les moutons sont entièrement tondus, tondus des deux côtés, il faudrait en faire

---

1. Louis Lachenal, *Carnets du vertige*, Chamonix, Éditions Guérin, 2001.

le tour, les voir de l'autre côté… Mais c'est généralement à partir d'un point de vue partiel sur un objet que nous tirons une conclusion portant sur l'intégralité de l'objet. Cette tasse de café qui est là, devant moi, je la vois seulement sous un certain angle, je n'en fais pas le tour complet, mais je crois en percevoir assez pour dire que c'est une tasse de café. Cela signifie que les mécanismes de ma vision s'appuient sur des principes d'invariance.

Dirac se servira de cette remarque très profonde pour bâtir son équation. Il réclamera d'elle qu'elle soit la plus invariante possible afin de pouvoir saisir des éléments de réalité dans le monde de l'invisible, comme notre vision fait dans le domaine du visible, ce qui l'amènera jusqu'à l'antimatière.

Je me demande si les moutons de Dirac ne mériteraient pas d'être aussi célèbres que le chat de Schrödinger, voire que les moutons de Panurge.

20 décembre 2012.

LE BOSON DE HIGGS : UN CHAMP D'HONNEUR, DONNEUR DE MASSE ET DE LEÇONS

La fin du monde n'a pas eu lieu. L'univers est toujours là, identique à lui-même, ni pire ni meilleur qu'avant le 21 décembre.

Ce n'est pas la première fois que la fin du monde est annoncée en vain. Les temps mauvais réservent toujours du bon temps aux Apocalypses. Nos ancêtres avaient déjà entrevu la fin du monde dans l'avènement de l'an mille, dans l'apparition de la pomme de terre ou le remplacement de la bougie par l'électricité. Plus récemment, nos contemporains ont cru la voir dans la mise en service du LHC, le plus grand collisionneur de particules au monde, au sein duquel se produisent des collisions très violentes de protons dont on disait qu'elles pourraient créer des mini-trous noirs capables d'engloutir notre planète, ce qui avait déclenché une jolie petite panique. Pourtant, chaque fois, la fin du monde a été reportée *sine die*.

Celle promise pour la semaine dernière ne semble d'ailleurs pas avoir passionné grand monde. L'humeur collective a beau être morose, nous ne trébuchons pas sur les piliers abattus de nos grandes espérances. J'ai même l'impression que cette fin du monde a laissé la majorité d'entre nous indifférents. Non parce qu'elle était irrationnelle ou non prouvée scientifiquement (après tout, on ne sait jamais...), mais plutôt parce que nous nous passionnons beaucoup plus pour nos petits bobos privés. Le philosophe David Hume défendait l'idée qu'« il n'est pas contraire à la raison de préférer la destruction du monde entier à l'égratignure de mon doigt ». Car, disait-il, c'est uniquement notre souci d'éprouver un plaisir ou d'éviter une souffrance qui guide notre action au quotidien. La raison arrive toujours après coup, bien après que les passions ont commencé d'agir. Elle peut certes diriger notre aversion ou notre désir, mais non lui donner son impulsion initiale. C'est ce qui explique qu'une égratignure de mon petit doigt peut me préoccuper beaucoup plus que la fin du monde parce que c'est à moi qu'elle fait mal, et cette douleur me passionne davantage que n'importe quel événement cosmique.

Bien sûr, si elle avait eu lieu, je vous aurais dit depuis je ne sais quel néant que l'Apocalypse a été l'événement le plus marquant de 2012. Comme elle n'est pas advenue, il me faut trouver autre chose qui puisse symboliser l'année qui s'achève. Il n'y a pas l'embarras du choix : l'événement le plus marquant, c'est évidemment la découverte du boson de Higgs.

Cette découverte, ce n'est pas du tout la fin du monde, mais la fin d'un monde. La fin d'un monde qui a commencé avec Newton et qui vient de s'achever, la fin d'un monde où l'on pensait que la masse était une propriété intrinsèque des particules élémentaires, une caractéristique qu'elles portaient en elles-mêmes : l'électron, par exemple, avait sa masse et, croyait-on, celle-ci lui était consubstantiellement liée. La masse faisait corps avec la matière, au point que les concepts de masse et de matière se confondaient presque.

Mais en 1964, trois physiciens, parmi lesquels Peter Higgs, se sont demandé si cette façon de voir était vraiment la bonne. À coups d'équations, ils ont exploré l'idée que la masse pourrait ne pas être une propriété intrinsèque des particules, mais résulter de leur interaction avec le vide, qui de fait ne serait pas vide, mais rempli d'un vaste champ, le « champ de Higgs ». Pour expliquer un peu mieux comment les choses se passent, je me servirai d'une analogie critiquable mais utile : le champ de Higgs serait l'équivalent d'un champ de neige constitué de cristaux de neige, qui seraient précisément ce qu'on appelle des « bosons de Higgs ». Dans ce contexte, les particules élémentaires seraient sans masse propre, mais glisseraient sur la neige avec des skis plus ou moins bien fartés. Celles dont les skis sont parfaitement fartés glisseraient sans frottement, à la vitesse de la lumière, et leur masse serait nulle. Celles dont les skis sont mal fartés interagiraient avec le champ de neige, se retrouveraient donc ralenties par le frottement, et leur masse serait non nulle. La masse d'une particule mesurerait en somme la mauvaise qualité du fartage de ses skis.

J'abandonne maintenant cette analogie pour revenir à un discours plus physique : dire d'une particule qu'elle est très massive revient à dire qu'elle interagit très fortement avec le champ de Higgs et subit sans cesse des collisions avec des bosons de Higgs, tel un homme pressé qui traverse une foule en heurtant d'autres individus, ce qui diminue sa vitesse. Au lieu d'être une propriété que les particules élémentaires porteraient en elles-mêmes, la masse apparaît comme n'étant qu'une propriété secondaire des particules, résultant de leur interaction avec… le vide qui est en réalité truffé de bosons bien dodus.

Depuis l'annonce par le CERN de la découverte du boson de Higgs, le 4 juillet dernier, on sait que cette façon de voir les choses est correcte. Ce résultat ne concerne pas que les physiciens. Il concerne aussi les philosophes puisqu'il invite à sérieusement réinterroger le lien entre matière et masse : il faut désormais se faire à l'idée que les particules tirent leur masse non d'elles-mêmes mais en s'accouplant plus ou moins furieusement avec le vide. Quelques belles doctrines pourraient avoir du mal à s'en remettre.

Et il y a une autre conséquence, carrément cosmologique. Elle vient de ce que le champ de Higgs est sans doute apparu brusquement dans l'univers primordial, il y a 13,7 milliards d'années. Avant qu'il apparaisse, toutes les particules étaient sans masse, tels des anges. Après, la plupart d'entre elles sont brusquement devenues massives. Or, si l'on en croit Einstein, une particule ne peut se voir doter d'un temps propre que si elle possède une masse non nulle. Donc, c'est seulement après l'apparition du champ de Higgs et de ses bosons que les particules, jusque-là angéliques ou fantomatiques, se sont mises à avoir un temps bien à elles. On peut donc dire que le boson scalaire de Higgs (c'est le nom complet), c'est l'horloge des anges ici-bas. Et c'est là qu'apparaît le miracle, détecté par mon ami Jacques Perry-Salkow : *le boson scalaire de Higgs* est justement l'anagramme de *l'horloge des anges ici-bas*[1]...

La physique n'est pas sans poésie, ce sera mon message de fin d'année.

Joyeuses fêtes à tous.

27 décembre 2012.

---

1. Étienne Klein et Jacques Perry-Salkow, *Anagrammes renversantes ou le Sens caché du monde*, édition collector, Paris, Flammarion, 2013.

De l'esprit des lois (physiques et autres)

Les vacances sont propices à la lecture et la lecture peut être fertile en idées de chronique. Le sujet de ma chronique de ce 3 janvier m'a justement été inspiré par la lecture d'un roman écrit par Jean-Marie-Amédée Paroutaud pendant la Seconde Guerre mondiale. Un livre très angoissant, intitulé *La Ville incertaine*, où il est question d'une cité dans laquelle les lois changent chaque jour à l'insu des habitants. Rien ne s'y conserve si ce n'est le changement perpétuel et occulte des règles : tel jour, on a par exemple le droit de voler de la nourriture, mais ce même droit n'a plus cours le lendemain ; personne ne connaît les lois en vigueur à un instant donné, à part les « gens à casquettes », les policiers, chargés d'arrêter les contrevenants. Chaque matin, un démiurge pervers décide ce qui est licite et ce qui ne l'est pas, et édicte des lois éphémères inconnues des habitants mais implacablement appliquées. S'organise ainsi au sein de la cité un effroyable jeu qui mélange loterie et violence et empêche de jamais pouvoir fixer les notions de bien et de mal.

Il faut lire ce livre pour mesurer l'angoisse inhérente à une telle situation : dès lors que le lien entre loi et permanence est détruit, toutes les références existentielles et sociales s'évanouissent. La justice, les rapports humains et même le sens de la vie se trouvent dépossédés de leur point d'appui et deviennent absurdes.

Cette lecture invite à interroger les différences de nature et de statut entre lois physiques et lois juridiques. Trois différences sautent aux yeux. En premier lieu, il n'y a pas de passe-droit en physique… Les particules obéissent toutes aux mêmes lois, dites universelles, sans qu'aucune ne puisse revendiquer quoi que ce soit qui puisse la singulariser. Un électron, mis à la place de n'importe quel autre électron, aura exactement le même comportement que celui qu'il remplace. En ce sens, il n'y a pas d'électron libre, si par « libre » on entend « au-dessus des lois ».

En deuxième lieu, dans une société donnée, il ne faut pas qu'il y ait un trop grand écart entre l'évaluation commune et l'évaluation légale de ce qui doit être autorisé ou interdit, sans quoi les lois perdent en légitimité, donc en autorité. En physique, c'est le contraire. Depuis Galilée, les lois physiques se sont construites contre le sens commun. Elles ne cessent de s'opposer à l'intuition. Alexandre Koyré est sans doute le philosophe qui a le mieux compris cela : selon lui, le pari de la physique moderne consiste à vouloir « expliquer le réel par l'impossible ». Par exemple, à la base de la mécanique on trouve un principe fondamental, le principe d'inertie, qui met en avant l'idéal d'un mouvement qui ne s'amortit pas. Or un tel mouvement inertiel, indéfini et à vitesse constante, n'a jamais été observé. Il semble donc impossible. Pourtant, c'est grâce à lui qu'on parvient à comprendre l'amortissement du mouvement des corps que nous observons dans le monde empirique. Le réel se trouve en somme expliqué par l'impossible.

En troisième lieu, les lois physiques, à la différence des lois juridiques, notamment celles du roman *La Ville incertaine*, ne changent pas au cours du temps. Cela signifie que les lois régissant toute expérience de physique ne sauraient dépendre du moment particulier où l'expérience est réalisée : pour elles, tout instant du temps en vaut un autre. Si une loi physique est vraie à un instant donné, elle est également vraie à tous les instants qui ont précédé cet instant et à tous ceux qui le suivront. Les physiciens tirent parti de cette invariance pour explorer l'univers primordial (j'en ai déjà parlé) : en provoquant de très violentes collisions de particules, ils créent – ou plutôt recréent – dans un tout petit volume et pendant une durée très brève les conditions physiques extrêmes qui régnaient dans un passé très lointain de l'univers (très haute température et très grande densité d'énergie). Les lois physiques n'ayant pas changé, les particules engendrées par l'énergie du choc revivent les emportements torrides qui furent ceux de leurs congénères dans la prime jeunesse de l'univers. Elles offrent ainsi une cure de jouvence spectaculaire à une infime portion de l'espace-temps, au point de réveiller certaines particules qui s'y étaient endormies.

En 1918, une mathématicienne, Emmy Noether, a démontré un théorème qui a donné toute sa force à cette idée en reliant deux notions en apparence bien distinctes : celle de conservation et celle de symétrie. Elle a établi qu'à toute invariance selon un certain type de transformations est nécessairement associée une quantité qui se conserve en toutes circonstances. Albert Einstein dira de ce théorème qu'« il s'agit d'un monument de la pensée mathématique ». Il implique par exemple que l'invariance des lois physiques par translation du temps dont je viens de parler a pour corollaire direct la conservation de l'énergie, c'est-à-dire le fait qu'on ne peut pas créer d'énergie à partir de rien. Pour illustrer ce résultat, démontrons ce théorème par son envers, c'est-à-dire montrons que si les lois physiques changeaient au cours du temps, on pourrait créer de l'énergie à partir de rien : imaginons que la force de pesanteur varie de façon périodique dans le temps, qu'elle soit par exemple très faible chaque jour à midi et très forte à minuit. Vous pourriez alors monter quotidiennement une charge au sommet de la Maison de la radio à midi, puis la projeter dans le vide à minuit. L'énergie que vous gagneriez ainsi serait plus élevée que celle que vous auriez dépensée, vous auriez donc créé de l'énergie que vous pourriez revendre, ce qui vous débarrasserait de l'obligation de travailler…

Permettez-moi de terminer par une petite anecdote : en 1915, Emmy Noether fut invitée par David Hilbert et Felix Klein à venir enseigner à l'université de Göttingen. Mais les philosophes et les historiens de cette université s'y opposèrent : « Que penseront nos soldats, disaient-ils, quand ils reviendront à l'université et verront qu'ils doivent apprendre aux pieds d'une femme ? » La réponse de Hilbert fut la suivante : « Je ne vois pas pourquoi le sexe de la candidate serait un argument contre son admission. Après tout, nous sommes une université, pas un établissement de bains publics. »

Les lois physiques ne changent pas, les lois humaines changent. Pour le coup, c'est plutôt une bonne nouvelle.

3 janvier 2013.

L'effet Rolling Stones ou l'intrication quantique

J'aurais bien aimé vous parler des Rolling Stones, mais tout a déjà été dit ou presque à l'occasion de leurs cinquante ans. Que pourrais-je ajouter de vraiment consistant, moi qui suis normalement ici pour vous parler de physique ? Ou alors… comment vous parler à la fois de physique et des Rolling Stones ?

Je ne vois pas, sauf peut-être en disant que chacun des Stones est la superposition quantique d'un vieillard et d'un adolescent, ce qui ne nous mènerait guère plus loin que tout ce qui a déjà été dit à ce micro à propos du chat de Schrödinger… La seule chose que j'ai trouvée à me mettre sous la dent, c'est que Niels Bohr est mort quelques semaines après le premier concert des Stones. Bohr et Albert Einstein ont été de grands amis, autant que Mick Jagger et Keith Richards, mais à partir de la fin des années 1920, les deux physiciens se sont opposés gentiment mais fermement à propos de l'interprétation à donner à la physique quantique. Débat de très haut niveau, on s'en doute, autour d'une question simple, au moins à formuler : qu'est-ce que la physique quantique nous permet de dire de la réalité ? Dit-elle tout ce qu'on est en droit de savoir de la réalité ?

Nos deux monstres physiciens ne sont pas du tout d'accord. Einstein considère que la physique quantique est une théorie ingénieuse et très efficace. Mais, selon lui, une théorie physique ne doit pas être jugée à l'aune de sa seule efficacité : elle doit aussi dépeindre les structures intimes du *réel*, du réel tel qu'il existe indépendamment de nous. Or, à ses yeux, la physique quantique ne fait pas convenablement ce travail, pour deux raisons :

1. Selon cette théorie, même si on connaît l'état d'un système physique, on ne peut généralement pas prédire le résultat d'une mesure effectuée sur ce système, mais seulement calculer la probabilité d'obtenir tel ou tel résultat : en clair, parmi tous les résultats possibles *a priori*, un seul est sélectionné, au hasard, par l'opération de mesure. Or une bonne théorie physique doit éliminer le hasard, sinon de ses constructions, du moins de ses principes. Dieu ne saurait faire joujou avec des dés.

2. La physique doit donner corps à l'idée d'un monde réel dont les plus minuscules parcelles existent objectivement, au sens où existent les chaises et les cailloux (et les Stones !), et ce, que nous les observions ou non. Pour Einstein, il y a des faits, des événements, qui sont réels, au sens où ils ne sont pas seulement des « réalités pour nous », mais bien d'authentiques « réalités tout court », qui doivent avoir une contrepartie dans toute théorie physique qui se prétend complète. Or cette exigence de réalisme ne lui semble pas prise en compte par la physique quantique. Einstein croit pouvoir démontrer qu'il existe des « éléments de réalité » que cette théorie ne prend pas en compte. S'il avait raison, ce serait la preuve que la physique quantique ne nous dit pas tout ce que nous devrions pouvoir savoir de la réalité physique, autrement dit qu'elle est incomplète.

De son côté, Bohr considère qu'il n'existe pas de réalité indépendante de nos moyens de mesure, de sorte qu'une théorie physique peut prétendre décrire seulement des phénomènes incluant dans leur définition le contexte expérimental qui les rend manifestes, et non une réalité prétendument objective. « C'est une erreur de croire que la tâche de la physique est de découvrir comment est la nature, écrit-il. La physique traite de ce que nous pouvons dire de la nature [1]. »

Ce qui représente un point de vue rigoureusement opposé à celui d'Einstein, qui écrira : « Ce que nous appelons science a pour unique but de déterminer ce qui *est* [2]. »

Tout cela semble très abstrait, mais une analogie va nous aider à y voir plus clair. Imaginez que vous trouviez un livre dans une bibliothèque municipale et que, au moment où vous voulez l'emprunter, le bibliothécaire vous dise qu'il n'y a aucune trace de cet ouvrage dans le fonds. Comme le livre porte toutes les références nécessaires, la conclusion à laquelle vous parvenez est que le catalogue de la bibliothèque est incomplet. Cette conclusion qui est la vôtre est aussi celle qu'Einstein soi-même aurait déduite d'une telle expérience, et je ne dis pas cela pour vous flatter.

Mais Bohr, lui, aurait conclu différemment que vous, donc différemment qu'Einstein. Il aurait dit que le catalogue était bel et bien complet et qu'en conséquence le livre que vous disiez avoir vu dans les rayonnages n'était qu'un pur produit de votre imagination, que vous avez eu une hallucination à propos du réel, que vous avez abusivement cru à l'existence d'une chose qui n'existe pas.

---

1. Cité par Aage Petersen, *The Philosophy of Niels Bohr*, in A. P. French & P. J. Kennedy, *Niels Bohr : A Century*, Cambridge, Harvard University Press, 1985, p. 305.

2. Lettre d'Albert Einstein à Maurice Solovine du 1er janvier 1951, in Einstein, *Lettres à Maurice Solovine*, Paris, Éditions Gabay, 1956, rééd. 2005, p. 105.

Ce qui est extraordinaire dans cette affaire, c'est que ces deux points de vue philosophiques antagonistes ont pu être départagés par une expérience magnifique qui fut dirigée par Alain Aspect au début des années 1980, et dont les résultats auraient ravi Bohr et fait tomber Einstein de sa chaise.

Cette expérience a montré que, dans certaines situations, deux particules qui ont interagi dans le passé sont intriquées, très fortement corrélées, au sens où elles ont des « liens » que leur distance mutuelle, aussi grande soit-elle, ne suffit pas à séparer. Elles constituent en somme un tout inséparable : ce qui arrive à l'une des deux, où qu'elle soit dans l'univers, est irrémédiablement intriqué à ce qui arrive à l'autre particule, où qu'elle soit dans l'univers. La paire formée par les deux particules a des propriétés globales que n'ont pas les particules individuelles. Le tout est plus que l'ensemble de ses parties.

Cette « non-séparabilité », comme on l'appelle, me fait penser aux Stones. Toutes leurs aventures solo ont été des désastres, aucun d'eux n'est capable de porter à lui seul le halo symbolique des Stones. Mais en tant que groupe, ils forment une totalité qui est bien plus que l'addition de ses membres. Même s'ils ne se parlent pas, même s'ils ne se regardent pas, ils jouent comme si leurs instruments étaient intriqués les uns aux autres, comme corrélés à distance. Keith Richards l'a formulé en ces mots : « Je ne sais pas comment ça a pu arriver, mais un lien s'est créé entre nous, qui tient toujours malgré tout le reste, comme un pacte très solide. »

Voilà une assez bonne définition de l'intrication quantique, qu'on pourrait donc appeler l'« effet Rolling Stones ». Après tout, ces gars-là ont fait leurs preuves en la matière, et depuis longtemps : leur âge moyen est plus élevé que celui des juges de la Cour suprême des États-Unis. Il y a des cas où ni le temps ni l'espace ne font quoi que ce soit à l'affaire.

10 janvier 2013.

Vous avez dit « radioactif » ?

Je n'ai pas l'habitude de raconter ma vie à ce micro, mais il se trouve que c'est une petite anecdote personnelle qui m'a donné l'idée de ma chronique d'aujourd'hui. Le week-end dernier, mon plus jeune fils, qui a l'âge où l'on est friand de calembours, me lance : « Ah ! Papa, j'ai décidé de ne plus t'embrasser, car tu es radioactif. » Je lui dis : « Comment ça ? – Eh ben oui, depuis que tu parles à France Culture, tu es radioactif. *Radioactif, actif à la radio.* – Elle est bien bonne, lui répondis-je. OK, je suis radioactif, mais bien moins que Marc Voinchet, parce que Marc Voinchet, lui, il fait vraiment beaucoup de radio, il y cause longuement et tous les jours – il est donc super-radioactif. »

Et là, mon fils me rétorque : « Moi, je n'ai jamais parlé dans un micro, je ne suis donc pas du tout radioactif, je suis un type naturel. » Je lui dis qu'il n'est pas nécessaire d'être actif à la radio pour être radioactif, car, en fait, tout le monde est radioactif. Le corps humain contient des atomes de potassium 40 et aussi de carbone 14, deux éléments radioactifs qui sont tout ce qu'il y a de plus naturel. Cela ne signifie pas qu'ils émettent en permanence du rayonnement, ils en émettront une unique fois, à l'occasion de leur transformation en un autre élément (le carbone 14 deviendra de l'azote 14 ; le potassium 40 du calcium 40). Et tout cela ne nous rajeunit pas : les noyaux de potassium 40 présents dans nos corps sont bien plus vieux que nous : ils ont en effet été produits dans les fournaises stellaires qui ont produit la matière terrestre il y a plus de cinq milliards d'années. Quant aux noyaux de carbone 14, ils sont produits par des réactions nucléaires induites dans l'air par les rayons cosmiques. Les rayons cosmiques provoquent la transmutation de l'azote en carbone 14. Ce carbone 14 se présente sous forme de gaz carbonique et se retrouve dans nos corps par le biais des échanges qu'il a avec tous les êtres vivants, donc avec nous-mêmes. Du carbone 14 imprègne ainsi nos tissus corporels en toute petite proportion, ce qui les rend radioactifs. Pour un être humain de 70 kilogrammes, il contribue à 4 000 désintégrations par seconde, soit 4 000 becquerels. Si on ajoute le potassium 40, cela donne un total de 10 000 becquerels par individu. Eh oui ! même quand nous avons l'air éteint, nous irradions, et en permanence.

Pourquoi certains noyaux sont-ils radioactifs ? Pourquoi ces atomes-là sont-ils condamnés à se désintégrer un jour ou l'autre ? Parce qu'ils sont instables, aurait dit M. de La Palisse. Soit ! Mais pourquoi sont-ils instables ? Parce qu'ils contiennent trop d'énergie. Or un système a toujours tendance à se débarrasser de son énergie. Souvenez-vous de Newton et de sa pomme : la pomme tombe parce qu'en diminuant son altitude, elle rejoint un état plus stable, dans lequel son énergie est plus faible. La radioactivité, c'est un peu la même chose, sauf que ce n'est pas la force de gravitation qui intervient là, mais une autre force beaucoup plus intense, la force nucléaire.

La radioactivité est en somme le moyen qu'ont trouvé les noyaux pour évacuer leur trop-plein d'énergie.

Mais quand on la regarde de plus près, on constate qu'elle constitue un phénomène bien étrange.

Prenez la radioactivité bêta, celle qui concerne les noyaux trop riches en neutrons, comme le potassium 40 justement. Ces noyaux finissent toujours par augmenter leur cohésion en transformant l'un de leurs neutrons en proton. La transformation d'un neutron en proton provoque un électron et un antineutrino. Ces deux particules sont éjectées hors du noyau, alors même que ni l'une ni l'autre n'étaient déjà présentes dans le noyau avant d'en sortir. On voit par là qu'un noyau, ce n'est pas du tout comme un tube de dentifrice. Quand nous pressons notre tube de dentifrice – et j'imagine que certains auditeurs sont précisément en train d'accomplir ce geste matutinal –, de la pâte en sort, et nous ne doutons pas une seconde du fait que cette pâte était dans le tube avant d'en sortir. Car le conformisme de notre intellect nous porte à croire que si un truc sort d'un bidule, c'est forcément que le truc était dans le bidule avant d'en sortir. Eh bien, ce n'est pas toujours vrai, et la radioactivité en est la preuve : il n'y a ni électron ni antineutrino dans les noyaux d'atomes, mais ces derniers sont quand même capables d'en expulser hors d'eux-mêmes…

Autre bizarrerie : la spécificité d'un atome radioactif est qu'il est condamné à mourir, contrairement à un atome non radioactif. Mais il meurt à un rythme qui n'est pas celui de nous autres, les êtres humains. Nous, nous naissons, nous grandissons, nous mûrissons, nous nous usons puis nous finissons par succomber avec d'autant plus de facilité que nous sommes plus vieux. Notre probabilité de mourir dans l'année qui vient est en effet d'autant plus grande que nous sommes plus âgés. C'est d'ailleurs précisément cela qu'on appelle le vieillissement. Vieillir, ça commence à quarante ans, quand notre probabilité de mourir se met à augmenter à chacun de nos anniversaires…

Un atome radioactif meurt lui aussi, mais contrairement à nous, il ne vieillit pas. En effet, la probabilité qu'il a de disparaître durant un intervalle de temps donné est rigoureusement indépendante de son âge. Ainsi, un atome de carbone 14 apparu il y a dix mille ans et un autre apparu il y a seulement cinq minutes ont exactement la même probabilité de se désintégrer dans l'année qui suit. Leur disparition ne peut donc être interprétée comme le résultat d'une quelconque usure. En eux, rien ne s'abîme avec le temps – il en meurt à tout âge. Ils ne vieillissent pas, mais ils meurent.

Si on comprend bien, un atome radioactif, c'est le contraire d'un académicien : un académicien vieillit mais est immortel ; un atome radioactif meurt sans jamais avoir vieilli. En fait, je me rends compte que tout cela est un peu plus compliqué, car – en vertu de ce que j'ai expliqué plus haut – le corps d'un académicien contient lui aussi des atomes radioactifs. On peut donc vieillir et être immortel tout en contenant des atomes mortels qui ne vieillissent pas. Bon, ça sent le galimatias, il est temps que je cesse d'être actif à la radio, non sans vous avoir souhaité de joyeuses fêtes de fin d'année.

17 janvier 2013.

Il fait un temps de temps

J'ai volé à André Breton le titre de ma chronique, très exactement à son poème « Le verbe Être », dont je citerai quelques bribes :

« Il fait un temps de temps. [...] Dans ses grandes lignes le désespoir n'a pas d'importance. C'est une corvée d'arbres qui va encore faire une forêt, c'est une corvée d'étoiles qui va encore faire un jour de moins, c'est une corvée de jours de moins qui va encore faire ma vie. »

C'est extrait du recueil *Le Revolver à cheveux blancs*, un revolver dont on devine qu'il est pointé sur la tempe. C'est souvent là-haut que ça commence à mal finir. Robert Sabatier disait : « Le temps, c'est de l'argent. Sur les tempes. »

Je vous dis tout cela, parce que j'ai l'impression qu'il fait vraiment un temps de temps : le temps, plus exactement les problèmes de temps semblent devenus la grande affaire du temps présent. On leur consacre des colloques, on les met à toutes les sauces – il y aurait le temps de ceci, le temps de cela, ceci et cela pouvant désigner mille choses différentes. Il faut dire que la polysémie du mot « temps » s'est tellement déployée qu'on ne sait jamais bien de quoi on parle lorsqu'on parle du temps. Ce peut être la succession, la simultanéité, la durée, le changement, le devenir, l'urgence, l'attente, l'usure, la vitesse, le vieillissement, les révolutions géologiques qui finissent par affecter nos visages, et même l'argent ou la mort...

Cela fait beaucoup trop pour un seul mot. Il faudrait faire un peu de ménage, de décrassage sémantique, ou, plus précisément, procéder à ce que Paul Valéry appelait un « nettoyage de la situation verbale ».

D'autant que – fait étrange – ce mot parfaitement clair quand on l'emploie dans le langage courant et qui ne donne lieu à aucune difficulté quand il est engagé dans le train rapide d'une phrase ordinaire, devient embarrassant dès qu'on le retire de la circulation pour l'examiner en aparté. Isolé des mots qui l'entourent, le temps se venge : il se change en énigme, en abîme, en tourment de la pensée…

Nous ne savons pas du tout ce qu'est le temps lorsqu'il est considéré pour lui-même, mais dès qu'on insère le mot « temps » dans une phrase sans s'appesantir sur lui, miracle, ça glisse tout seul, tout devient clair… En somme, nous parvenons à nous comprendre grâce à la vitesse de notre passage par les mots (peut-être est-ce pour cette raison qu'on parle de langage « courant »).

Je vais vous donner un exemple. Aujourd'hui, constatant que nos agendas sont sursaturés et que nous sommes ultra-pressés (le regretté Gilles Châtelet avait une belle expression pour dire cela : il disait que nous étions devenus des cyber-Gédéon ou des turbo-Bécassine…), bref, constatons que tout fonce, à commencer par nous-mêmes, nous nous exclamons : « Le temps passe de plus en plus vite ! » Comme si la dynamique du temps épousait celle de nos trépidations, surtout, comme si le temps pouvait se voir doter d'une vitesse et même d'une accélération. Une vitesse exprime la façon dont une certaine grandeur varie au cours du temps. Par exemple, la vitesse d'une voiture est égale à son déplacement dans l'espace rapporté à la durée de ce déplacement. Mais comment définir alors la vitesse du temps ? Il faudrait pouvoir exprimer de combien le cours du temps se décale par rapport au cours du temps, c'est-à-dire par rapport à lui-même. La vitesse ne pourrait donc se dire que par une tautologie, en disant, par exemple, que le temps a une vitesse telle qu'il avance de vingt-quatre heures… toutes les vingt-quatre heures. Et nous serions bien avancés !

Le succès de cette expression « le temps s'accélère » en dit long, non pas sur notre époque, mais sur le rapport que nous entretenons avec elle. Proclamer que la vitesse du temps augmente simplement parce que la quantité et le rythme des événements s'accroissent, c'est fabriquer un raccourci trompeur mais très efficace qui déforme insidieusement le rapport *psychique* que nous avons avec le présent. Nous nous sentons constamment en retard par rapport à je ne sais quel rythme propre qu'aurait le monde contemporain.

En réalité, nous sommes les victimes moins d'une prétendue accélération du temps que de la superposition de présents multiples qui entrent en conflit mutuel : en même temps que nous travaillons, nous regardons nos téléphones portables et écoutons la radio. Parfois, cette juxtaposition de stimuli nous excite (elle crée une sensation de tourbillon existentiel), parfois, elle nous stresse ou nous brûle. Mais il ne faut pas oublier que tout le monde ne court pas au même rythme. Tandis que certains se consument, d'autres s'ennuient à mourir ou bien trouvent le temps de regarder la télévision cinq heures par jour. Toutes les existences ne trépident pas ni n'ont la même allure. En matière d'intensité existentielle, on est loin de l'égalité.

Ce qui se passe, c'est que les temps propres des individus se sont désynchronisés. En théorie de la relativité, le décalage des horloges résulte de leur mouvement relatif dans l'espace. Mais en l'occurrence, ce ne sont pas nos déplacements respectifs qui désaccordent nos horloges individuelles. Même si nous nous trouvons au même endroit, nous n'habitons pas le même présent, nous ne sommes pas vraiment *ensemble*, n'avons pas le même rapport à ce qui se passe et ne faisons donc pas « monde commun ». Notre société *abrite une entropie « chronodispersive » qui modifie l'intensité et la qualité du lien social.*

Du coup, chacun d'entre nous se prend régulièrement à rêver d'un monde atemporel où le jardin des êtres et des choses pourrait s'épanouir à l'abri des soubresauts du présent. En pratique, comment faire ? Erwin Schrödinger, l'homme du chat, expliquait que, pour arrêter le temps, il suffit d'un baiser sincère : « Aimez une fille de tout votre cœur, écrivit-il un jour, et embrassez-la sur la bouche : alors, le temps s'arrêtera et l'espace cessera d'exister [1]. »

Chacun jugera, pour son propre compte (à condition que ce ne soit pas un compte tweeter) de l'efficacité de cette recette. Je me demande, moi, si l'arrêt du temps ne serait pas une affaire diablement risquée : en effet, ce pourrait bien être l'arrêt du présent, donc la cessation de toute présence, donc la chute dans le néant… Pour le coup, il ne ferait plus du tout un temps de temps, plutôt un temps de fin des haricots.

24 janvier 2013.

---

1. Erwin Schrödinger, *Carnets de 1919. À propos de philosophie kantienne*, cité par J. Mehra et H. Rechenberg dans *The Historical Development of Quantum Theory*, Springer Verlag, 1987, p. 40.

Du bon usage des chats

C'est bien connu, beaucoup d'écrivains aiment les chats, et certains ont d'ailleurs mis en avant leurs félins au point de les rendre célèbres, Colette, par exemple, avec *Kiki la Doucette*, ou bien *Toune*, ou bien encore *Minionne*. Mais les écrivains n'ont pas le monopole en la matière. Les scientifiques, du moins certains d'entre eux, ont également une relation mystérieuse avec les chats. Ça ne date pas d'hier. Baudelaire avait déjà remarqué la chose en son temps. Vous connaissez sûrement son poème « Les chats » (dans *Les Fleurs du mal*).

Les amoureux fervents et les savants austères
Aiment également, dans leur mûre saison,
Les chats puissants et doux, orgueil de la maison,
Qui comme eux sont frileux, et comme eux sédentaires.

Ce n'est donc pas un hasard si, quand il s'agit d'illustrer « charnellement » un paradoxe, c'est le chat qui est l'animal le plus souvent choisi. Vous vous souvenez du chat de Schrödinger, ce chat qui, selon la physique quantique et dans certaines situations très particulières, se trouve être à la fois vivant et le contraire de vivant, c'est-à-dire mort. En fait, c'est Einstein qui avait eu l'idée de départ. Dans les années 1930, Schrödinger et Einstein avaient de plus en plus de mal à accepter l'interprétation de la physique quantique proposée par les autres physiciens, notamment par Niels Bohr. Ils cherchaient donc le moyen de la prendre en défaut en inventant une expérience de pensée qui montrerait son absurdité. Le 8 août 1935, Einstein écrit à Schrödinger : « Tu es la seule personne avec qui j'aime avoir des discussions. Les autres sont incapables de sortir du filet des concepts admis et ne savent qu'y frétiller de façon grotesque. » Puis il continue en décrivant un système macroscopique qui se trouverait dans une situation absurde si on lui appliquait brutalement les règles de la mécanique quantique orthodoxe : ce système est constitué d'un baril de poudre couplé à un atome radioactif, de telle sorte que la désintégration de l'atome libère une énergie suffisante pour déclencher l'explosion de la poudre. L'instant de la désintégration ne pouvant être prédit autrement que par une probabilité, l'état du baril de poudre à un instant donné est la superposition de l'état *le baril a explosé* et de l'état *le baril n'a pas encore explosé*. Or de telles situations ne s'observent jamais pour les barils de poudre : soit ils ont déjà explosé, soit ils n'ont pas encore explosé.

Le 19 août 1935, Schrödinger répond à Einstein, mais en remplaçant le baril de poudre par un malheureux chat, qui deviendra le chat « de Schrödinger », qu'un dispositif diabolique place dans un état quantique superposé, comme le baril de poudre.

Personne ne se souvient de l'histoire du baril de poudre, mais tout le monde a entendu parler du chat de Schrödinger. Preuve qu'il ne faut pas se tromper quand on choisit l'objet ou l'animal par lequel on veut donner un corps aux paradoxes. Le baril d'Einstein a fait *pschitt*, alors que le chat de Schrödinger a fait *bingo*.

Pourtant, en l'occurrence, n'importe quel autre animal, une poule ou une vache, aurait aussi bien fait l'affaire. Il y aurait donc pu y avoir un paradoxe de la poule de Schrödinger ou de la vache de Schrödinger qui aurait démontré exactement la même chose. Mais c'est comme ça, quand on choisit un chat, ça fonctionne mieux, allez savoir pourquoi.

Il existe néanmoins des situations dans lesquelles le choix du chat n'est pas arbitraire, car le chat intervient alors pour ses qualités propres. C'est le cas d'un paradoxe dont je ne sais pas s'il est connu ou non, d'un paradoxe résultant du rapprochement entre une loi générale et un fait particulier. La loi générale, c'est la loi de Murphy, qui veut que si un emmerdement peut avoir lieu, la probabilité qu'il se produise est égale à un. Par exemple, la tartine beurrée qu'on laisse échapper de ses mains tombera immanquablement du côté beurré, surtout si on l'a beurrée du mauvais côté. Le fait, c'est celui qui consiste en ce qu'un chat tombe toujours bien, c'est-à-dire qu'il retombe systématiquement sur ses pattes, ce qui n'est pas le cas ni pour la poule ni pour la vache. Question : que se passe-t-il si l'on colle une tartine beurrée sur le dos d'un chat et qu'on laisse choir le tout ? Ainsi s'énonce le paradoxe dit « du chat beurré ». Le chat va-t-il retomber sur ses pattes ? Est-ce que la tartine beurrée va s'aplatir du côté beurré ? Ou va-t-il se passer autre chose ? Par exemple, le chat ou la tartine pourrait-il ou pourrait-elle retomber sur la tranche ? Ou bien le tout pourrait-il se mettre à tourner sur lui-même à toute vitesse ? Des penseurs ont pris le temps de travailler à ce problème. Parmi les solutions proposées, la plus féconde consiste à dire que le chat va léviter, pour ne pas avoir à prendre parti…

Je parlais des écrivains tout à l'heure. Il est assez facile de montrer que les bouleversements de la physique au début du XXe siècle n'ont pas été sans influencer des auteurs majeurs comme Virginia Woolf, William Faulkner, James Joyce, Robert Musil ou Bertolt Brecht. Il y a donc une connivence possible entre la physique et la littérature, ce qui s'explique d'ailleurs assez bien : quand la physique se révolutionne, elle offre aux écrivains ouverts aux sciences de nouvelles métaphores qui les aident à dire le monde avec de nouvelles images. C'est pourquoi le physicien soucieux d'expliquer les idées de la physique que je suis est heureux de saluer la publication toute récente de deux ouvrages. Le premier est une sorte de conte écrit par l'écrivain Philippe Forest. Il s'intitule *Le Chat de Schrödinger*. Le second est une BD qui a été écrite par une jeune artiste, Aurélie Pollet. Elle s'intitule (tiens, tiens) *Les Chats de Schrödinger*. Voilà un pluriel qui est bien singulier…

Comme quoi Schrödinger a vraiment eu raison de choisir un chat plutôt qu'un baril de poudre, puisque c'est par l'entremise de cet agile quadrupède, mort ou vif, beurré ou pas, que la physique poursuit son entrée dans la littérature, ce qui représente pour elle un accomplissement, une apothéose. J'ose penser qu'elle en est fière comme un altimètre au sommet du mont Blanc.

31 janvier 2013.

QUAND LA PHYSIQUE CESSERA-T-ELLE DE BROYER DU NOIR ?

Du 17 au 20 janvier 2013 s'est tenu à Paris un colloque organisé par les universités de Harvard et de New York, qui a rassemblé des écrivains, des artistes, des photographes et des cinéastes, autour des questions suivantes : comment l'Occident s'est-il représenté et a-t-il représenté les Noirs ? Dans quels stéréotypes les a-t-il insérés ? Comment les Noirs ont-ils été décrits, photographiés, filmés, montrés, dans les livres d'histoire, dans la mode, le cinéma, la publicité ? En somme, comment s'est imposée cette sorte de réduction à quelques clichés de la figure du Noir en Occident ? Car il y a bien eu une réduction par l'Occident, ce que j'appellerais plutôt une « occido-réduction », ce qui constitue – j'en conviens – un mauvais jeu de mots, mais aussi un rappel décalé de cette leçon de chimie que nous avons tous apprise, celle qui dit que *le réducteur s'oxyde et que l'oxydant se réduit*, et peut-être aussi une vérité géopolitique (car il semble bien vrai que l'Occident se réduit…).

Je n'ai pas pu assister à ce colloque et si je m'autorise à l'évoquer devant vous ce matin, c'est à cause de son intitulé : « La représentation du corps noir en Occident ». Ce titre m'a trompé.

J'ai d'abord cru qu'il s'agissait d'un colloque de physique ou plutôt d'histoire de la physique. Car, pour les physiciens, la représentation du corps noir fut une drôle d'affaire à la fin du XIXe siècle, on pourrait même dire un problème monstrueux.

Les forgerons, les potiers et les verriers le savent depuis toujours : un corps qu'on chauffe émet de la lumière et celle-ci prend une certaine couleur caractéristique de sa température. À mesure que la température augmente, la couleur d'un corps qu'on chauffe passe du rouge sombre au rouge cerise, puis à l'orange, puis au jaune. Cette correspondance entre température et couleur est indépendante de la nature du corps. Elle est la même qu'on prenne un bout de bois ou un morceau de métal.

C'est cette propriété d'universalité qui a permis d'envisager un corps idéal, un « corps noir », c'est-à-dire capable d'absorber toutes les radiations lumineuses. Une petite ouverture dans un four offre une bonne approximation concrète de cette idée. En fait, un corps noir n'est vraiment noir que quand sa température est nulle. S'il est chaud, il rayonne. Le problème dit « du corps noir » consistait à expliquer la structure du rayonnement émis par un corps noir lorsqu'il cesse d'être noir, c'est-à-dire quand on le chauffe. On voit par là que l'expression « rayonnement d'un corps noir » est une contradiction dans les termes, mais passons, la sémantique n'est pas l'affaire du jour…

Les physiciens ont pataugé pendant pas mal d'années, car leurs formules ne rendaient pas compte des mesures. Jusqu'à ce que Max Planck trouve la bonne expression mathématique, grâce à une petite révolution qui est devenue par la suite très grosse. Elle a consisté en l'introduction d'une nouvelle constante fondamentale, la constante de Planck, notée *h* parce que *h* est l'initiale de *Hilfe* – au secours ! – et que Planck l'avait introduite dans « un acte de désespoir ». Cette découverte constitue l'acte de naissance de la physique quantique.

La morale de l'histoire, c'est que de l'étude d'objets dits « noirs » peuvent jaillir des idées lumineuses.

Et réciproquement ! L'étude de la lumière qui nous provient de l'univers peut révéler la présence d'entités mystérieuses, que pour d'obscures raisons on qualifiera systématiquement de « noires ». Cela me fait penser à Henry Ford, qui disait à ceux qui voulaient acheter *sa* fameuse Ford T : « Vous pouvez choisir la couleur que vous voulez, à condition que ce soit *du* noir… »

Je vais vous donner deux exemples qui montrent qu'en effet, la physique a un tropisme pour le noir, et je ne parlerai pourtant ni du paradoxe de la nuit noire ni des trous noirs.

Premier exemple. Depuis plusieurs décennies, l'observation de plus en plus minutieuse de la lumière qu'émettent les galaxies sème le trouble. La seule façon de comprendre les valeurs des vitesses qu'ont les étoiles au sein d'une galaxie, si l'on fait l'hypothèse que les lois de la gravitation sont bien celles que nous connaissons, est de supposer que la partie visible des galaxies est enveloppée par une masse énorme de matière invisible, la matière « noire », une matière qui agit gravitationnellement mais n'émet pas de lumière.

De quoi cette matière noire est-elle faite ? Personne n'en sait rien. Alors on fait des hypothèses, et on cherche.

Second exemple. Dans le processus d'expansion de l'univers, la gravitation, toujours attractive, fait office de frein : elle tend à rapprocher les objets massifs les uns des autres, de sorte que la matière ne peut que ralentir cette expansion. Toutefois, des mesures récemment effectuées par les astrophysiciens montrent qu'un autre processus s'oppose à elle, jouant le rôle d'accélérateur : une sorte d'antigravité a pris la direction des affaires, obligeant l'univers à augmenter sans cesse la vitesse de son expansion…

Quel est le moteur de cette accélération cosmique ? Les physiciens sont prudents et se contentent d'évoquer une mystérieuse « énergie noire ». Noire parce qu'ils ne la voient pas directement. Noire aussi parce qu'ils en ignorent la nature. Ils savent cependant que cette énergie représente 70 % du contenu de l'univers, c'est-à-dire de loin la plus grande part, aux côtés de la matière ordinaire (4 %) et de la matière noire (26 %). Énigmatique, dominante à l'échelle cosmique, l'*énergie noire* hante en somme l'univers telle une *reine ignorée*, qui, au passage, est son anagramme.

Mais noire, pour une énergie, c'est un peu tristounet. Dans l'un de ses poèmes, Jacques Réda dit que l'énergie noire, il faudrait la repeindre en rose. C'est une bonne idée : cela permettrait au moins de dire que la physique ne broie pas que du noir.

7 février 2013.

Les vaches de Gamow

Plusieurs auditeurs m'ont écrit pour me demander la même chose – quand je dis plusieurs, je veux dire quatre ou cinq –, ils aimeraient que je continue à parler d'animaux dans mes chroniques. Il y a eu le chat de Schrödinger, les moutons de Dirac, et ces auditeurs m'encouragent à poursuivre l'inventaire du bestiaire. Pour cette fois au moins, je peux faire quelque chose : je vais parler des *vaches de Gamow*. Mais autant être honnête d'emblée : ce sera ma dernière chronique animalière, du fait de la petitesse du vivier dans lequel je peux puiser. Les physiciens qui ont symboliquement fait couple avec un animal ne sont pas très nombreux.

Tout d'abord, il convient que je vous dise deux, trois mots de George Gamow. C'est un physicien très célèbre, mais tout le monde n'est pas au courant… Il est né en 1904 à Odessa, et il est mort en 1968 aux États-Unis. Juste avant d'expirer, il a déclaré : « Finalement, mon foie paie l'addition. »

Si je mentionne ce détail, c'est pour contester, par un contre-exemple, une rumeur lancinante selon laquelle les physiciens éviteraient la ripaille, auraient un cœur en pierre ponce, s'enfermeraient de leur plein gré dans des tours d'ivoire, refuseraient les divertissements et les plaisirs, synonymes selon eux de démission de la raison et d'abandon aux forces obscures. Gamow, lui, a bu – surtout de la vodka, beaucoup de vodka –, mangé, fumé et festoyé plus souvent qu'à son tour. Il en est même mort.

Mais avant de mourir, il a fait de très nombreuses découvertes, dans toutes sortes de domaines. C'était un esprit très aiguisé qui avait la topologie d'un couteau suisse : il était multifonctions. Il commença par prédire l'effet tunnel, ce qui lui permit de comprendre le mécanisme de la radioactivité alpha : les noyaux les plus lourds, ceux qui contiennent un grand nombre de protons et de neutrons, sont comme des ballons trop gonflés qui rêvent d'avoir la peau du ventre moins tendue. Pour ce faire, ils se débarrassent de leur excédent d'énergie en expulsant des noyaux d'hélium, qu'on appelle des particules alpha. Gamow comprit le mécanisme à l'œuvre derrière ce phénomène. Puis il accomplit d'autres travaux en physique nucléaire, établissant le modèle dit « de la goutte liquide » – un pléonasme peut-être.

Après la guerre, il prédit l'existence du fond diffus cosmologique, ce rayonnement fossile que les astrophysiciens d'aujourd'hui étudient très attentivement, puis il se lança dans la génétique. Bref, il fit mille choses et toujours dans la bonne humeur. Ses camarades le décrivaient comme la superposition quantique *d'un farceur et d'un surdoué.* Il avait l'intelligence jubilatoire et une conception très libre de la vie en général et de la science en particulier.

En septembre 1928, Gamow se rendit à Copenhague pour présenter ses travaux à Niels Bohr, qui lui proposa de rester un an dans son institut grâce à une bourse offerte par les brasseries Carlsberg. Gamow accepta sur-le-champ.

Le soir, fatigué par sa journée passée à discuter avec les uns et les autres, Niels Bohr entrait dans la bibliothèque en quête d'étudiants qui accepteraient de l'accompagner au cinéma. Généralement, Gamow ne se faisait pas prier. Il partageait les goûts de Bohr : tous deux n'aimaient que les westerns. Bohr, en grand théoricien qu'il était, avait développé une thèse permettant de comprendre pourquoi le héros parvient toujours à tuer le méchant qui, pourtant, dégaine le premier. C'est essentiellement affaire de psychologie, expliquait-il : c'est le méchant qui décide du moment où il dégaine, et cette contrainte mentale ne peut que gêner son action, la parasiter. Le héros, au contraire, agit par simple réflexe : il saisit automatiquement son revolver dès qu'il voit la main du méchant bouger, et sa rapidité lui donne finalement un avantage décisif. Gamow contesta cette hypothèse et, pour prouver qu'il avait raison, acheta deux revolvers dans un magasin de jouets et proposa à Bohr l'expérience test suivante : Bohr devait jouer le gentil héros qui « tue » tous ses étudiants.

Comme le dirait plus Edward Teller : « Quand les idées de Gamow n'étaient pas fausses, non seulement elles étaient justes, mais elles étaient nouvelles ! »

Toutefois, le goût de Gamow pour la « déconnade » – vous me pardonnerez l'expression – a quelque peu occulté la profondeur de ses travaux, qui n'ont pas tous été reconnus à leur juste valeur. Pour certains, un chercheur n'est vraiment crédible que si son visage est passé à l'encaustique de la dignité professionnelle. Gamow, lui, a manifesté toute sa vie un goût prononcé pour les canulars. En 1958 – et c'est là qu'arrivent les vaches, et moi aussi par la même occasion, car je suis né cette année-là –, il adressa à la revue *Nature* un article dans lequel il rend compte d'une observation qu'il prétendit avoir faite : les vaches mastiqueraient dans le sens des aiguilles d'une montre dans l'hémisphère nord et en sens inverse dans l'hémisphère sud… Gamow affirma que la force de Coriolis permettait d'expliquer cette observation. Comme vous le savez, la Terre tourne sur elle-même, et ce mouvement engendre une force sur les corps qui sont à sa surface, force dont le signe change lorsqu'on franchit l'équateur, ainsi que l'a calculé Coriolis, Gaspard-Gustave de son prénom.

C'était évidemment une blague, mais tout le monde ne s'en rendit pas compte. Et, comme chacun sait, certaines légendes sont tenaces. Contrairement à ce qu'on entend souvent, la force de Coriolis ne concerne que les systèmes de très grande masse, comme les cyclones. Elle n'a donc pas plus d'effet sur le sens de rotation de l'écoulement de l'eau dans un lavabo qui se vide que sur la mastication des vaches.

Voilà, c'étaient les vaches de Gamow, en guise d'adieu solennel au monde animal.

14 février 2013.

Le lion et le statut des mathématiques

La semaine dernière, vous vous en souvenez, j'avais annoncé sur un ton très solennel que je ne parlerais plus d'animaux. En fait, je dois vous en reparler un peu aujourd'hui, pour deux raisons.

D'abord, je vais revenir sur les moutons de Dirac. Vous vous souvenez ? Dirac et Pauli sont dans un train, Dirac est comme d'habitude silencieux tandis que Pauli cherche quelque chose à dire. Le train traverse une prairie et Pauli saisit cette occasion pour s'adresser à Dirac : « Regardez, Dirac, on dirait que ces moutons ont été fraîchement tondus. » Dirac regarde attentivement par la fenêtre du wagon, puis se retourne vers Pauli : « Oui, au moins de ce côté-ci. »

Si je vous reparle de cette histoire, c'est parce que mon ami Jacques Perry-Salkow, le plus grand trouveur d'anagrammes que la planète Terre ait jamais accueilli, m'a envoyé hier soir un mail me signalant simplement que *Les moutons de Dirac* est l'anagramme de *Oracles à demi tondus*. Quel choc j'ai eu ! Le choc a redoublé quand je me suis rendu compte que *Le choc d'hier est grand* est l'anagramme de *Le chat de Schrödinger* (et vice versa). Si ça continue ainsi, nous mourrons tous kabbalistes au dernier degré…

La seconde raison de vous parler d'un animal, c'est que j'ai eu des nouvelles ce week-end d'un ami polytechnicien,

polytechnicien de chez polytechnicien, c'est-à-dire carrément pythagoricien : je veux dire par là qu'aux yeux de cet ami, la structure profonde de la nature est mathématique, le monde est « fait de mathématiques ». Pour lui, les concepts mathématiques ne sont pas qu'une invention humaine, ils ont au contraire une véritable existence : ce ne sont pas des créations de l'esprit, mais des objets authentiquement réels. Or cet ami, m'a-t-on expliqué, vient de perdre un morceau de fesse en Afrique, à cause d'un lion. Que lui est-il arrivé ? Il était parti avec sa femme faire un safari dans la savane. Le premier soir, ils plantent leur tente. Le lendemain matin, sa femme met un nez en dehors de la tente et a la grande surprise de voir son mari courir autour de la tente en étant poursuivi par un lion. Évidemment, elle s'inquiète, mais il lui répond calmement : « Ne t'inquiète pas pour moi, chérie, le danger est plus apparent que réel, car j'ai deux tours d'avance. »

Cette aventure pose de façon dramatique une question de nature épistémologique : les concepts mathématiques sont-ils l'essence des choses ou ne font-ils que refléter l'ordre que l'homme voudrait y voir ? Volatilisent-ils le réel en une cendre de chiffres froids ou en favorisent-ils au contraire la révélation ? La question se pose depuis que Galilée a bouleversé notre rapport au monde en proclamant que la nature, la « vraie », est écrite « en langue mathématique, et [que] ses caractères sont les triangles, les cercles et autres figures géométriques, sans lesquelles il est humainement impossible d'en comprendre un seul mot, sans lesquelles on erre vraiment dans un labyrinthe obscur ». Cette déclaration a constitué l'acte (proto) fondateur de la physique moderne, et c'est elle qui lui a donné toute son efficacité : grâce aux équations, on a pu pressentir, puis établir l'existence de phénomènes tout à fait étranges, tels l'effet tunnel (prédit par George

Gamow dont je vous parlais la semaine dernière) ou l'intrication quantique ; et on a aussi pu prédire l'existence de nouvelles sortes d'objets physiques, que personne n'avait encore observés, tels les antiparticules, les quarks ou le boson de Higgs dont je vous ai déjà rebattu les oreilles. Les mathématiques en physique peuvent agir comme un véritable « treuil ontologique », ce qui est très impressionnant si on prend la peine d'y réfléchir.

Mais je voudrais m'arrêter un instant sur un mot pivot, l'adverbe « humainement », qu'emploie Galilée : « Les mathématiques, sans lesquelles il est humainement impossible d'en comprendre un seul mot… » Que signifie-t-il ici ?

Soit on considère, comme cet ami polytechnicien (dont je peux avouer maintenant que je l'ai inventé de toutes pièces pour les besoins de ma chronique), que le langage mathématique est celui de la nature même, de sorte que le physicien devra nécessairement apprendre ce langage qui n'est pas le sien pour la comprendre. Dans ce cas, l'expérience n'est qu'une opération passive, un simple travail de sténographie du réel : le physicien entre tout simplement en contact avec la nature en parlant le même langage qu'elle.

Soit, à l'inverse, on juge que ce langage est d'abord et surtout celui de l'homme, et qu'en conséquence c'est dans ce langage-là que devront être préalablement traduits les phénomènes naturels pour *lui* devenir intelligibles. Dans ce second cas, l'expérience devient une opération active, et même une élaboration d'un type très spécial : on doit formater préalablement le registre et la forme des données que la nature nous livre de telle sorte que celles-ci s'adaptent à notre propre grille de lecture. L'expérience cesse alors d'être un simple enregistrement du réel pour devenir une opération dirigée, construite, un dispositif coercitif qui oblige la nature à exhiber des nombres, à produire des « phrases » selon un vocabulaire et une grammaire qui ne sont pas les siens.

On voit par là que l'interprétation qu'on choisit de donner au mot « humainement » change le statut de l'expérimentation, donc le degré de mathématisation qu'il faut attribuer à la nature elle-même.

21 février 2013.

Ce qui est mathématiquement beau est-il physiquement vrai ?

On a beaucoup parlé du pape ces derniers jours, alors je voudrais vous poser une question : quel est le physicien qui se faisait appeler le « Pape » ? Réponse : Enrico Fermi, qui dirigea à Rome, entre 1927 et 1938, une bande de sacrés physiciens, les *Ragazzi di via Panisperna*, au sein de laquelle il avait reproduit non sans humour la hiérarchie catholique : Fermi était le « Pape », car il était présumé infaillible, Ettore Majorana le « Grand Inquisiteur », car il était le seul à pouvoir tenir tête au Pape, Franco Rasetti le « Vicaire Cardinal », chargé de la propagation de la foi, etc.

En 1938, le climat politique devenant irrespirable, Fermi décida de quitter l'Italie et dit à ses proches : « Je pars : l'horizon s'agite. »

Chose étonnante, ce *Je pars, l'horizon s'agite* est l'anagramme de *Joseph Alois Ratzinger*, le nom de Benoît XVI, le pape en exercice qui vient lui aussi d'annoncer qu'il allait partir ! Encore une trouvaille de l'irremplaçable Jacques Perry-Salkow, qui publia cette anagramme prémonitoire en 2007… Pendant que j'en suis à vous parler du pape, vous vous souvenez de sa visite à Paris et de son fameux discours du 12 septembre 2008 au Collège des Bernardins ? Eh bien, le 7 février dernier, un débat entre physiciens s'est tenu en ce même lieu sur le thème :

« Nature, science et beauté ». Il s'agissait de rouvrir le vieux débat platonicien sur les liens qui existent – ou qui n'existent pas – entre les « catégories » que sont le Vrai et le Beau. Dans trois de ses dialogues (*Le Banquet, Le Phèdre* et *Le Sophiste*), Platon explique que le Vrai et le Beau (et le Bien, dont je ne parlerai pas) sont deux aspects de la même réalité suprême à laquelle nous aspirons et vers laquelle nous sommes portés par un même élan. Cet élan, il l'appelle l'*Eros* (nous sommes en 2013 et, chose étrange que presque tout le monde sait déjà, si vous regardez 2013 « par-derrière », comme si vous étiez derrière ce nombre, vous constatez alors que cela donne eros… !).

Loin de ne s'identifier qu'au désir charnel, l'*Eros* désigne tout ce qui « donne des ailes » à l'âme : toute œuvre, qu'elle soit artistique ou scientifique, procède d'une même inspiration créatrice, qui résulte elle-même du besoin de prolonger notre vie par une œuvre authentiquement belle. L'amour de la Beauté en soi serait en somme la première étape d'un cheminement vers la connaissance.

Mais est-il vrai que le Vrai et le Beau sont intimement liés ? Souvent, j'entends dire que « la physique est belle ». Certes, elle est belle, mais surtout aux yeux de ceux qui la connaissent et qui l'aiment : sa beauté n'est pas immédiate. D'ailleurs, en la matière, il ne faut rien exagérer : rares sont les étudiants que je vois s'effondrer en sanglots à la suite d'un spasme de réplétion esthétique qu'aurait provoqué en eux telle ou telle équation, tel ou tel résultat. En règle générale, la beauté de la science provoque des émotions mesurées.

Reste que les physiciens se sont souvent demandé si la beauté d'une théorie mathématique pouvait suffire à garantir sa « véracité physique ». Cette question n'a jamais cessé de les diviser. Ils se répartissent en deux camps : ceux qui, fascinés par le charme des belles théories, proclament comme Platon que « le beau est l'éclat du vrai » ; et les autres, plus sobres, qui savent que la beauté peut tromper et qui préfèrent d'abord examiner les liens que les théories ont ou n'ont pas avec la réalité : selon eux, elles doivent « coller » avec l'expérience avant que d'être belles.

Les premiers considèrent que l'élégance d'une équation est le meilleur gage de son exactitude : dès lors qu'une équation est belle, la question de son adéquation à l'expérience n'est plus que de seconde importance. La beauté finira toujours par l'emporter. C'était le point de vue de Dirac, à qui un journaliste demanda un jour : « Mais que voulez-vous dire quand vous dites d'une équation qu'elle est belle ? » Dirac répondit : « Si vous êtes mathématicien, vous comprenez ce que je veux dire par là ; si vous ne l'êtes pas, je ne peux pas vous l'expliquer. » Nous voilà bien avancés…

Les seconds jugent que pareille position est devenue impossible à défendre, car on ne compte plus, dans l'histoire de la physique, les « belles » théories qui ont échoué sur de minables petits faits : par exemple, la sublime théorie de la gravitation universelle de Newton a sombré à cause d'une toute petite anomalie concernant l'avance du périhélie de Mercure, qui excédait de seulement 43 secondes d'arcs par siècle la valeur calculée à partir des équations du grand Isaac. Et puis, ajoutent-ils, la beauté étant à la fois subjective et changeante, elle ne saurait constituer un critère objectif en physique. Ce qu'on observe plutôt, c'est le nomadisme des scientifiques, qui ne fixent jamais définitivement leurs critères esthétiques et se montrent prêts à en changer si cela leur permet de s'engager dans d'autres « styles » de théories, jugées plus prometteuses.

Un épisode de l'histoire du développement de la physique quantique est très éclairant à ce propos. En 1926, Erwin Schrödinger publie sa fameuse équation et propose une « mécanique des ondes » selon laquelle les particules, loin d'être des objets corpusculaires, ne sont que des « paquets d'ondes », c'est-à-dire des ondes de différentes fréquences superposées les unes aux autres. De son côté, Werner Heisenberg termine ses travaux sur la « mécanique des matrices » et les publie également. Durant les mois qui suivent, les deux hommes pensent avoir développé des formalismes complètement différents et le font savoir : Schrödinger écrit que la théorie de Heisenberg est « monstrueuse », tandis que Heisenberg juge que la mécanique des ondes de Schrödinger est « abominable ». Jusqu'à ce que Dirac démontre que ces deux théories mathématiquement différentes sont physiquement équivalentes – c'est-à-dire conduisent à des prédictions parfaitement identiques !

En somme, Heisenberg et Schrödinger avaient fait exactement la même découverte, mais en partant de deux conceptions en apparence incompatibles de la beauté.

La laideur et la beauté ne seraient-elles donc que des masques interchangeables ?

28 février 2013.

Mais où est donc la loi de la gravitation ?

Cette semaine, François Rebsamen, le président du groupe socialiste au Sénat, a mis en garde le gouvernement contre le risque d'« embouteillage législatif » : on voudrait, paraît-il, voter des lois à une cadence d'essuie-glace, incompatible avec la tenue de débats de qualité. En physique, heureusement, les lois ne changent pas très souvent : on ne les renégocie pas tous les quatre matins et on ne les empile pas les unes sur les autres. Mais où sont-elles ? Où sont les lois physiques ? C'est ma question de la semaine.

Les lois physiques sont-elles solidaires de l'univers, inscrites en lui ? Ou résident-elles hors de lui ?

Je vais vous donner une illustration de ce problème. Supposons que l'univers a eu une origine, c'est-à-dire qu'il a été précédé par du néant : à un certain moment sont donc apparus les deux premiers électrons. Porteurs de charges électriques négatives, ils subissent une force qui a tendance à les éloigner l'un de l'autre, d'autant plus fortement qu'ils sont plus proches. Mais si nous disons cela, c'est parce que nous sommes allés à l'école, où nous avons appris cette loi fondamentale de l'électromagnétisme. Or nos deux électrons n'ont jamais été scolarisés. Alors comment connaissent-ils cette loi ? Est-elle inscrite au fin fond de leur être ou dans la structure même de l'univers ? L'ont-ils apprise par cœur ? La décryptent-ils de loin sur un grand tableau noir placé aux confins de l'univers ? Obéissent-ils plutôt à des ordres qui proviendraient de l'extérieur de l'univers ? Ou encore, dans une ébauche de démocratie participative, entament-ils des négociations avec l'univers pour déterminer avec lui quel devrait être le comportement de particules électriquement chargées ?

Cette petite mise en scène nous conduit à poser une étrange question : si l'univers est bel et bien apparu d'un seul coup, ses lois physiques étaient-elles déterminées dès avant son origine ? Si la réponse à cette question est positive, pourquoi ne pas dire que les lois physiques ont constitué le berceau de l'univers ? Si la réponse est négative, c'est-à-dire si les lois sont apparues en cours de route, alors comment et par qui ont-elles été « fabriquées » ?

Ces questions ont beau relever de la métaphysique la plus éthérée, il est difficile de faire comme si elles ne se posaient pas. En effet, c'est par la seule entremise des lois physiques que nous connaissons que nous pouvons affronter le problème de l'origine de l'univers. Ce sont elles et seulement elles que nous projetons aussi loin que possible dans le passé pour tenter de décrire l'univers primo-primordial. Ce constat nous oblige à nous interroger sur la connexion qu'il y a entre l'univers et les lois physiques. Quelle relation le monde empirique entretient-il avec son arsenal législatif ? Lequel précédait l'autre ? Qui est l'œuf ? Qui fait la poule ? Et où le coq est-il passé ?

On pourra suivre Spinoza qui distingue deux sortes d'univers, ou plutôt un même univers qui se donnerait sous deux modes différents : d'une part l'univers en tant qu'il est conçu dans son déploiement spatial ; d'autre part l'univers en tant qu'il obéit à un ordre intelligible. Spinoza nous invite à considérer qu'il y a d'un côté un univers *matériel* et *spatial*, doté d'un certain mobilier ontologique constitué de particules, et de l'autre côté, un univers *législatif* contenant des lois, des principes et des règles accessibles par la pensée. Mais dans cette hypothèse, comment ces deux façons d'être de l'univers communiquent-elles ? Par quel vecteur les lois de la matière s'imposent-elles à la matière ?

On pourra aussi envisager, en procédant à un petit remaniement du platonisme (car Platon ne parle jamais de « lois physiques »), l'existence de lois physiques éternelles et idéales, lesquelles seraient tout à fait indépendantes de l'univers empirique qui n'en serait qu'une image mobile et imparfaite. L'univers serait en quelque sorte un écho physique dégradé de la pureté mathématique qui le tiendrait sous sa coupe. Mais si tel est le cas, comment le monde des équations parvient-il à structurer « à distance » le monde des phénomènes ?

On pourra enfin suivre Leibniz et concevoir que le système des lois définit un ensemble d'univers possibles, parmi lesquels le nôtre serait un cas particulier, choisi par Dieu en raison de ses qualités exceptionnelles (le fameux « meilleur des mondes possibles ») ou pas choisi du tout. On reconnaît là toute la question des multivers et du principe anthropique dont les astrophysiciens ne cessent de débattre.

Toute cette affaire se complique encore si l'on prend acte du fait que certains physiciens considèrent que l'invocation d'une transcendance des lois physiques relève d'un postulat métaphysique dont on devrait se débarrasser. Car cette hypothèse pose la question de savoir ce que faisaient les lois physiques avant qu'apparaissent l'espace, le temps, la matière. Étaient-elles déjà là, à attendre patiemment qu'un univers veuille bien se donner le mal d'apparaître afin de les rendre effectives ? Mais que signifie attendre quand il n'y a pas encore de temps ? Et où étaient-elles, ces lois ? Et d'où provenaient-elles ?

Dans son tout dernier livre, Stephen Hawking écrivait naïvement : « L'univers n'a pas eu besoin de créateur. En raison de la loi de la gravitation, l'univers a pu se créer de lui-même, à partir de rien. La création spontanée est la raison pour laquelle quelque chose existe, pour laquelle l'univers existe, pour laquelle nous existons. » Faut-il comprendre que, dans le « rien » dont il est ici question, se trouvait déjà la loi de la gravitation, alors que nulle matière n'y était présente ? Mais un rien qui contient une loi physique, n'est-ce pas déjà quelque chose ?

Et il y a autre chose : si l'on définit Dieu comme étant le créateur de l'univers, pourquoi ne pas dire alors que Dieu, c'est la loi de la gravitation, ou plutôt que la loi de la gravitation, c'est Dieu ? Dans ce cas, toute chute que vous feriez à vélo ou dans les escaliers (une chute n'est jamais qu'un effet désagréable de la gravitation) deviendrait du coup une expérience religieuse et certainement sotériologique, voire une sorte d'action de grâces involontaire…

7 mars 2013.

Les neutrinos et la vitesse de la lumière

Le commencement d'une affaire est en général beaucoup plus médiatisé que sa conclusion. C'est pourquoi je voudrais revenir sur un épisode récent de l'histoire de la physique dont l'épilogue – si j'en crois les questions qui me sont régulièrement posées – n'est pas aussi bien connu que ce qui l'a déclenché. Cette affaire, c'est celle des neutrinos dits « supraluminiques ».

Elle commença le 23 septembre 2011, lorsque des chercheurs de l'expérience OPERA présentèrent un résultat intrigant : les neutrinos semblaient pouvoir aller plus vite que la lumière. Cette annonce, qui laissa les physiciens plutôt sceptiques, déclencha un enthousiasme médiatique considérable : Einstein se serait donc trompé ? Contrairement à ce que prévoit sa théorie de la relativité, la vitesse de la lumière ne serait pas indépassable ? L'un de nos plus brillants intellectuels n'hésita pas à applaudir ce résultat au motif qu'il débarrassait enfin l'imaginaire de l'humanité d'un véritable « carcan mental »...

Mais d'abord, qu'est-ce qu'un neutrino ? Pour le comprendre, il faut se remémorer le problème que constituait à la fin des années 1920 la radioactivité dite « bêta » : lorsqu'un noyau contient trop de neutrons pour être stable, l'un d'entre eux se transforme en un proton en émettant un électron. Mais cette transformation nucléaire semblait très énigmatique : les mesures indiquaient que l'énergie de l'électron émis n'est pas à chaque fois la même ; elle peut prendre une valeur quelconque, tantôt grande, tantôt petite, alors qu'on s'attendait à ce qu'elle ait une valeur bien précise, toujours la même. Ces résultats semblaient violer la loi de conservation de l'énergie qui, dans une telle situation, indique que l'énergie de l'électron doit être parfaitement déterminée. Pour sauver cette loi essentielle de la physique, Wolfgang Pauli fit une hypothèse audacieuse : contrairement aux apparences, le neutron ne se désintègre pas en deux corps (un proton et un électron), mais en trois. Une troisième particule, pensa-t-il, est émise simultanément, qui emporte l'énergie manquante.

Le premier physicien à prendre cette idée au sérieux fut Enrico Fermi, qui baptisa « neutrino » la particule de Pauli, ce qui signifie en italien quelque chose comme « petit du neutron ». Peu à peu, les caractéristiques du neutrino s'affinèrent : il s'agit d'abord d'une particule de masse très faible, peut-être même nulle ; elle a en outre la propriété de ne pouvoir interagir que très faiblement avec la matière, ce qui la rend très difficilement détectable. De fait, l'existence de cette particule ne sera confirmée que vingt-cinq ans plus tard, en 1956, par deux physiciens qui sauront profiter du très haut flux de neutrinos émis par le cœur du premier réacteur nucléaire américain pour en capturer quelques-uns.

Je reviens à OPERA. C'est une expérience internationale de physique des particules, qui utilise un faisceau de neutrinos de haute énergie produit par l'un des accélérateurs du CERN, à Genève, dirigé vers un détecteur souterrain installé à Gran Sasso, à environ 730 kilomètres de distance. L'avance de 60 nanosecondes affichée par les neutrinos, révélée par les mesures, correspondait à une avance de 20 mètres sur les photons. Vingt mètres d'avance sur 730 kilomètres, ce n'est pas grand-chose, mais c'est suffisant pour dire que ce n'est pas rien, et même que ce n'est pas normal…

Qu'ont fait les physiciens ? Ils ont discuté, échangé. Et surtout, ils ont tout scruté, l'expérience proprement dite, bien sûr, mais aussi les équations. Les uns ont expliqué que ces résultats expérimentaux ne pouvaient être pris au sérieux. Soit pour des raisons théoriques, par exemple parce que de tels neutrinos supraluminiques auraient dû perdre la quasi-totalité de leur énergie, par une sorte de rayonnement de freinage, avant d'atteindre le détecteur d'OPERA. Soit parce que ces résultats étaient en contradiction flagrante avec d'autres observations, notamment celles faites lors de l'explosion d'une supernova en 1987. D'autres chercheurs ont traqué les failles possibles ou les biais éventuels de l'expérience, concernant par exemple la synchronisation des horloges, la prise en compte des erreurs statistiques, les incertitudes sur les instants d'émission des neutrinos… D'autres ont proposé des interprétations alternatives du résultat, s'interrogeant sur la notion de temps de vol en théorie de la relativité générale. D'autres encore ont réexaminé le statut du principe de causalité dans un cadre relativiste. D'autres enfin ont cherché à rendre compte des résultats d'OPERA, soit à partir d'une nouvelle physique impliquant des neutrinos authentiquement supraluminiques, soit à partir de théories physiques encore à l'ébauche, notamment la théorie des supercordes qui envisage des dimensions supplémentaires d'espace-temps que les neutrinos auraient pu emprunter entre Genève et l'Italie…

Résultat des courses : à l'issue d'un long travail de détective, deux sources d'erreur expérimentale ont été découvertes : une mauvaise connexion entre un GPS et un ordinateur avait réduit le temps de vol des neutrinos de 75 nanosecondes, tandis qu'une horloge vibrant plus vite que prévu l'avait augmenté de 15 nanosecondes. La somme des deux effets explique les 60 nanosecondes d'avance indûment constatées. Quelques mois auront donc suffi pour que les neutrinos « rentrent dans le rang », c'est-à-dire respectent à nouveau, comme toutes les particules, le droit canon mis en place en 1905 par la théorie de la relativité restreinte. En d'autres termes, *la vitesse de la lumière* demeure toujours cohérente avec son anagramme : elle *limite les rêves au-delà*…

14 mars 2013.

Il fait un temps de Planck

Il n'est pas nécessaire d'être professeur au Collège de France ou un illustre historien des sciences ou de l'art pour savoir que la physique peut agir comme une source d'inspiration pour les artistes, et que cette influence est réciproque. Des jeux de miroirs, des échos, des résonances organisent une espèce de tension entre la physique et les arts.

Certaines révolutions de la physique ont fasciné les peintres : par exemple, la nouvelle conception de l'espace et du temps qu'implique la théorie de la relativité d'Einstein a inspiré des artistes, Marcel Duchamp notamment (*Nu dans un escalier*) ; quant à la physique atomique, elle a poussé des peintres comme Kandinsky vers l'abstraction.

Inversement (même si c'est sans doute plus rare), la peinture a pu influencer et enrichir la réflexion des physiciens. Je pense au cas du physicien Bernard d'Espagnat, fils du peintre Georges d'Espagnat, qui a écrit des livres fort savants sur le « réel voilé » que suggère, selon lui, la physique quantique, mais aussi un bel ouvrage sur l'influence que la peinture de son père a eue sur ses propres travaux et, plus généralement, sur sa sensibilité intellectuelle.

La science et l'art sont séparés, mais ils ne s'ignorent pas. On peut avoir l'esprit cartésien et l'âme ouverte, sensible…

À propos de physique et art, je voudrais aujourd'hui vous parler de plusieurs choses qui tournent autour de Planck, car, en ce 21 mars 2013, on ne va parler que de lui.

Planck, Max Planck, c'est d'abord un physicien, un grand physicien, qui fut l'un des pionniers de la physique quantique, notamment grâce à un joli travail qu'il fit en 1900 sur le spectre du corps noir, à l'issue duquel il introduisit une nouvelle constante fondamentale de la physique, la constante de Planck, qui deviendra l'emblème du monde quantique.

Mais Planck, c'est aussi un satellite, qui fut lancé en 2009 pour étudier avec une très grande précision le rayonnement de fond cosmologique. Qu'est-ce que c'est que cette chose ? Le résidu fossile d'une étape clé de l'histoire de l'univers. Pendant les 380 000 ans qui ont suivi le big bang, la lumière ne pouvait pas se propager librement dans l'espace : la densité de matière était telle que les photons ne cessaient d'y interagir avec des particules de matière, de sorte que l'univers était un milieu opaque à sa propre lumière. Le refroidissement continu de l'univers a toutefois fini par provoquer un changement de phase après 380 000 ans d'expansion, lorsque la température de l'univers n'était plus que de 3 000 kelvins : les électrons furent capturés par les noyaux, formant ainsi des atomes électriquement neutres. Comme les photons interagissent peu avec les atomes, ils purent enfin se propager librement dans l'univers, sans rencontrer d'obstacle à chacun de leurs pas. C'est ce rayonnement qui s'est libéré de la matière qui constitue aujourd'hui ce qu'on appelle le « fond diffus cosmologique » et qui est étudié par le satellite Planck.

Aujourd'hui, en ce 21 mars 2013, les premières images de ce rayonnement couvrant l'ensemble du ciel seront présentées lors d'une conférence de presse très attendue, au siège de l'Agence spatiale européenne, à Paris, ce qui devrait permettre aux cosmologistes d'affiner les théories décrivant le passé lointain de l'univers. Le secret a été bien gardé, si bien gardé même que je ne peux rien vous en dire. Je ne sais pas s'il faut s'attendre à des annonces fracassantes, mais je serai sans doute amené à vous en reparler, en vertu de ce que j'appellerai le « principe d'Archimède de la vulgarisation scientifique », et qui peut se définir à partir d'une remarque de Jean-Marc Lévy-Leblond dans son livre *Impasciences* : « Les comprimés de la science médiatique doivent être plongés dans la science pour y retrouver quelque effervescence. »

Mais Planck, ce n'est pas qu'un physicien, ce n'est pas qu'une constante, ce n'est pas qu'un télescope, c'est aussi un mur, le mur de Planck, qui désigne la période de l'univers la plus ancienne que nos équations parviennent à concevoir. L'univers était alors nerveux et sec, minuscule et gorgé d'énergie, et son espace-temps avait une structure « bizarre ». Il faut dire qu'à cette époque, les particules élémentaires pouvaient avoir, individuellement, beaucoup plus d'énergie qu'un TGV de compétition…

Pour remonter plus avant dans le passé et se rapprocher de l'hypothétique origine de l'univers, il faut impérativement devenir capable de franchir ce mur qui est en réalité une sacrée falaise conceptuelle, une falaise monstrueuse, bien plus terrible que la roche de Solutré. Pour y parvenir, pas d'autre stratégie possible que de mettre sur pied une théorie unifiant la physique quantique, qui décrit la matière et ses interactions, et la relativité générale, qui décrit la façon dont cette matière structure l'espace-temps par le biais de la gravitation, et s'entremêle même avec lui. Mais comment procéder ? Pour trouver leur voie, les physiciens font comme les alpinistes dans une passe difficile : ils essaient plusieurs prises différentes, les jaugent l'une après l'autre, les testent du bout des doigts, jusqu'à trouver celle qui leur semble la meilleure. L'heure est trop matutinale pour que je puisse vous en dire davantage.

21 mars 2013.

Il y a soixante-quinze ans, Majorana…

Aujourd'hui, je n'ai pas le choix pour le sujet de ma chronique : je dois vous parler d'Ettore Majorana. Pourquoi ? D'abord parce que c'est l'anniversaire de la disparition de ce surgénie de la physique, ensuite parce que ce personnage me fascine depuis longtemps [1]. Je précise : quand je parle de la *disparition* de Majorana, je prends le mot au sens de *volatilisation*, et non au sens de *décès*.

Il y a soixante-quinze ans jour pour jour, le 28 mars 1938, Enrico Fermi apprend à Rome qu'Ettore Majorana, qui est de loin son plus brillant collaborateur, a disparu deux jours plus tôt, entre Naples et Palerme, et demeure introuvable. Bouleversé par la nouvelle, qui a surpris tout le monde, il demande à la police du Duce de se mettre à sa recherche.

Son message sera entendu, comme en témoigne la note du ministère de l'Intérieur adressée trois jours plus tard à toutes les polices de la Péninsule : tout doit être mis en œuvre pour retrouver Ettore Majorana, qui est ainsi décrit : « Taille : 1,68 m. Visage allongé, grands yeux vifs, cheveux noirs, teint mat. Pardessus gris fer, chapeau marron foncé. »

---

1. Je lui ai consacré un livre : *En cherchant Majorana. Le physicien absolu*, Paris, Équateurs/Flammarion, 2013.

Pourquoi l'administration se saisit-elle aussi vite de cette affaire ? Qu'est-ce qui justifie pareille urgence ? Parce qu'il existe diverses catégories d'hommes de science, explique Fermi : les scientifiques de deuxième rang, hommes de la périphérie inaptes à se relier au centre même de la science, qui font simplement de leur mieux mais ne vont jamais bien loin ; les scientifiques de premier rang, qui parviennent à des découvertes importantes pour le développement de la science (Fermi se plaçait lui-même dans cette catégorie) ; enfin, les génies, seuls capables de percées décisives. Et Majorana, dit Fermi, est un authentique génie, de la même trempe que Galilée et Newton, avec des dons qu'il est le seul à posséder à son époque.

Qui était Majorana ? Exactement ce que Fermi a dit de lui : une sorte de prodige qui travailla durant les années précédant la Deuxième Guerre mondiale qui ouvrirent à l'ère nucléaire. Très célèbre en Italie, peu connu en France, il est à la fois une légende et un destin tragique.

Il naît le 5 août 1906 au sein d'une prestigieuse famille sicilienne, entre l'eau et le feu, entre la mer et l'Etna, à Catane, la ville où, paraît-il, les oranges sont les meilleures du monde. Ettore est un enfant fluet, sensible, timide, introverti, qui manifeste très tôt une capacité de calcul exceptionnelle et une aptitude singulière à l'abstraction. Son cerveau est une sorte de miracle profane, et à mesure qu'il grandit, la physique théorique devient pour lui une fonction naturelle. Très vite, on se met à parler de lui, en Italie bien sûr, mais aussi dans toute l'Europe, bien qu'il rechigne à publier ses travaux en physique atomique et en physique nucléaire, pour deux raisons : d'abord parce qu'il les juge toujours inaboutis et sans intérêt ; d'autre part parce qu'il considère que publier ne sert à rien et que la gloire doit demeurer une affaire privée (eh oui ! c'était une autre époque…). Cependant, en mars 1938, à l'âge de trente et un ans, après avoir accompli une œuvre scientifique si considérable et si peu publiée qu'elle demeure pour partie inexplorée, il décide de disparaître. Le 25 mars 1938, il l'annonce dans une lettre à son collègue Antonio Carelli, directeur de l'Institut de physique de Naples où il enseigne depuis à peine trois mois :

« Cher Carelli, j'ai pris une décision qui est désormais inéluctable. Il n'y a dans cette décision nulle trace d'égoïsme, mais je me rends bien compte que ma disparition improvisée risque d'être une source d'ennuis, pour toi comme pour les étudiants. C'est pourquoi je te prie de me pardonner, surtout pour avoir déçu ta confiance et ta sincère amitié. Je te prie aussi de me rappeler au bon souvenir de ceux que j'ai appris à apprécier dans ton Institut. D'eux tous, je conserverai un heureux souvenir au moins jusqu'à onze heures ce soir, et, si cela est possible, même après. »

Le soir même, à 22 h 30, il prend le bateau qui relie Naples à Palerme ; puis, dans une autre lettre envoyée de Palerme le lendemain, le 26 mars, il annonce qu'il ne disparaîtra pas. Pourtant, il ne donnera jamais plus signe de vie… Et jamais son corps ne sera retrouvé.

De multiples thèses ont été rétrospectivement projetées sur lui, au sujet de sa disparition et de sa personnalité, qui était notoirement ombrageuse. Peut-être se suicida-t-il, mais dans ce cas, comment expliquer qu'on n'ait jamais retrouvé son corps ? D'autres hypothèses furent émises, plus ou moins farfelues, sans qu'aucune ne pût être démontrée : enlèvement par des services secrets étrangers ; fuite en Amérique du Sud ; refuge dans un monastère à la suite d'une crise mystique ou bien d'un sombre pressentiment – la physique serait en passe de se mettre au service de la violence la plus radicale. Mais dans ces cas, comment expliquer qu'on n'ait jamais eu de nouvelles de lui, ni retrouvé aucune trace ? D'aucuns ont même imaginé qu'il aurait trouvé le moyen, lui, l'amateur d'hypothèses audacieuses, de s'échapper dans un univers parallèle…

Les plus kabbalistes d'entre nous verront sans doute un indice dans le fait que *La disparition de Majorana* est l'anagramme de *J'adorai la dimension à part*. Mais n'étant pas moi-même kabbaliste, si vous me demandiez, les yeux dans les yeux, « qu'est-il vraiment arrivé à Majorana ? », je donnerais ma langue au chat, de Schrödinger bien entendu.

Aujourd'hui, on peut affirmer qu'Ettore Majorana, suicidé ou pas, est bel et bien mort. C'est sa date de naissance qui l'impose. Il demeurera éternellement un personnage non réalisé, inachevé, planant comme des points de suspension au milieu d'une phrase. Un homme génial qui a, à la fois, ouvert des mondes et oublié de vivre. Mais son spectre et le halo symbolique qui l'entoure, eux, vivent encore. Ils vivent même furieusement : certaines recherches actuellement menées en physique des particules font directement écho aux spéculations qu'il théorisa dans les années 1930, de sorte que, au gré d'une prochaine découverte dans le vaste monde de l'infiniment petit, son nom pourrait vite réapparaître et faire le tour de la planète.

Alors, en ce jour anniversaire de sa disparition, retenez ce nom : Ettore Majorana. Et paix à son âme qui fut, de son vivant, une âme tourmentée.

28 mars 2013.

Matière à discussions

Savez-vous qui a écrit : « Au fond de la matière pousse une végétation obscure. Dans la nuit de la matière fleurissent des fleurs noires. Elles ont déjà leur velours et la formule de leur parfum » ? C'est Gaston Bachelard, à une époque où le problème dit « de la matière noire » ne s'était pas encore vraiment posé. Or, depuis quelques jours, ce problème est au cœur de toutes les discussions. Enfin, de toutes… Du moins de toutes celles dont ce problème est le cœur.

De quoi s'agit-il ?

Depuis plusieurs décennies, certaines observations des galaxies sèment le trouble : la seule façon de comprendre les valeurs des vitesses qu'ont les étoiles au sein d'une galaxie, si l'on fait l'hypothèse que les lois de la gravitation sont bien celles que nous connaissons, est de supposer que la partie visible des galaxies est enveloppée par une masse énorme de matière invisible, la fameuse matière « noire ». Plus récemment, d'autres phénomènes sont venus renforcer le crédit qu'il faut accorder à cette interprétation. On sait par exemple que la lumière est déviée par des masses importantes. Or, pour nous parvenir, la lumière issue de certaines galaxies lointaines a dû passer près d'un amas de galaxies. Sa trajectoire a donc été distordue en cours de route, comme si elle était passée au travers d'un système optique. La galaxie nous apparaît dès lors non plus comme un point brillant, mais comme un arc lumineux (on parle de « mirages gravitationnels »). De la forme et des dimensions de cet arc, on peut déduire la masse de l'amas de galaxies responsable de cette déformation. Et le résultat obtenu est sans ambiguïté : la masse de l'amas ainsi mesurée est dix fois supérieure à sa masse apparente, c'est-à-dire à la masse que révèlent les étoiles visibles qu'il contient. Il y a donc bien de la masse invisible, une matière « supplémentaire » qui agit gravitationnellement mais n'émet pas de lumière. Cette matière est noire au sens où elle demeure mystérieuse, mais elle n'est nullement noire au sens physique du terme. Il s'agit plutôt d'une matière qui n'émet ni n'absorbe de lumière, qui est donc parfaitement transparente à la lumière.

De quoi cette matière noire est-elle faite ? Se pourrait-il qu'elle soit constituée de particules que nous connaissons déjà ? Les physiciens l'ont pensé, mais ne le pensent plus. Si elle existe, la matière noire est donc composée de particules radicalement nouvelles. Mais lesquelles ? Certaines conjectures théoriques proposent des candidats, avec des noms bizarres : on parle de « neutralinos », de « WIMPS », de « fermions de Majorana »…, particules dont il reste à démontrer qu'elles existent bel et bien.

Mais il se pourrait aussi que la matière noire n'existe pas ! Car, en réalité, le désaccord que j'ai évoqué entre le mouvement observé des galaxies et ce qu'indiquent les calculs nous met en présence d'une alternative :

– soit on postule que les lois physiques que nous connaissons sont exactes et universelles (en l'occurrence celles de la gravitation), et on complète le mobilier ontologique de l'univers au nom de cette universalité. Si on fait cette hypothèse, il faut considérer que la matière noire existe, et il ne reste plus qu'à identifier sa nature ;

– soit on remet en cause l'universalité ou l'exactitude des lois physiques que nous connaissons pour éviter d'avoir à peupler l'univers d'objets inconnus, de mystérieux fantômes. Dans ce cas, il faut corriger les lois de la gravitation pour rendre compte de la dynamique des galaxies sans qu'il soit nécessaire de postuler l'existence d'une matière noire.

Aucun de ces deux types d'hypothèse ne peut être écarté *a priori*. L'histoire de la physique montre en effet qu'il n'existe pas de recette systématique : certaines crises du même type ont été résolues de façon législative, d'autres par des ajouts au mobilier de l'univers.

Pourquoi est-ce que je vous raconte tout cela ? À cause d'une collision médiatique intéressante qui vient de se produire à propos de la matière noire.

Le magazine *Ciel et Espace* a publié la semaine dernière une interview du mathématicien Cédric Villani, qui déclare : « La matière noire, personnellement, je n'y crois pas. Jusqu'à preuve du contraire, c'est un constat de "non-compréhension". La théorie qui décrit l'évolution de l'univers flanche, c'est un fait, mais a-t-on vraiment besoin de matière noire ? »

Cette interview, réalisée il y a plusieurs semaines, est sortie au moment précis où Samuel Ting, prix Nobel de physique 1976, annonçait à propos de la matière noire lors de la grande conférence de l'Association américaine pour l'avancement des sciences, à Boston, que dans une ou deux semaines son équipe serait en mesure de publier des résultats très importants (il était tout sourire, ce qui, quand on le connaît un peu, prête à penser qu'il était sûr de son coup). Il laissa entendre que, grâce à l'expérience AMS (Alpha Magnetic Spectrometer) qu'il dirige et qui est installée à bord de la Station spatiale internationale, il pourrait révéler la nature de la matière noire.

Personne ne peut dire aujourd'hui lequel de ces deux discours contradictoires est le plus proche de la vérité. Mais leur coprésence médiatique produit une impression curieuse : ici, un scientifique prestigieux nous dit que, selon lui, la matière noire ne saurait exister ; là, un autre scientifique prestigieux nous annonce qu'il va bientôt nous révéler de quoi elle est constituée. Je me mets à la place du public qui doit se dire qu'en somme la matière noire n'existe pas mais qu'on va savoir très précisément en quoi elle consiste…

Cela me fait penser à une remarque de Wolfgang Pauli au sujet de Paul Dirac qui se déclarait agnostique : « En réalité, notre ami Dirac a lui aussi sa religion, disait Pauli, et le premier commandement de cette religion est : Dieu n'existe pas, et Dirac est son prophète… »

4 avril 2013.

Que montrent donc les montres ?

Un collégien qui avait entendu l'une de mes chroniques sur le temps m'a écrit ceci : « Monsieur, vous dites des choses trop compliquées, auxquelles je ne comprends plus grand-chose. À mon avis, le temps est une chose beaucoup plus simple que ce qu'en dit votre charabia : le temps, n'est-ce pas tout bonnement ce qu'indiquent les montres ? »

Bonne question en effet, qui prouve au moins que ce jeune homme a la langue bien pendule…

Je commencerai par remarquer, histoire de le flatter s'il m'écoute, qu'un philosophe controversé, mais qui a beaucoup écrit sur le temps, un certain Martin Heidegger, a défendu des thèses qui vont dans le même sens que les siennes, et qu'on pourrait d'ailleurs appeler le sens des aiguilles d'une montre… Selon lui, c'est en effet – je le cite – dans « la présentification de l'aiguille qui avance [1] » que le temps se donne à voir de la façon la plus limpide. Voyez cette aiguille qui tourne autour de son axe : ne nous présente-t-elle pas le temps tel qu'il est vraiment, pratiquement nu, presque pur, par le biais du défilé circulaire des heures, des minutes et des secondes ?

On peut en effet se convaincre qu'une montre montre bel et bien le temps en pleine action. Mais à la réflexion, est-ce si clair ? Le mouvement de ses aiguilles symbolise

1. Martin Heidegger, *L'Être et le Temps*, § 81.

à nos yeux le temps en acte, c'est bien certain, mais ce mouvement régulier, qui, certes, suppose un déploiement du temps, se confond-il pour autant avec le temps lui-même ?

Une montre donne l'heure, nous en sommes bien d'accord, elle passe même ses heures à ne faire que cela, mais en réalité elle ne montre rien de ce qu'est le temps en vérité. Elle le dissimule plutôt derrière le masque convaincant d'une mobilité parfaitement régulière. En l'habillant de mouvement, elle le déplace, le transporte, le décale de lui-même. Subrepticement, elle le métamorphose en un avatar dynamique de l'espace.

Ce que montre une montre en définitive, ce n'est donc pas le temps lui-même, mais du temps spatialisé, du temps déguisé en mouvement. Et c'est grâce à ce mouvement des aiguilles dans l'espace que nous pouvons mesurer des durées. Mais mesurer une durée, est-ce mesurer du temps ? Oui et non. Oui, car le temps est ce qui permet qu'il y ait des durées, en produisant la continuité dans l'ensemble des instants. Non, car la mesure d'une durée n'exhibe nullement le temps qui l'a fabriquée, ni ne dévoile le mécanisme mystérieux par lequel, aussitôt apparu, tout instant présent disparaît pour laisser place à un autre instant présent, qui lui-même se retirera pour faire advenir l'instant suivant. Or, le temps est précisément ce « mécanisme »-là, cette machine à produire en permanence de nouveaux instants. Il est ce moteur intime, ce souffle caché au sein du monde par lequel le futur devient d'abord présent, puis passé, et qui fabrique ainsi, instant après instant, de la durée.

Mais que représente une durée ? Souvent, on banalise l'idée de durée en disant qu'elle est au temps ce qu'une longueur est à l'espace. Mais en réalité, une durée est une « chose » bien plus étrange, et même tout à fait mystérieuse, car à la différence d'une longueur, sa cousine spatiale, une durée ne nous est jamais présente *in extenso*. Elle ne nous est jamais donnée d'un seul coup puisqu'elle est constituée d'instants qui se suivent, qui apparaissent l'un après l'autre et ne coexistent pas. C'est donc une quantité qui n'est jamais entièrement là. Une longueur d'un mètre peut nous être intégralement et instantanément présente, mais pas une durée, que nous pouvons parcourir, que nous pouvons vivre, mais que nous ne pouvons embrasser d'un seul coup.

Pensez par exemple à la durée qui nous sépare de la fin de cette chronique : les instants successifs qui vont la constituer sont-ils déjà là, déjà présents dans le futur, à attendre que nous les rejoignions, que nous passions par eux, ou n'existent-ils pas du tout avant de finir par apparaître ? En d'autres termes, les instants du futur existent-ils déjà dans l'avenir, attendant patiemment notre arrivée pour devenir présents, ou bien ne sont-ils nulle part tant qu'ils ne seront pas présents ? Voilà une question toute bête à laquelle personne ne sait bien répondre…

J'en reviens aux montres. Elles ne montrent pas le temps, mais le *simulent* en le spatialisant, ou plutôt le *dissimulent* sous les oripeaux du mouvement de leurs aiguilles. C'est pourquoi on devrait cesser d'associer directement les montres au temps, car, en définitive, il n'y a ni plus ni moins de temps dans une montre que, par exemple, dans un verre, et ce même si un verre n'a pas d'aiguilles et encore moins d'aiguilles en mouvement… On pourrait donc dire que « le temps loge hors des horloges », ou plutôt que le temps ne loge pas plus dans les horloges qu'il ne loge hors des horloges… Il n'est pas plus présent dans tel objet que dans tel autre, car il agit partout de la même façon, dans un caillou comme dans un morceau de bois ou un volume d'air. D'ailleurs, quand votre montre s'arrête, par exemple parce que sa pile a fait son temps, cela provoque-t-il l'arrêt du temps ? Non, le temps ne s'arrête pas pour autant. Il continue à fabriquer de nouveaux instants présents, les uns après les autres, comme à son habitude, comme si de rien n'était, et c'est cette succession d'instants qui constitue une durée, qu'il y ait ou non dans l'histoire une montre pour la mesurer. Et quand vous aurez changé la pile de votre montre, vous devrez la remettre à l'heure, preuve qu'elle n'y était plus (à l'heure) et que le temps a pu passer tout seul, sans elle. Preuve aussi – même si vous ne trouverez jamais un horloger pour vous le dire – que le temps se fiche des montres comme de sa première clepsydre.

11 avril 2013.

COMMENT BIEN « DÉMÉNAGER » LA PHYSIQUE ?

Tout le monde s'accorde désormais pour dire qu'il faudrait davantage « partager la science » (c'est même le titre d'un ouvrage qui vient de paraître aux Éditions Actes Sud). Il faudrait par exemple rendre la physique plus accessible pour ceux qui ne la connaissent pas. Mais pour traduire la physique en phrases, il faut effectuer un véritable saut. Un saut qui n'a rien à voir avec le saut à la perche où le sauteur, sauf accident, est le même à l'arrivée qu'avant. Non, le saut dont il s'agit là ne peut être un simple déplacement : ce doit être une véritable *transformation.* Il ne s'agit pas de transporter la physique telle qu'elle est dans le langage tel qu'il est, mais de la « métaphoriser », de la traduire en un certain sens, en veillant à ne jamais faire perdre à ses concepts l'étrangeté qu'ils ont par rapport aux notions communes.

L'autre jour, j'ai eu le bonheur de croiser Heinz Wissman, le philosophe que les auditeurs de France Culture connaissent bien. Il m'a rappelé que *metaphora* signifie en grec « déménagement ». C'est le bon mot, celui que nous devrions désormais utiliser : il ne s'agit plus de vulgariser la physique, mais de la « déménager », de la déménager depuis son formalisme d'origine – les mathématiques – jusqu'au langage ordinaire. Bref, d'inventer une poétique de la transposition permettant de faire comprendre ce que diraient les équations de la physique si elles pouvaient parler. Cela suppose d'aimer la physique, bien sûr, mais aussi d'aimer le langage, d'aimer se bagarrer avec les mots, de prendre plaisir à se mettre « en lutte avec la langue », pour parler comme Wittgenstein. Car en l'occurrence, le but, c'est de creuser une langue étrangère au sein même de la langue afin d'y créer de nouveaux espaces permettant d'accueillir l'originalité des messages que nous adresse la physique.

Cette opération de déménagement est à la fois *délicate* et *essentielle*. Délicate parce que les concepts de la physique sont encore plus fragiles que la porcelaine, de sorte que si on ne prend pas de précautions, on les casse. Essentielle parce que cette opération est un enjeu éthique : dès lors que notre façon de dire les choses détermine notre façon de les penser, si on les dit mal, on les pensera mal : on fera dire à la physique ce qu'elle ne dit pas et on ne lui fera pas dire ce qu'elle dit. Il faut donc travailler à bien la dire.

Regardez ce qui se passe avec la théorie de la relativité. On lit souvent que celle-ci établit que « la vitesse d'écoulement du temps dépend de la vitesse de l'observateur ». Voilà un exemple de déménagement qui s'est très mal passé, car cette formule, qui inonde d'innombrables manuels, est doublement trompeuse. D'abord parce qu'elle affirme que le temps aurait une vitesse d'écoulement. Or parler d'une vitesse du temps supposerait qu'il y ait une variation du rythme du temps par rapport au rythme du temps, ce qui n'a pas de sens. Cette formule est également trompeuse par le fait qu'elle laisse entendre qu'il n'existerait qu'un seul temps, le même pour tous, mais qu'il serait « élastique », c'est-à-dire ayant une vitesse d'écoulement qui varierait d'un observateur à l'autre. Quiconque la lit naïvement imaginera que s'il lui faut deux heures pour lire un livre dans sa chambre, il lui faudra une durée différente, mesurée par sa montre, pour lire un livre de même épaisseur dans une fusée qui le propulserait dans l'espace à 150 000 kilomètres par seconde. Or ce n'est pas le cas : s'il fait l'expérience, il lui faudra là encore deux heures pour achever la lecture de son ouvrage… Car « le mouvement est comme rien », comme disait Galilée, qui a été repris sur ce point par Einstein : quand un observateur est en mouvement rectiligne et uniforme, tout se passe comme s'il n'était pas en mouvement… Mais la différence d'avec la physique newtonienne, bien sûr, c'est que lorsque notre voyageur reviendra de son voyage dans l'espace, sa montre ne sera plus synchronisée avec celle de ceux qui sont restés sur Terre, qui seront d'ailleurs tous morts depuis longtemps… Car ce que dit la théorie d'Einstein, c'est que chaque observateur est doté d'un « temps propre » qui, comme son nom l'indique, lui est propre. Dans ce cadre, changer de référentiel, c'est-à-dire passer du point de vue d'un observateur à celui d'un autre observateur en déplacement par rapport à lui, ce n'est ni diminuer ni augmenter la vitesse d'un temps unique qui serait commun aux deux observateurs, mais tout bonnement passer d'un temps propre particulier à un autre temps propre, distinct du précédent, et sans que l'on puisse dire que l'un s'écoule plus rapidement que l'autre.

Autre exemple de mauvais déménagement, cette fois dans le domaine de la physique quantique : le principe dit « d'incertitude » de Heisenberg. En général, on le résume en disant qu'on ne peut pas connaître simultanément la position et la vitesse d'une particule. Sous-entendu : toute particule a une vitesse et une position bien définies, mais la méchante physique quantique nous empêche de les connaître simultanément… Or, le formalisme de la physique quantique dit tout à fait autre chose : selon lui, une particule quantique n'est jamais un corpuscule, et elle ne peut donc se voir attribuer les propriétés – une vitesse et une position – que la physique classique attribuait aux corpuscules. Ce malentendu terrible a eu des conséquences philosophiquement désastreuses. À cause de lui, on répète à l'envi que le monde quantique serait un monde « flou » ou bien que la physique quantique limiterait notre pouvoir de connaître… Bref, on nous fait croire que la physique quantique aurait non pas changé la nature des objets physiques, mais seulement notre capacité à les connaître, ce qui constitue un joli contresens… Car ce que dit la physique quantique, ce n'est pas que les objets quantiques sont des objets classiques aux propriétés incertaines, mais qu'ils sont d'autres sortes d'objets que les objets classiques.

Malheureusement, une fois qu'une erreur s'est ainsi enkystée dans le langage commun, elle y prend ses aises et gagne en puissance…

Cette histoire a une morale : quand il s'agit de mettre en mots la physique contemporaine, l'important, c'est de bien choisir son entreprise de déménagement…

18 avril 2013.

François Jacob, Albert Messiah : convergences parallèles

Le ton de ma chronique sera un peu plus grave qu'à l'ordinaire, car je voudrais rendre hommage à deux grands personnages qui viennent de disparaître, de façon quasi simultanée, et presque au même âge : quatre-vingt-douze ans pour l'un, quatre-vingt-onze pour l'autre. Ces deux grands hommes sont François Jacob, qui était biologiste et prix Nobel de médecine en 1965 (avec André Lwoff et Jacques Monod), et Albert Messiah, qui était un très grand physicien, qui a été directeur de la physique au Commissariat à l'énergie atomique. Au hasard de mes lectures, j'ai découvert que ces deux hommes de science ont eu deux destins très semblables et des parcours intriqués, comme corrélés à distance. Ce point n'a pas été relevé par les commentateurs, qui ont d'ailleurs surtout parlé de François Jacob, de loin le plus connu des deux.

Alors, pour ceux qui ne le connaissent pas, je voudrais rappeler qui fut Albert Messiah : après la Deuxième Guerre mondiale, ce jeune diplômé de l'École polytechnique partit pour l'université Princeton, aux États-Unis, afin d'étudier la mécanique quantique qui n'était pas enseignée en France. Quand il rentra, il intégra le CEA, à Saclay, et y introduisit le premier enseignement de haut niveau en mécanique quantique. Son livre, « le Messiah » comme on l'appelle, qui fut publié au début des années 1960, a formé des générations de physiciens. Parmi eux, un certain Claude

Cohen-Tannoudji, qui obtiendra par la suite le prix Nobel de physique, en 1997, et écrira à son tour un manuel de référence, « le Cohen » comme on l'appelle, grâce auquel se formera Serge Haroche, qui, on l'a vu, a obtenu lui aussi le prix Nobel en 2012…

Mais revenons-en à François Jacob et Albert Messiah, et aux deux trajectoires parallèles de leurs vies respectives, qui ont réussi un exploit que peu de droites parallèles parviennent à accomplir : elles se sont croisées…

Quelques éléments biographiques sur l'un et sur l'autre vous permettront de comprendre.

François Jacob est né le 17 juin 1920 à Nancy et il est mort ce 21 avril à Paris.

Albert Messiah est né le 23 septembre 1921 à Nice, soit un peu plus d'un an après François Jacob, et il est mort ce 17 avril à Paris, soit quatre jours avant son aîné.

Tous deux ont été des résistants de la première heure et ont combattu dans la 2e DB du général Leclerc.

Dans ses livres, François Jacob a souvent évoqué la manière dont il avait quitté la France en juin 1940 pour rejoindre les Forces françaises libres. Le 14 juin, il part vers le sud en voiture, avec trois camarades : « Le 17, alors que nous étions arrêtés pour manger un sandwich, nous avons entendu le discours du maréchal Pétain, qui nous a mis hors de nous. » Le 21 juin, il est à Saint-Jean-de-Luz, où quelques Français tentent de se mêler aux hommes de l'armée polonaise qui, par centaines, s'embarquent vers Londres. Quelques heures plus tard, il se retrouve sur le pont d'un navire en route vers l'Angleterre.

On connaît la suite : combats en Afrique, au Gabon, en Tunisie au sein du régiment de tirailleurs sénégalais du Tchad ; en août 1943, il intègre la 2e DB et sera grièvement blessé un an plus tard, en Normandie. Ne pouvant plus devenir chirurgien, ce qui était son rêve de jeunesse, il finira par s'orienter vers la recherche en biologie, domaine dans lequel il fera les découvertes que l'on sait.

J'en viens maintenant à Albert Messiah. En juin 1940, il est reçu à Polytechnique. Il n'entend pas l'appel du 18 juin mais, le 17, comme François Jacob, il entend l'allocution du maréchal Pétain. Une phrase le fait enrager plus que toutes les autres : « Je me suis adressé cette nuit à l'adversaire pour lui demander s'il est prêt à rechercher avec nous, entre soldats, *après la lutte et dans l'honneur*, les moyens de mettre un terme aux hostilités. » Dans l'honneur avec Hitler ? Aux oreilles d'Albert Messiah, cette hypothèse semble parfaitement stupide. Il embarque le 22 juin 1940, à Saint-Jean-de-Luz lui aussi, sur le paquebot polonais *Batory* (le même que celui sur lequel a voyagé François Jacob), pour l'Angleterre où il rejoint le général de Gaulle. Il participe à la bataille de Dakar en septembre 1940. De là, il est affecté aux Forces françaises libres en Afrique, puis à la 2e DB en septembre 1944, c'est-à-dire après que François Jacob, qui en faisait également partie, a été blessé. La section qu'il commande est la première à investir à Berchtesgaden, en 1945, le Nid d'aigle, le repaire de Hitler. Il en profite pour piquer la règle du Führer, qui est aujourd'hui visible au musée de l'Ordre de la Libération.

Ces deux très jeunes hommes, le futur biologiste et le futur physicien, ont eu exactement le même réflexe en entendant le discours du maréchal Pétain. Sans doute leurs deux inconscients (ou plutôt leurs deux consciences d'hommes libres) ont-ils compris là que *Le maréchal Pétain* n'a qu'une anagramme, et c'est la plus terrible qu'on puisse imaginer : *Place à Hitler, Amen.*

25 avril 2013.

Vide quantique et paradis fiscaux

Je voudrais vous parler aujourd'hui du vide quantique, qui me servira ensuite de creuset métaphorique pour faire allusion – une fois n'est pas coutume – à l'actualité politique.

On définit souvent le vide comme étant ce qui reste dans un volume après qu'on en a extrait tout ce qui est possible : le volume demeure, mais il n'y a plus rien à l'intérieur ; l'espace a en quelque sorte été lavé de toute matière, on n'y trouve plus le moindre atome.

Forts de cette définition, imaginons que nous puissions retirer de l'intérieur d'une enceinte toutes les particules de matière et de lumière qu'elle contient, sans la moindre exception, et atteindre ainsi le vide parfait. Ce vide parfait se réduirait-il à de l'espace pur ? À cette question, la physique quantique répond : non, le vide n'est pas vide, il contient de l'énergie, il est même rempli de ce qu'on pourrait appeler de la matière « fatiguée », de la matière « en état de veilleuse ». Car, au sein de cette enceinte où nous aurions fait le vide avec la meilleure des pompes imaginables, demeureraient des particules dites « virtuelles », c'est-à-dire des particules bel et bien présentes mais qui n'existent pas réellement… Elles ne possèdent pas assez d'énergie pour pouvoir vraiment se matérialiser, elles n'ont pas l'intégralité de leur mc^2, si vous préférez, elles sont en dehors de leur « couche de masse » pour le dire encore autrement, et, de ce fait, elles ne sont pas directement observables. Elles se trouvent en situation d'hibernation, dans une sorte de sommeil ontologique ou d'ontologie endormie, je ne sais quelle est la meilleure façon de dire. Comment les faire exister vraiment ? En leur donnant l'énergie qui manque à leur pleine incarnation.

C'est ce qui se passe quand deux particules provenant d'un accélérateur de haute énergie entrent en collision. Elles offrent leur énergie au vide quantique, et du coup, les particules virtuelles qu'il contenait deviennent réelles et s'échappent hors de leur repaire (je n'ose pas dire hors de leur exil, car ce terme est désormais fiscalement connoté, affaire Cahuzac oblige). Le vide soudain se réchauffe et les particules qui y faisaient un petit somme depuis quelques milliards d'années retrouvent la vitalité qu'elles avaient dans l'univers primordial. Finalement, un grand collisionneur de particules comme le LHC n'est jamais qu'une machine servant à chauffer le vide, une sorte de bouillotte qui offre ponctuellement à l'univers une éphémère cure de jouvence...

Pour que vous compreniez mieux ce qu'est ce vide quantique qui n'est pas du tout vide mais qui est tout à fait quantique, il faut que je vous explique un peu mieux les choses.

Un système physique, par exemple une particule, se définit par un certain nombre de propriétés identiques pour tous les systèmes du même type. Ainsi, si je prends comme système un électron, je peux dire : tous les électrons ont rigoureusement la même masse et la même charge électrique. Mais en plus de ces propriétés universelles, les électrons ont des propriétés qui, elles, peuvent varier de l'un à l'autre : par exemple, leur énergie. L'ensemble de ces quantités définit ce qu'on appelle « l'état » de la particule. On le représente par un

« champ », un « champ quantique », qui est une fonction de l'espace et du temps.

Ces « champs quantiques » ont la propriété de s'étendre dans tout l'espace et, surtout, ils ne peuvent pas s'annuler partout en même temps. En clair, à un instant donné, un champ quantique n'est jamais égal à zéro dans tout l'espace. Tout se passe donc comme si les champs quantiques étaient collés à l'espace, d'une façon impossible à défaire. Cela veut dire que même quand on fait le vide, ils sont encore et toujours là.

J'en reviens à mon électron. La physique quantique le décrit par un champ électronique qui a la propriété, disent les équations, d'être « toujours là », même quand aucun électron n'est présent en chair et en os : il est absolument impossible de le faire disparaître, tout comme il est impossible d'extraire l'énergie qu'il contient. Dès lors, le vide ne peut plus être considéré comme ce qui reste lorsqu'on a enlevé le champ (puisque cette opération est impossible), mais comme un état particulier du champ, un état qu'on appelle l'état « fondamental » car le système ne peut pas avoir une énergie plus petite que celle qu'il possède lorsqu'il se trouve dans cet état.

Tout cela est intéressant d'un point de vue philosophique. Car s'il n'y a plus de distinction formelle entre le vide et les autres états, il devient impossible de lui donner un statut réellement à part : il n'est plus un espace pur, encore moins un néant où rien ne se passe, mais un océan rempli de particules virtuelles capables, dans certaines circonstances, d'accéder à l'existence. Le vide apparaît ainsi comme l'état de base de la matière, celui qui contient sa potentialité d'existence et dont elle émerge sans jamais couper son cordon ombilical. Matière et vide se retrouvent liés de façon insécable.

Pourquoi vous raconter cela ? À cause de l'actualité politique.

Parce que si vous m'avez bien écouté, vous avez compris qu'au prix d'un petit déménagement conceptuel, ce que je viens de dire du vide quantique pourrait s'appliquer aux paradis fiscaux, dont on a trop souvent dit qu'ils étaient des trous noirs, ce qui n'est pas la meilleure comparaison : à mon avis, les paradis fiscaux, truffés d'euros virtuels jusqu'à la glotte, sont plutôt à l'économie réelle ce que le vide quantique est à la matière concrète. Je viens de vous expliquer que si on met de l'énergie dans le vide quantique, on en fait sortir des particules. Eh bien, mon petit doigt me souffle que si on mettait un peu plus d'énergie à fouiller les paradis fiscaux, on pourrait en extraire des ressources en transformant des euros virtuels en euros réels. Par les temps qui courent, ce ne serait pas du luxe pour nos démocraties qui sont à la fois endettées et bafouées par les cyniques.

2 mai 2013.

Ascensions

Je voudrais vous raconter aujourd'hui des histoires d'ascenseurs, non pas parce que nous approchons de l'Ascension (quoique), mais parce que l'ascenseur est un appareil qui permet de comprendre beaucoup de choses en physique. Surtout si, comme moi, vous avez l'esprit d'escalier.

Si vous me le permettez, je commencerai par évoquer un souvenir personnel.

C'était il y a longtemps, j'avais vingt ans et, pour la première fois, je visitais le CERN, à Genève, avec d'autres étudiants venus de toute l'Europe. Un physicien fut chargé de nous faire visiter les accélérateurs de particules qui sont installés dans les profondeurs du sous-sol, à cent mètres sous terre. Un ascenseur nous mena, en sa compagnie, jusqu'à l'antre souterrain de ces monstres technologiques.

Là, nous découvrîmes, bouche bée (au moins moi), le SPS, le Super-Proton Synchrotron, une sorte de Circuit 24 géant installé dans un tunnel circulaire de plus de six kilomètres de circonférence. C'était (et c'est toujours) un tube métallique où régnait un vide lunaire et où circulaient, en sens inverse et à une vitesse folle, deux faisceaux de particules, l'un de protons, l'autre d'antiprotons. En deux points diamétralement opposés de l'anneau, ces particules gorgées d'énergie entraient en collision, ce qui provoquait le surgissement d'autres particules dont les traces étaient recueillies par deux énormes détecteurs. Des physiciens se jetaient sur ces traces comme des piranhas, dans l'espoir de faire des découvertes. C'était littéralement subjuguant.

Quel rapport avec les ascenseurs ? me direz-vous. C'est que ce jour-là, je découvris aussi que les physiciens ne sont pas faits d'un bois ordinaire. Ils connaissent les lois qui gouvernent le mouvement des corps, et cela change leur rapport aux choses du monde, y compris dans les circonstances les plus banales. Je m'en rendis compte lorsque vint l'heure de quitter le tunnel. Nous regagnâmes l'ascenseur, qui se trouva vite rempli presque à ras bord. Sa porte était déjà en train de se refermer lorsqu'un physicien tout essoufflé s'y engouffra *in extremis*. Notre guide lui adressa un petit signe de bienvenue, appuya sur le bouton et aussitôt une alarme retentit : à l'évidence il y avait surcharge. Tous nos regards se tournèrent alors vers ce dernier arrivé, dont l'embonpoint était manifeste. À sa place, n'importe lequel d'entre nous se serait excusé platement avant de quitter l'ascenseur. Mais lui resta sur place et s'exclama : « *When I say "yes", then press !* » Puis il sauta en l'air en s'écriant : « *Yes !* » Notre guide réappuya aussitôt sur le bouton. L'ascenseur s'ébranla et prit suffisamment de vitesse avant que les pieds du gros physicien ne retombent sur le plancher pour pouvoir continuer sa course vers la surface.

Le système d'alarme avait été berné…

Comme quoi, connaître un peu de physique, ça sert…

Vous le savez bien, le poids, la gravité, la masse, c'est toute une affaire, pleine de grands noms intimidants : Galilée, Newton, Einstein, surtout Einstein…

Je vous ai déjà raconté, je crois, qu'un beau jour de 1907 Einstein a eu l'idée « la plus heureuse de sa vie » : il comprit que « si une personne est en chute libre, elle ne sent pas son propre poids ». Cette idée toute bête selon laquelle une personne qui tombe en chute libre ne sent pas son propre poids peut paraître énigmatique. Car, d'un certain point de vue, tomber, c'est céder à son propre poids, et donc, effectivement, l'oublier. Mais d'un autre côté, si l'on tombe, c'est précisément parce que notre poids est une force qui agit sur nous. On le subit, mais on ne sent plus qu'on le subit ? N'est-ce pas bizarre ?

En réalité, ce qu'Einstein vient de comprendre, c'est que lorsque nous tombons en chute libre, tout ce qui est proche de nous (parapluie, chapeau) tombe comme nous puisque la vitesse de chute des objets est la même pour tous les objets. Nous avons donc l'impression que toute pesanteur a disparu alors même que nous sommes en train de subir sa loi, c'est-à-dire de chuter lourdement…

Ce qui nous ramène aux ascenseurs… Car, pour mieux comprendre cette situation, Einstein a inventé l'« ascenseur d'Einstein ». C'est un ascenseur situé dans le vide astral, qui ne subit aucun champ de force extérieur, mais qui est tiré vers le haut par un géant, avec une accélération constante. Les parois étant opaques, un physicien qui serait enfermé dans cet ascenseur verrait que tous les objets qu'il lâche tombent d'une façon qui est indépendante de leur masse. Connaissant la loi de la gravitation, mais ne sachant rien de ce qui se passe à l'extérieur de la cabine où il est enfermé, il pourrait conclure que son ascenseur est non pas en train de se déplacer, mais immobile dans un champ de gravitation constant, comme s'il était à la surface de la Terre ou d'une autre planète.

Cette expérience de pensée conduira Einstein à formuler son principe d'équivalence, selon lequel un système au repos dans un champ de gravitation homogène est physiquement équivalent à un système uniformément accéléré en l'absence de champ de gravitation. Vous me suivez ? Ce principe a des implications si fortes qu'il conduira Einstein à formuler une nouvelle théorie de la gravitation, la théorie de la relativité générale (qu'il publiera en 1915).

Parmi ces implications, il y en a une que je vais vous présenter sous la forme d'une devinette. Vous savez que la Terre tourne autour du Soleil sous l'effet de la force de gravitation qui existe entre ces deux corps. Mais que se passerait-il si l'on remplaçait la Terre par une théière ? Quelle serait la trajectoire de la théière si on la mettait en lieu et place de la Terre, avec la même vitesse ? Partirait-elle à l'infini ? Tomberait-elle sur le Soleil ?

Réponse : elle aurait exactement la même trajectoire que la Terre. Car contrairement à ce que dit l'opinion commune, la trajectoire d'un corps dans un champ de gravitation ne dépend pas de sa masse.

Vous voyez, les ascenseurs nous élèvent doublement : d'abord en élevant physiquement notre corps, et aussi en élevant notre niveau en physique…

9 mai 2013.

Physique quantique et anagrammes

Régulièrement, des auditeurs m'écrivent pour passer commande : ils me demandent de traiter tel ou tel sujet qui les intéresse, ou d'expliquer telle ou telle chose. Je ne devrais pas le dire à l'antenne, car cela va donner des idées à d'autres alors que je ne peux déjà pas répondre, par manque de temps et surtout par incompétence, aux demandes qui m'ont été envoyées.

Mais bon, je vais faire une exception, et répondre à une étudiante en histoire de l'art qui m'a demandé d'expliquer par quoi *se caractérise la différence entre la physique quantique et la physique classique.*

Au début, je me suis dit qu'il était impossible de répondre à une telle question dans une courte chronique.

Mais, à la réflexion, je me suis dit qu'il y avait peut-être une solution. En fait, la réponse a été analysée dès 1925, date à laquelle un certain Paul Dirac (l'homme des moutons) publie son premier article, dans lequel il pointe justement une différence fondamentale entre la physique quantique et la physique classique. Qu'y dit-il ? Que ce qui caractérise la physique quantique, c'est la « non-commutativité » des observables. Je sens qu'il faut que j'explique un peu plus.

Alors c'est parti ! Prenons une particule classique, donc dotée d'une vitesse et d'une position bien déterminées. Je peux d'abord mesurer sa position, puis sa vitesse. Dans ces deux cas, je mesure une grandeur qui existe indépendamment de la connaissance que j'en ai. Je ne fais en somme qu'enregistrer une propriété qui existe « objectivement », c'est-à-dire qui est la même qu'elle soit mesurée ou non. Je pourrais donc tout aussi bien faire les mesures dans l'ordre inverse, mesurer d'abord la vitesse, puis la position, et cela ne changerait rien à l'affaire.

Prenons maintenant une particule quantique. Là, les choses changent radicalement. D'abord, une particule quantique n'est pas un corpuscule : elle n'a pas une vitesse et une position déterminées. Cela n'empêche pas qu'on puisse mesurer une vitesse ou une position la concernant, mais dans ce cas, c'est le fait de faire une mesure qui « actualise » le résultat de la mesure. Et alors – c'est ce que démontre Dirac –, l'ordre des opérations n'est plus indifférent : *mesurer la vitesse (action A), puis la position (action B), ce n'est pas faire la même chose que mesurer d'abord la position (action B), puis la vitesse (action A).*

AB BA

C'est ce qu'on appelle la « non-commutativité » des observables. Elle existe en physique quantique et pas en physique classique. C'est donc elle qui fait toute la différence entre les deux formalismes…

Cela ne vous rappelle rien ? Eh oui ! Les anagrammes ! Il m'arrive d'en dévoiler à l'antenne. Certains auditeurs aiment cela et me le disent, d'autres jugent que les anagrammes sont symptomatiques d'une certaine frivolité et me le disent aussi.

Je n'ai pas d'avis tranché sur la question, mais il me semble que ce que je viens de dire à propos de la physique quantique pourrait conférer aux anagrammes une certaine noblesse. Voyons comment.

Je rappelle que l'anagramme consiste à mélanger les lettres d'un mot, d'une expression, en vue de former un nouveau mot, une nouvelle expression. Exemples : *parisien* est l'anagramme d'*aspirine*, surtout quand le Parisien a mal au crâne ; *Obélix* est l'anagramme de *Il boxe*, ce qui semble chez lui assez naturel ; et *Usain Bolt* est l'anagramme de *Il nous bat*, ce qui correspond à une vérité qui est vraie pour tous les êtres humains, sauf lui…

Mais essayons de théoriser tout cela.

Prenons les lettres d'une expression donnée et plaçons-les dans l'ordre alphabétique. Si une lettre est présente plusieurs fois, élevons-la à une puissance égale au nombre de fois où elle apparaît. Par exemple, s'il y a deux fois la lettre *a*, on écrira a^2, et s'il y a trois fois la lettre *e*, on écrira e^3. On convertit ainsi une suite de lettres en un produit de lettres. On fait en somme comme si les lettres désignaient des variables algébriques qui se multiplient les unes les autres, et on obtient ainsi une expression mathématique qui est un produit de facteurs élevés à certaines puissances. Ce produit est commutatif, c'est-à-dire qu'on peut intervertir deux à deux les facteurs de ce produit sans que cela change le résultat.

Par exemple, si on place les lettres dans l'ordre alphabétique, *Marc Voinchet* devient $ac^2ehimnortv$.

Par définition, toutes les anagrammes de Marc Voinchet donneront cette même formule si on effectue sur elles la même opération, puisqu'elles contiennent les mêmes lettres, avec le même nombre d'apparitions pour chacune d'elles. Bien sûr, la plupart des combinaisons obtenues en changeant seulement la position des lettres n'ont aucun sens : ce sont des anagrammes au sens de la combinatoire, mais elles n'ont pas de signification et ne méritent donc pas de s'appeler des anagrammes.

Trouver une véritable anagramme, c'est trouver une réorganisation des lettres qui ait du sens, ce qui se produit si rarement que lorsque cela arrive, on a envie de croire à un petit miracle.

Exemples :

Albert Einstein = Rien n'est établi.

Zidane, numéro dix et capitaine des bleus = Étincela parmi onze dieux bénis du stade.

Laurence Parisot = écris-le au patron.

Le commandant Cousteau = Tout commença dans l'eau.

Vous aurez compris : les anagrammes n'existeraient pas si les positions des lettres dans un mot pouvaient changer sans que cela change le sens du mot. Elles doivent leur existence et leur charme à la non-commutativité de la position des lettres à l'intérieur des mots.

En définitive, elles sont à la multiplication de nombres (qui, elle, est commutative) ce que la physique quantique (qui est non commutative) est à la physique classique.

Cela ne leur donne-t-il pas une certaine dignité épistémologique ?

16 mai 2013.

D'OÙ VIENT QUE NOUS SOMMES ICI ?

Marc, si je vous demande d'où vient que vous êtes ici, vous allez me répondre que c'est parce que c'est comme ça et pas autrement, qu'en plus vous vous trouvez bien là où vous êtes, que ce sont les hasards de la vie et des rencontres qui vous y ont conduit, sans compter le taxi, le vélo, le train ou les pieds qui vous ont transporté ce matin.

Il se peut aussi que vous pensiez que tout cela était écrit, fixé depuis l'origine, que vous étiez prédestiné dès le big bang à animer « Les Matins » de France Culture. Qu'en somme, les lois cosmiques étant ce qu'elles sont, vous n'auriez pas pu avoir d'autre vie ni d'autre place que celles qui sont aujourd'hui les vôtres.

À propos d'autres vies, Marc, est-ce que vous saviez que Bob Dylan a écrit des chroniques ? Elles ont été publiées dans un livre dont le titre est – tenez-vous bien – *Chroniques* et l'on y trouve cet étrange dialogue :

« Dans une autre vie, j'aurais pu être toi, lui dit-elle.

– Ouais, mais dans une autre vie, j'aurais été quelqu'un d'autre, répondit-il.

– Ah ! tu as raison, répliqua-t-elle, il va falloir débrouiller tout ça… »

Eh oui ! Il va falloir débrouiller tout ça, et c'est ce que je voudrais tenter de faire aujourd'hui.

Alors je fonce : dans les années 1980, des cosmologistes ont émis l'hypothèse que l'univers primoprimordial aurait connu une gigantesque « inflation », c'est-à-dire une phase d'expansion furieusement accélérée lorsque sa densité était extrêmement élevée : les distances auraient été multipliées par un facteur énorme, de l'ordre de 10^{50}, en un temps très court, de l'ordre de 10^{-32} seconde ! Ce n'est pas exactement ce qu'on appelle un train de sénateur.

D'autres physiciens ont pu établir ensuite que si ce processus a eu lieu, ce qui n'est pas prouvé, il pourrait être responsable d'une création permanente d'univers. L'idée, c'est qu'une multitude de régions de l'espace connaîtraient toujours une telle phase d'expansion accélérée, donnant sans cesse naissance à de nouveaux univers qu'on appelle des « univers-bulles ». Chaque univers-bulle ainsi créé serait différent des autres : les masses des particules et l'intensité des interactions auraient des valeurs chaque fois nouvelles, de sorte que tous les possibles en termes de paramètres physiques pourraient se réaliser. L'univers serait en somme un univers gigogne ultraproliférant, un « multivers » composé d'un très grand nombre d'univers-bulles présentant chacun ses propres lois physiques.

S'agit-il d'une nouvelle fable ? d'un délire de théoriciens ? d'une révolution scientifique ? Personne ne pouvant le dire, l'hypothèse des multivers fait débat : certains la considèrent incontournable, d'autres la jugent épistémologiquement dangereuse car exagérément métaphysique, et en concluent qu'il faut s'acharner à chercher une théorie capable de décrire l'univers dans lequel nous vivons et non un ou plusieurs autres.

Reste que l'hypothèse qu'il y aurait des univers ayant des lois différentes du nôtre permet de mieux saisir le rôle que jouent les constantes universelles. Il apparaît en effet que si ces dernières avaient été différentes de ce qu'elles sont, la vie telle que nous la connaissons de par chez nous n'aurait pas pu émerger.

Je prendrai un seul exemple, celui de l'interaction nucléaire, cette force qui lie les protons et les neutrons au sein des noyaux atomiques. Il suffirait qu'elle soit légèrement plus intense pour que les étoiles ne vivent pas plus de quelques secondes, au lieu des quelques milliards d'années que nous observons. En d'autres termes, l'intensité de cette interaction se trouve avoir la valeur permettant que la vie soit possible dans certains endroits de l'univers. Des conclusions semblables s'obtiennent lorsque l'on s'amuse à faire varier, pour voir, la valeur d'autres constantes physiques, par exemple la vitesse de la lumière.

Certains physiciens, notant ces coïncidences, en tirent la conclusion que notre univers est bien plus complexe que la plupart des autres ayant des constantes fondamentales différentes. Et selon eux, les conditions nécessaires pour la vie sont réalisées dans notre univers grâce au fait que les valeurs des paramètres de la physique ont été finement ajustées. Ils invoquent donc la main d'un être transcendant qui aurait fixé la valeur précise des paramètres de l'univers pour que l'homme puisse – ou doive – y apparaître (on parle de « principe anthropique ») : Dieu, si c'est bien de Dieu qu'il s'agit ici, ne serait alors qu'un sacré bricoleur, un habile ajusteur de constantes universelles. Il ne serait en l'occurrence qu'un demi-dieu, certes bardé d'un diplôme d'ingénieur et d'une calculatrice, mais privé de beaucoup de son prestige et de sa gloire. Vous l'imaginez en effet demandant à l'un de ses adjoints : « Hé, Paulo, passe-moi le tournevis, tu veux bien ? Les étoiles s'emballent sacrément, elles vont bouffer tout leur hydrogène avant que le premier atome de carbone ait le temps de se former. Faut que j'augmente d'un chouïa la vitesse de la lumière ! »

Mais y a-t-il eu ajustement ? Certains cosmologistes voient plutôt dans ces coïncidences favorables le fait du hasard : les dés auraient été jetés un très grand nombre de fois, de sorte que tous les univers possibles seraient réalisés quelque part, et que nous aurions eu, nous, la chance de tomber dans un univers localement vivable et plutôt hospitalier, du moins en certains lieux.

D'autres physiciens refusent aussi bien l'ajustement des constantes physiques que le hasard, et considèrent que toutes ces questions n'ont pas à être posées : les choses sont ce qu'elles sont et nous n'avons pas à justifier leur pourquoi.

Enfin, les plus prudents, dont je fais partie, jugent que toutes les réponses qu'on peut apporter à ces questions sont prématurées, voire vaines, car nous ne savons pas à partir de quels critères nous pourrions les discuter.

Bref, chacun est libre de se faire un avis, et le mieux est de le formuler en tentant de répondre à la question suivante : existe-t-il des univers où des Marc Voinchet existent aussi, et, si oui, y en a-t-il où ces Marc Voinchet ne sont pas les animateurs des « Matins » de France Culture ?

Je ramasserai les copies la semaine prochaine. À jeudi prochain.

23 mai 2013.

D'OÙ VIENT QUE LE TEMPS PASSE ?

Nous disons du temps qu'il s'écoule ou qu'il passe. Mais s'écoule-t-il ou passe-t-il *de lui-même* ? Ou bien ne s'agit-il que d'une impression qui provient entièrement de nous ?

Pour répondre à ces questions, il faudrait pouvoir identifier et caractériser le « moteur du temps », c'est-à-dire le mécanisme caché au sein du monde par lequel le futur devient d'abord présent, puis passé. Quelle est cette force secrète qui fait que, dès qu'un instant présent se présente, un autre instant présent apparaît, qui demande au précédent de bien vouloir aller se faire voir ailleurs et prend aussitôt sa place, avant qu'un autre instant présent l'envoie lui-même se promener dans le passé, prenne sa place dans le présent, et ainsi de suite ? Ce moteur du temps est-il physique, objectif, ou intrinsèquement lié aux sujets conscients que nous sommes ? D'où vient en somme que le temps passe ?

Vous trouverez des gens qui répondent que le temps se débrouille tout seul pour passer, qu'il est à lui-même son propre moteur.

Vous en trouverez d'autres pour dire que ce n'est pas à lui-même que le temps doit sa motricité implacable, mais à la dynamique de l'univers en expansion. D'autres enfin pensent que le moteur du temps, ce n'est ni le temps lui-même ni la dynamique de l'univers, mais tout simplement nous, nous autres les humains, bipèdes supérieurs, qui sommes des observateurs dotés de conscience.

Cette idée selon laquelle le temps n'existe pas en tant que tel en dehors du sujet a été brillamment défendue par de nombreux philosophes – par Kant notamment –, mais elle doit se confronter à une donnée factuelle, qui constitue pour elle une difficulté notable. Cette donnée factuelle, c'est qu'au cours du XXe siècle, les scientifiques ont pu établir que l'univers a un âge au moins égal à 13,7 milliards d'années, que la formation de la Terre a eu lieu il y a 4,45 milliards d'années, que la vie y est apparue il y a 3,5 milliards d'années et que l'apparition de l'homme ne remonte, elle, qu'à 2 petits millions d'années. Que nous disent brutalement ces nombres ? Que des objets plus anciens que toute forme de vie sur Terre ont bel et bien existé dans le passé de l'univers ; que des événements innombrables se sont enchaînés, dont aucune conscience humaine n'a pu être le témoin ; que l'humanité, espèce en définitive toute récente, n'a pas été contemporaine de tout ce que l'univers a connu ou traversé. Et qu'il s'en faut de beaucoup : 2 millions d'années contre 13,8 milliards, cela fait un rapport de 1 à 6 900. L'univers a passé le plus clair de son temps à se passer de nous.

Vous m'accorderez que dès que l'on confronte ces résultats aux discours qui défendent l'idée que le temps n'aurait pas de réalité objective, qu'il serait subordonné au sujet et ne pourrait exister sans lui, on voit surgir comme un problème : si le passage du temps dépend de nous, n'existe que par nous ou que pour nous, comment le temps a-t-il pu se débrouiller pour s'écouler avant notre apparition ? Si le temps a impérativement besoin de nous pour passer, comment expliquer que l'univers a pu se déployer pendant 13,8 milliards d'années alors que nous n'étions pas encore là pour produire l'écoulement du temps ? Ce problème, qu'on appelle le « paradoxe de l'ancestralité », a été pointé du doigt par de nombreux auteurs, à juste titre. Car cantonner le temps *dans le sujet,* ou vouloir que le temps n'ait de réalité que subjective, n'est-ce pas s'interdire d'expliquer l'apparition du sujet *dans le temps* ?

Qu'en dit la physique ? Pour elle, au moins dans ses formalismes ordinaires, le concept de temps (d'espace-temps) a le statut d'un être « primitif » : on y postule qu'il existe, qu'il est indépendant des phénomènes, on prend acte qu'il s'écoule sans préciser ce qui fait qu'il s'écoule. Mais certaines théories aujourd'hui à l'ébauche, qui travaillent au dépassement de la relativité générale et de la physique quantique, remettent en cause ce postulat, ce qui les conduit à questionner la nature même du temps. Le temps pourrait émerger, disent-elles, d'un substrat d'où il est absent, il dériverait de concepts plus fondamentaux que lui-même. En d'autres termes, le moteur du temps serait produit de façon souterraine par une sorte d'*inframonde* physique.

Quel est cet inframonde ? Alain Connes, professeur au Collège de France, et d'autres mathématiciens ou physiciens, développent depuis des années des idées originales à ce sujet. Selon lui, selon eux, le moteur du temps serait enclenché par la non-commutativité inhérente au formalisme de la physique quantique, dont j'ai déjà parlé dans une chronique précédente (vous vous en souvenez, le *b-a ba* de la non-commutativité, c'est quand *ba* n'est plus égal à *ab*...). Le temps ne serait plus qu'une réalité secondaire, surnageant sur des structures physiques plus profondes que lui et ne le contenant pas à toute petite échelle.

Quand Alain Connes veut exprimer cela avec ses propres mots, cela donne : « C'est l'effervescence quantique qui engendre le passage du temps » ; ou bien :

« L'aléa quantique est le tic-tac de l'horloge divine » ; ou bien encore : « Un état sur une algèbre non commutative engendre son propre temps. »

OK, ce n'est pas super limpide. C'est sans doute pourquoi Alain Connes a décidé d'écrire, avec Jacques Dixmier et Danye Chéreau, une sorte de roman qui met en scène, de façon très habile, cette conception originale du temps. Le titre de cet ouvrage qui sort ces jours-ci est *Théâtre quantique*, et il a un sous-titre qui est « L'horloge des anges ici-bas ». *L'horloge des anges ici-bas*, ça devrait vous rappeler quelque chose ? À quelques permutations de lettres près, cela donne *Le boson scalaire de Higgs*, ainsi que cela a été découvert par mon ami Jacques Perry-Salkow. Alain Connes, qui est l'inventeur des géométries « non commutatives », ne pouvait qu'être fasciné par les anagrammes, notamment par celle-ci qui parle du temps puisque les anagrammes doivent leur existence même à la non-commutativité de la position des lettres à l'intérieur des mots.

Vous me pardonnez mon enthousiasme, car ce n'est pas tous les jours qu'on peut lire un livre qui associe la physique quantique, le temps, la non-commutativité, les anagrammes, le CERN, le LHC, le boson de Higgs, la structure du cerveau, l'informatique, la vie, la jalousie entre collègues, la mort et même l'amour, si si… !

30 mai 2013.

L'AXE Oz EXISTE-T-IL ?

Cette semaine, s'est déroulé le 14e Salon de la culture et des jeux mathématiques sur le parvis de la Cité des sciences et de l'industrie.

Je profite de l'occasion pour interroger les liens entre la physique et les mathématiques. C'est bien connu : les physiciens et les ingénieurs d'aujourd'hui sont tous les héritiers de Galilée, l'homme qui a bouleversé notre rapport au monde en proclamant que la nature, la « vraie », est écrite « en langue mathématique, et [que] ses caractères sont les triangles, les cercles et autres figures géométriques, sans lesquelles il est humainement impossible d'en comprendre un seul mot, sans lesquelles on erre vraiment dans un labyrinthe obscur ».

Galilée l'a compris : pour connaître la nature en profondeur, il faut commencer par admettre le caractère inessentiel des qualités sensibles que possèdent les choses. Le bleu du ciel, la suavité des odeurs, la poésie des ciels d'avril, la beauté des formes, toutes ces qualités ne sont pas dans les choses mêmes, mais seulement produites, sous forme de sensations ou d'impressions, par les interactions que nous avons avec les choses. Elles sont contingentes, changeantes, elles dépendent des circonstances, ne prennent corps que dans nos subjectivités respectives, de sorte que nous ne pouvons pas former à partir d'elles des propositions scientifiques, c'est-à-dire rigoureuses et universelles. En revanche, continue Galilée, nous disposons, *pour ce qui concerne l'essence des choses*, d'un mode de connaissance capable de nous livrer des vérités rationnelles, susceptibles de s'imposer à tout esprit. Ce mode de connaissance, ce ne sont ni les livres déjà écrits qui le prescrivent, ni les théories enseignées, ni l'observation du monde, aussi attentive soit-elle : ce sont les mathématiques. Les mathématiques qui permettent de formuler des lois sous forme d'équations, qui seront ensuite validées ou invalidées par des expériences.

C'est cette façon singulière d'envisager la nature qui va donner à la physique moderne toute sa puissance et lui permettre de conquérir des territoires qu'aucune autre démarche de connaissance n'avait même foulés.

Évidemment, cette efficacité des mathématiques en physique soulève toutes sortes de questions : les mathématiques peuvent-elles dire l'intégralité de la nature ? Pourraient-elles coloniser l'ensemble des disciplines scientifiques, notamment la biologie ? Où les concepts mathématiques sont-ils nichés ? Dans le monde même ou hors du monde ? Sont-ils indépendants de nous ou sont-ils des constructions humaines ? Etc.

Plutôt que de faire une dissertation sur ces sujets en citant de grands auteurs, je vais vous raconter deux petites histoires.

La première se rapporte à Wolfgang Pauli, l'un des pères fondateurs de la physique quantique, dont le nom demeure associé à un principe fondamental de cette physique, le principe de Pauli, aussi appelé « principe d'exclusion », et à la découverte d'une nouvelle particule, le neutrino, qu'il avait envisagée dès 1930 et qui fut détectée vingt-cinq ans plus tard.

La modestie n'était pas la qualité dominante de Pauli : il manifestait un mépris souverain pour tout ce qui lui semblait approximatif ou factice et maniait l'ironie mordante comme une première langue. Il était capable de se montrer très cassant. « Tu es le fouet de Dieu », lui disait son ami Paul Ehrenfest.

Le 15 décembre 1958, il mourut d'un cancer du pancréas, à l'âge de cinquante-huit ans. Si l'on en croit l'anecdote colportée depuis cette date dans le milieu des physiciens, la mort ne l'a pas vraiment changé. On raconte que Pauli fut accueilli au paradis par Dieu en personne :

« Pauli, tu as été un brave homme et un très grand physicien. Qu'est-ce qui te ferait plaisir ?

– J'aimerais bien connaître le secret de l'univers, l'équation ultime, la théorie du Tout, celle qui unifie toutes les forces et que j'ai cherchée toute ma vie.

– Facile », lui répond Dieu, tout en le conduisant près d'un tableau noir, sur lequel Il écrit à la craie trois longues équations. Puis Il se retourne vers Pauli d'un air satisfait : « Voilà. »

Pauli regarde les équations en portant sa main au menton, hoche la tête, et lâche :

« Stupide ! »

L'anecdote est plaisante, mais elle nous donne envie d'inverser les rôles : que pense Dieu des avancées actuelles de la cosmologie, des équations qu'écrivent les physiciens théoriciens ? Se montre-t-il moqueur (« vous êtes nuls, les gars ») ? Attendri ? Agacé ? Admiratif (« c'est pas mal, les gars, continuez ») ?

Deuxième histoire, vraie celle-là. Elle se rapporte à Victor Weisskopf, qui fut dans les années 1930 l'assistant de Pauli et qui a collaboré ensuite avec d'autres très grands physiciens : Heisenberg, Bohr, Schrödinger, Einstein, Oppenheimer… Il se trouve que c'est ce grand personnage qui m'a donné mon premier cours de physique des particules. Je précise que ce n'était pas un cours particulier : nous étions cent cinquante étudiants, venus de toute l'Europe et rassemblés dans le grand amphithéâtre du CERN.

Weisskopf commença par nous expliquer qu'il avait passé une bonne partie de sa vie à s'interroger sur la réalité physique des objets mathématiques : ne sont-ils qu'une invention humaine, un simple langage, ou leur existence est-elle indépendante de nous, nichée dans quelque arrière-monde inaccessible ? Sont-ils des créations de l'esprit ou des objets réels ? Weisskopf nous avoua qu'il ne connaissait pas les réponses à ces questions, mais qu'elles n'avaient cessé de le hanter à mesure que la physique gagnait en efficacité opératoire. Il cita Platon, Aristote et, je crois bien, Kant. Il faut dire que l'homme avait des lettres.

Puis il passa au cours de physique proprement dit. Pour les besoins d'une démonstration, il se saisit d'une craie et traça au tableau un repère à trois dimensions. Suivant la coutume, il représenta les axes O*x* et O*y* dans le plan même du tableau, puis figura l'axe O*z*, perpendiculaire aux deux premiers, par un point entouré d'un cercle, donnant l'impression que cet axe pointu jaillissait telle une flèche hors du tableau. Un peu plus tard, alors qu'il s'apprêtait à passer devant la figure qu'il avait dessinée, il se baissa avec ostentation pour éviter l'axe O*z*, en nous soufflant d'un air grave : « On ne sait jamais, l'axe O*z* existe peut-être vraiment… »

Cela vous fait un premier sujet de méditation pour la journée : quelle est la réalité physique de l'axe des *z* ? Si vous trouvez ce problème trop difficile, vous pourrez vous échauffer avec cette autre question : étant donné deux points A et B à égale distance l'un de l'autre, comment faire pour déplacer B sans que A s'en aperçoive ?

Bonne journée à vous…

6 juin 2013.

Rugby quantique

Je n'ai pas ce qu'on appelle un « physique de rugbyman ». En matière de sport, je me sens davantage aspiré par « le mouvement vertical des cimes » dont parlait Gaston Bachelard que par les jeux sur des terrains plats, horizontaux, rectangulaires et réglementés. Mais les hasards de la vie ont fait que j'ai pu assister ce samedi à la finale du Top 14 au Stade de France, qui a opposé l'équipe de Toulon à celle de Castres.

J'ai trouvé ce spectacle magnifique et cela m'a donné envie d'interroger les liens ou les jeux de correspondance entre physique et rugby.

Évidemment, il y aurait beaucoup de choses à dire, mais faute de temps, je n'en dirai que trois ou quatre.

La première, c'est que les règles du rugby sont quand même très compliquées. Imaginez des Martiens qui viendraient nous observer depuis leur soucoupe volante en restant à une centaine de mètres d'altitude. S'ils voyaient un match de tennis, je pense qu'au bout de trois ou quatre sets ils en auraient compris les règles ; mais pour le rugby, ils pourraient passer des années à voir l'intégralité des matchs du Top 14, ils ne comprendraient toujours pas les règles du jeu. D'ailleurs, ils ne verraient même pas le ballon ! Ils devineraient peut-être qu'un objet assez léger est échangé entre les protagonistes, une sorte de « boson de jauge de l'interaction rugbystique » qui détermine les positions et les actions des joueurs. Et très franchement, qui a bien pu inventer cette espèce de contradiction cinématique qui consiste à devoir aller de l'avant en ne faisant des passes que vers l'arrière ? Un Anglais, j'imagine…

Au rugby, il y a des moments où de l'ordre semble surgir du chaos, où de la musique émerge du bruit. Des types sont à terre, se chamaillent pour un ballon dont on ne sait pas trop bien où il peut être, mais le ballon finit par sortir de la nasse et tout d'un coup, une belle passe tendue l'expédie au loin, les mouvements des joueurs s'accélèrent, une espèce de musique collective et rythmée se développe, qui se conclut parfois par un essai.

On peut aussi faire une lecture thermodynamique du rugby. L'essentiel de la stratégie, si je l'ai bien saisie, consiste à amener de la température, ou de la force, ou de l'énergie cinétique, ou de la puissance, ou de la masse tout simplement, à des endroits où, chez l'adversaire, il y en a moins. Et donc à créer des déséquilibres entre les deux équipes. C'est aussi avec cet œil-là qu'on peut regarder un match.

Voilà des points qui rapprochent le rugby de la physique. Mais on peut aussi défendre l'idée que le rugby est le contraire de la physique. Je m'explique : un philosophe des sciences, Alexandre Koyré, a écrit que « le pari de la physique moderne, c'est qu'on peut expliquer le réel par l'impossible », c'est-à-dire grâce à des lois qui semblent *a priori* contradictoires avec l'observation. Par exemple, la véritable loi de la chute des corps dit que tous les corps tombent à la même vitesse, quelle que soit leur masse, et pourtant chacun voit bien que les corps lourds tombent plus vite que les corps légers. Si je vous dis cela, c'est parce que ce samedi soir, je me suis fait la réflexion que le pari du rugby était en fait l'envers de celui de la physique : *il est non pas d'expliquer le réel par l'impossible mais de démontrer l'impossibilité de l'impossible par le réel.* Je m'explique : un ballon arrive dans les mains d'un joueur et, tout d'un coup, il semble prendre une valeur infinie, ce ballon, car dans l'espoir féroce de s'en saisir des types dont les masses flirtent avec le quintal tombent sur le malheureux. Et sans qu'on comprenne bien comment, il parvient pourtant à faire une passe miraculeuse ou à exécuter un drop… *A priori*, ça semble rigoureusement impossible, mais puisqu'il l'a fait, c'est que ce n'était pas tout à fait impossible… D'un geste, il démontre donc dans le réel l'impossibilité de l'impossible.

Ce samedi, il y avait sur le terrain un joueur prodigieux, Jonny Wilkinson. Or – et c'est par là que je conclurai – Jonny Wilkinson a un lien très personnel avec la physique quantique. Jérôme Fenoglio a d'ailleurs publié dans *Le Monde* du 7 février 2010 un article intitulé « Jonny Wilkinson, particule élémentaire » dans lequel on pouvait lire : « Buteur à coup sûr et homme rongé d'incertitudes, le plus célèbre rugbyman anglais trouve des réponses à ses tourments dans la physique quantique et l'autodérision. Il faut l'avoir entendu chercher dans son français impeccable la traduction la plus fidèle de son interprétation du principe d'incertitude de Werner Heisenberg, pilier de la physique quantique, pour comprendre que Jonny Wilkinson ne sera jamais un rugbyman comme les autres. »

En physique quantique, le hasard règne en maître et il est irréductible (il faudra d'ailleurs qu'un jour je traite la question de savoir si le hasard est apparu par hasard…). Wilkinson, lui, travaille pendant des heures et des heures à l'entraînement pour réduire au minimum l'intervention du hasard dans la trajectoire du ballon qu'il frappe. C'est sa façon de comprendre le principe d'incertitude. Il faut dire qu'en rugby, le hasard est une notion toute relative : sa part dépend crucialement du joueur. Si je tape dans un ballon, moi qui n'ai jamais joué au rugby, la probabilité qu'il aille dans une direction donnée est la même… pour toutes les directions ! J'ai ce qu'on pourrait appeler un « coup de pied isotrope ». Mais pour Jonny Wilkinson, le mouvement semble au contraire complètement déterminé, il n'y a presque plus aucun hasard dedans. Tout y est entièrement fixé par l'action parfaitement ajustée de la force du pied sur le ballon, la résistance de l'air, etc. Son travail à l'entraînement consiste à faire en sorte que le déterminisme de son geste soit presque total. Je me suis laissé dire que pour mieux viser le milieu du milieu des poteaux, il voit mentalement une jolie fille qui mange une glace entre les poteaux et tape dans le ballon de sorte qu'il arrache la boule de glace du cornet, ce qui, au passage, n'est pas très gentil…

Il y a deux ans, une grande école d'ingénieurs, l'ENSTA ParisTech, a eu la bonne idée d'organiser une rencontre entre Jonny Wilkinson et des physiciens. Cela a donné un échange tout à fait savoureux, et par la suite un petit livre dont le titre, *Rugby quantique*, contrairement aux apparences, n'est pas tout à fait un oxymoron…

13 juin 2013.

Pourquoi y a-t-il quelque chose plutôt que rien ?

Vous avez peut-être remarqué que je ne suis pas venu la semaine dernière et cela m'a permis de redécouvrir qu'il est possible de passer un jeudi tout entier sans bâiller une seule fois. Un jeudi peut donc furieusement ressembler à un mardi, à un mercredi, voire à un vendredi…

La fin de l'année scolaire approchant, nous sommes tous un peu fatigués et c'est pourquoi j'ai décidé de ne plus traiter dans mes prochaines chroniques que de questions faciles, voire triviales…

Par exemple, aujourd'hui, celle-ci : d'où vient l'univers ?

Et surtout : d'où vient qu'il y a un univers ?

Prendre cette question de l'origine au sérieux, c'est-à-dire saisir le mot « origine » dans son sens le plus radical, ne consiste pas seulement à tenter de décrire les phases les plus anciennes de notre univers, ce que les physiciens font d'ailleurs de mieux en mieux : c'est d'abord s'interroger sur le passage de l'absence de toute chose – le néant – à la présence d'au moins une chose (ou d'au moins un être) ; c'est donc affronter le mystère du néant et de ses métamorphoses possibles : comment le néant a-t-il pu cesser d'être le néant ? Ça démarre fort, alors je récapitule : penser le commencement de l'univers revient rigoureusement à penser son absence et à penser comment son absence a pu se transmuter en présence. Comment le rien qui n'était rien s'est-il débrouillé pour faire tout un monde ?

La question ainsi posée, on devine mieux la difficulté de la tâche, et je me dis déjà que j'aurais dû choisir un autre sujet. La difficulté tient en grande partie au fait que l'idée de néant, d'absence de toute chose, de rien absolu, a un statut bizarre. C'est en effet une idée destructrice d'elle-même, au sens où, dès que le concept de néant nous vient à l'esprit, le mouvement de notre pensée le transforme en autre chose que lui-même : on en fait quelque chose de particulier, une sorte de vide auquel on attribue subrepticement un corps que le néant ne saurait posséder sans entrer en contradiction avec sa définition. C'est ainsi qu'au lieu de lui ôter jusqu'au moindre semblant d'être, l'activisme intellectuel le projette dans l'ontologie et ainsi le trahit : l'absence devient présence de quelque chose, le non-être s'habille d'être et c'est la pagaille garantie dans les concepts.

Tel est le paradoxe du néant : penser *le rien* n'est jamais penser *à rien* ; en affirmant l'existence du rien, on le substantifie et, ce faisant, on le perd.

Les récits cosmogoniques qui décrivent la naissance de l'univers ne s'y sont d'ailleurs pas trompés : ils ne décrivent jamais le monde originel comme une émanation du néant pur. Au commencement, il y a toujours, disent-ils, quelque chose, un lieu sombre, sans lumière. En somme, d'après eux, à *l'origine de l'univers,* il y a toujours *un vide noir* qui *grésille*, d'ailleurs, c'est l'anagramme… Or un vide noir qui grésille, je ne sais pas si c'est mieux que rien, mais ce qui est sûr, c'est que ce n'est pas rien et que c'est donc déjà ça.

C'est Leibniz qui posa la question fondamentale : « Pourquoi y a-t-il quelque chose plutôt que rien ? »

Pourquoi y a-t-il donc un monde, un monde authentique, avec à l'intérieur des choses, des êtres vivants, de l'espace, du temps, des sentiments ? D'où vient qu'à l'origine ce n'est pas plutôt le néant qui s'est imposé, alors que, comme le précisait Leibniz lui-même, le néant est certainement « plus simple et plus facile que n'importe quelle chose » ? En effet, s'il n'existait pas, le monde serait certainement un peu moins compliqué… Mais alors, d'où vient que c'est le difficile et le non-simple qui ont gagné la partie ? C'est Cioran, je crois, qui disait : « Tout est superflu, le vide aurait suffi. » Mais on peut aussi penser que la réalité vient au contraire combler la béance du vide, qu'elle vient remplir l'excès de vide qu'il y a dans le vide, si l'on peut dire… Et bien sûr, à la question « Pourquoi y a-t-il quelque chose ? », on pourrait répondre : « Parce que Dieu l'a créé à partir de rien. » Mais ça ne va pas, car Dieu est lui-même quelque chose. Répondre ainsi, c'est donc un coup à se faire sévèrement gronder par les métaphysiciens : on ne peut pas se servir de quelque chose pour justifier qu'il y ait quelque chose…

On voit par là que la question de Leibniz incarne à elle seule toutes les vertus et tous les péchés de l'interrogation métaphysique, « métaphysique » pouvant aussi bien prendre un sens dépréciatif (métaphysique, donc frivole) qu'un sens positif (métaphysique, donc profond).

De nos jours, la métaphysique n'a pas la vie facile. Fille anonyme des Grecs, elle s'est trouvée malmenée par la philosophie contemporaine qui en dénonça le rationalisme outrecuidant et le dogmatisme pédant : à quoi bon s'interroger sur la cause de toutes choses ? À quoi bon couper les cheveux en quatre ? Y a qu'à faire comme si on était chauve… On n'a jamais cessé d'annoncer la mort de la métaphysique, sans vraiment convaincre, car la longueur de l'agonie a fini par rendre le décès suspect.

Je tiens d'ailleurs entre mes mains la preuve qu'elle n'est pas tout à fait morte ou qu'elle est ressuscitée. Le MENS, le groupe des Métaphysiciens de l'ENS, vient de publier sous la direction de Francis Wolf un livre justement intitulé *Pourquoi y a-t-il quelque chose plutôt que rien ?*[1] Une dizaine d'auteurs s'attaquent vaillamment à cette question dont Francis Wolf dit pourtant qu'elle est « l'Everest impossible à gravir de la métaphysique ». Cela donne des articles passionnants, certains très difficiles, mais j'imagine que c'est la faute à la question posée.

Je vous le dis, il se pourrait bien que l'heure de la fin de la fin de la métaphysique soit en train de sonner. Et vous tenez là un possible livre de plage pour l'été. Sauf si la métaphysique vous ennuie ou vous agace, auquel cas vous pourriez toujours vous essayer à la métamathématique. J'ai d'ailleurs deux questions métamathématiques à vous proposer, en guise de test de votre goût pour la chose : pourquoi un triangle est-il un triangle ? est-il envisageable que deux plus deux soit égal à cinq pour les grandes valeurs de deux ?

Vous avez toute la durée du journal de 7 h 30 pour y réfléchir. Un temps aussi long pour traiter deux questions bateau, c'est presque du luxe, je trouve…

27 juin 2013.

1. Francis Wolf (dir.), *Pourquoi y a-t-il quelque chose plutôt que rien ?*, Paris, PUF, 2013.

Mais où est donc passé mon mari quantique ?

Au fil de mes chroniques, j'en ai assez dit pour que vous ayez conscience que les principes de la physique classique, et plus généralement les concepts familiers, ne sont pertinents que dans un domaine limité : aux portes de l'atome, ces concepts font faillite, et c'est alors la physique quantique qui prend le relais. Des notions apparemment indiscutables en viennent à manquer de signification et un certain sens commun se trouve condamné au dépôt de bilan. C'est évidemment cela qui est fascinant dans le monde de l'infiniment petit.

Mais alors, comment rendre compte des lois de ce nouveau monde, des comportements bizarres qu'ont les particules et qui sont intraduisibles dans le langage ordinaire ? Cette question n'a jamais cessé de me turlupiner. J'ai pensé qu'il faudrait inventer une poétique de la transposition permettant de faire comprendre avec des mots ce que diraient les équations de la physique quantique si elles pouvaient parler. Ou bien qu'il faudrait creuser une langue étrangère au sein même de la langue afin d'y créer de nouveaux espaces permettant d'accueillir l'originalité des messages quantiques…

Une nouvelle piste m'est venue à l'esprit ce week-end, grâce à la manifestation « L'ethnologie va vous surprendre » organisée par le musée du Quai-Branly. J'ai eu l'occasion de mettre la main sur un texte de Claude Lévi-Strauss intitulé « Pensée mythique et pensée scientifique » (dans son livre *Nous sommes tous des cannibales*). On attend évidemment de cet immense anthropologue qu'il ait des avis culturels, et bien sûr, on constate qu'il en a (rien de plus normal, *Claude Lévi-Strauss* est l'anagramme de *a des avis culturels*). Il explique que les phénomènes quantiques heurtent le sens commun à la façon des plus extravagantes constructions mythiques. Pour le non-spécialiste, le monde qu'essaient de décrire les physiciens reconstitue une sorte d'équivalent de ce que nos lointains ancêtres concevaient comme un monde surnaturel, où tout se passe autrement que dans le monde ordinaire, et le plus souvent à l'envers. Pour essayer de se figurer ce monde surnaturel, les peuples sans écriture inventaient des mythes. Il est piquant de constater, écrit Claude Lévi-Strauss, que, ce faisant, ils préfiguraient parfois des fables qu'imaginent aujourd'hui les physiciens quand ils tentent de mettre à notre portée le résultat de leurs recherches.

Exemple : vous connaissez la fameuse expérience des fentes de Young, qui montre qu'un électron ou un photon semble pouvoir suivre plusieurs trajectoires en même temps, au contraire des objets macroscopiques qui nous entourent. Eh bien, Claude Lévi-Strauss a trouvé un mythe qui mettait déjà en scène cette situation :

Un mythe des Indiens Seneca (l'une des cinq nations composant la Confédération iroquoise) comprend un curieux épisode. Une jeune fille a consenti à épouser un homme qu'elle sait être le fils d'une puissante sorcière, et elle le suit jusqu'au village de celle-ci.

Le mari marchait en tête quand ils arrivèrent à un point où le sentier se divisait en deux pistes formant une sorte d'anneau allongé qui se refermait au loin. À sa grande surprise, la femme vit son mari se dédoubler et l'un des deux corps suivre la première piste, l'autre, la seconde. Elle en fut stupéfiée et ne savait plus quelle voie elle devait emprunter. Heureusement (le mythe ne dit pas ce qui serait devenue dans le cas contraire), elle choisit celle de droite et constata bientôt que les deux pistes se rejoignaient et qu'à cet endroit les deux corps de son mari avaient à nouveau fusionné. De là, dit-on, vient le nom de cet étrange personnage, qui signifie « ils sont deux voies qui courent parallèlement [1] ».

Cette femme avait en fait un mari quantique, ce qui ne doit pas être tous les jours facile à vivre : d'abord parce que quand votre moitié se coupe en deux, vous vous retrouvez bigame à l'insu de votre plein gré ; ensuite parce qu'un mari qui peut être à plusieurs endroits à la fois peut être facilement soupçonné d'infidélité conjugale…

Et il y a autre chose avec la physique quantique. Toute mesure apparaît comme une interaction irréductible entre l'objet microscopique sur lequel on effectue cette mesure et l'appareil de mesure proprement dit. Cette interaction empêche de faire la part entre ce qui revient en propre à l'objet mesuré et ce qui revient en propre à l'appareil de mesure, comme si les propriétés des particules ne pouvaient plus être détachées des conditions de leur manifestation.

Niels Bohr, l'un des pères fondateurs de la physique quantique, défendait une variante encore plus radicale de cette idée. Selon lui, les objets quantiques ne possèdent aucun attribut qui leur soit propre. Ils constituent de fait des entités inséparables de leurs conditions d'observation.

De telles conceptions de l'opération de mesure étaient absentes de la physique classique. Les physiciens s'étaient

1. Claude Lévi-Strauss, *Nous sommes tous des cannibales*, Paris, Le Seuil, 2013, p. 154-155.

en effet habitués à l'idée qu'il est toujours possible de concevoir des appareils de mesure dont l'influence sur le système est aussi faible que l'on veut. Leur idée, c'était qu'idéalement, une mesure, quelle qu'elle soit, enregistre objectivement quelque chose qui est « déjà là », sans modifier ses propriétés : elle n'aurait donc qu'un rapport passif avec le réel, se contentant d'opérer sur lui un simple décalque. La physique quantique a obligé à reconsidérer cette neutralité de l'opération de mesure. Pour elle, il n'est pas évident qu'on puisse parler des propriétés d'un objet microscopique tant qu'aucune mesure n'a été effectuée sur lui. Cette interrogation sur la réalité des choses hors de la mesure ou de l'observation, vous l'avez sans doute vous-même croisée le jour où vous vous êtes demandé si l'ampoule de votre réfrigérateur était bien éteinte lorsque la porte de ce dernier était fermée.

Dans un livre collectif intitulé *Le Plus Grand des hasards – Surprises quantiques*, le jeune physicien Alexei Grinbaum raconte une vieille légende qui peut illustrer cette idée :

Un roi apprend qu'un homme sage habite dans son royaume. Il le convoque et décide d'éprouver sa sagesse. Quand il arrive, le roi lui tend sa main gauche et lui dit : « J'ai dans la main un oiseau. Est-il vivant ou mort ? » Le sage sait que s'il répond : « Vivant », le poing du roi broiera l'oiseau et le tuera. Il sait aussi que s'il dit : « Mort », la main du roi s'ouvrira et l'oiseau s'envolera vivant. Dans les deux cas, sa réponse apparaîtra fausse et sa réputation d'homme sage sera anéantie. Alors il réfléchit un court instant et répond : « Sire, la réponse est dans votre main. » Pas mal !

La morale de l'histoire ? Si les mythes et les contes ne disent pas la physique quantique, ils peuvent, parfois, aider les physiciens à dire ce qu'ils savent.

4 juillet 2013.

Le retournement des poussettes

Il est devenu banal de dire que notre rapport au progrès a changé. On en parle désormais comme on parle du Tour de France. On dit que « le progrès, c'était mieux avant », comme on dit que « le Tour de France, c'était mieux avant », sauf que s'agissant du progrès, la phrase est autocontradictoire : eh oui ! si progrès il y a eu, ça ne devrait pas pouvoir avoir été mieux avant…

L'idée de progrès, c'est une idée qui faisait aimer le temps historique. Elle était doublement consolante.

Consolante parce qu'en fondant l'espoir d'une amélioration future des conditions de vie, elle rendait l'histoire humainement supportable (*l'idée de progrès* a pour anagramme *le degré d'espoir…*). En faisant miroiter loin sur la ligne du temps une utopie crédible et attractive, elle faisait qu'on retroussait les manches et, surtout, elle donnait l'envie d'avancer *ensemble.*

Et consolante aussi par le fait qu'elle donnait un sens aux sacrifices qu'elle imposait : au nom d'une certaine idée de l'avenir, le genre humain était sommé de travailler à un progrès dont l'individu ne ferait pas lui-même l'expérience puisqu'il n'était qu'un petit maillon de l'interminable lignée des générations.

En somme, *croire au progrès, c'était accepter de sacrifier du présent personnel pour fabriquer du futur collectif.*

En est-on encore là ?

Pour accepter de sacrifier du présent personnel au nom d'un futur collectif, il faut un rattachement symbolique au monde, à son histoire, à son avenir. Ce rattachement fut longtemps perspectiviste. Il ne l'est plus. Nous avons perdu en profondeur temporelle. Le présent est désormais « sans épaisseur », pour reprendre le titre du très bel article de Paul Valadier paru dans le dernier numéro de la revue *Études* (juillet-août 2013). Nos rattachements sont plus horizontaux, plus fluides, plus réversibles. C'est d'ailleurs le réseau des télécommunications qui incarne le mieux ce nouveau rapport au temps : les nœuds qui le constituent ne sont que des nœuds de passage qui ne nécessitent aucune direction, ni aucune finalité. Se trouvent ainsi abolies toute idée de récit, et même toute idée de filiation qui, jusqu'à présent, étaient seules capables de donner du sens au collectif et au politique. En fait, le récit parvenait à vaincre l'aporie du temps en « inventant une histoire ». Le temps mondial, lui, veut la vaincre en arasant le temps historique. Du coup, le futur s'absente progressivement du présent (et « s'absenter du présent », faut quand même le faire…), comme si l'urgence et « la Crise », la Crise avec un grand C, la crise transcendantale avaient partout répudié l'avenir comme promesse. Nous entrons dans le règne d'un « présent omniprésent », d'un présent limité à lui-même, qui absorbe en quelque sorte le passé aussi bien qu'il annule les perspectives d'avenir.

Il y a donc urgence à reconstruire un horizon. Un horizon pour 2020, par exemple, ce serait un bon début. Mais comment faire ? Comment est-ce que ça se reconstruit, un horizon ? Avec quel genre de truelle ?

C'est la question que se sont posée les économistes et les étudiants réunis à Aix-en-Provence ce week-end, lors des rencontres organisées par le Cercle des économistes et dont France Culture était partenaire. Beaucoup de choses s'y sont dites, mais vu mes compétences en économie, je ne me risquerai pas à les évoquer. Je me contenterai d'apporter au débat un élément de réflexion en apparence prosaïque (mais peut-être pas tant que cela). Il s'agit plutôt d'un événement historique qui est en général passé sous silence, presque comme s'il n'avait jamais eu lieu, mais qui, heureusement, a fini par être finement analysé par le mathématicien Olivier Rey dans son ouvrage *Une folle solitude. Le fantasme de l'homme autoconstruit.*

Il y a quelques décennies, en effet, s'est produit un événement très important : le retournement des poussettes. Avant, l'enfant était transporté dans un face-à-face rassurant, qui le plaçait dans un rapport affectif permettant sourires, grimaces, gestes de tendresse ou de menace, échange de paroles avec la personne qui le poussait, en général sa mère. Désormais, l'enfant est face au vide, son regard ne rencontre que des passants anonymes, il est laissé à sa solitude, « ouvert sur le monde », disent ceux qui veulent louer cette pratique, et non plus prisonnier du cercle familial, mais en réalité livré à l'inconnu, qui, comme chacun sait, est source potentielle d'angoisse.

Ce renversement spatial est typique d'un nouveau rapport au temps, à soi, aux autres. L'enfant n'a plus d'autre horizon qu'un présent informe, et donc troublant. Olivier Rey défend l'idée que ce sont la démocratie et la science qui ont contribué à ce retournement des poussettes, l'une et l'autre privilégiant un sujet libéré du poids du passé, des entraves traditionnelles, un sujet regardant d'emblée vers l'avant. Il retrace au passage la longue histoire de l'émancipation de l'individu, partant du présent pour remonter vers l'élan de l'idéal démocratique et du projet scientifique et technique, avant d'en revenir à l'apogée de la technoscience où nous sommes aujourd'hui : celle de l'individu condamné à s'inventer à partir de ses propres forces, et par là même plombé de solitude.

On peut évidemment et heureusement défendre une interprétation plus joyeuse de la situation, invoquer par exemple ce que Milan Kundera appelle la « papaïsation » des pères : les pères ne sont plus que des papas, des pères sans autorité de pères. Mais quoi qu'il en soit, cette affaire interroge grandement. On est obligé de se demander ce qu'elle a pu induire dans la psyché encore indéterminée des bambins…

« L'homme sait assez souvent ce qu'il fait, mais il ne sait jamais ce que fait ce qu'il fait », disait Paul Valéry. Alors je vous pose la question : qu'avons-nous fait en retournant les poussettes ? Et au fait, vous, dans quel sens était poussée la poussette qui vous transportait ?

11 juillet 2013.

La Terre ne se meut pas

Hier soir, j'ai appris le sujet qui serait abordé ce matin par nos invités : le Tour de France ! Mais il était trop tard pour que je change mon fusil d'épaule et lui consacre ma chronique… J'y reviendrai sans doute un de ces prochains jeudis.

Un jour de juillet 1979, Antoine Blondin écrivait dans *L'Équipe* :

« En vérité, je crois qu'il n'existe que trois endroits privilégiés où l'adulte civilisé puisse éprouver la liberté : un taxi, quand le chauffeur baisse le drapeau du compteur, les toilettes, quand se ferme le verrou, et le Tour de France, quand la course situable et intouchable nous livre à la plus délectable des solitudes, celle qui est peuplée. »

Voilà, en quatre lignes, une métaphysique de la liberté à laquelle j'adhère volontiers…

J'avais prévu de vous parler de la croissance, sujet moins drôle et d'autant plus à la mode que la croissance est moins là. J'observe qu'on parle beaucoup de son hypothétique retour, sans jamais vraiment préciser de quelle croissance on parle. Je sais bien qu'il s'agit toujours de la croissance du PIB, mais celui-ci peut croître de multiples façons. Alors que veut-on faire croître exactement et que voudrait-on faire décroître ? Il faudrait nous le dire clairement au lieu d'invoquer le mot « croissance » de façon systématiquement dévote.

On connaît l'argument des « objecteurs de croissance » : l'économie a besoin pour croître de ressources énergétiques ; or, celles-ci étant limitées, la croissance est une impossibilité à long terme. Tout esprit peut en effet comprendre qu'une croissance continue est matériellement impossible dans un monde fini. Kenneth Boulding disait que, pour nier cette loi élémentaire, « il faut soit être un fou, soit être un économiste ». Dès lors, comment pouvons-nous être assez inconscients, disent les objecteurs de croissance, pour vouloir à tout prix l'augmentation de la production, qui implique une augmentation de la pollution, une diminution des emplois et du plaisir à travailler ? Il faudrait plutôt opter pour la décroissance économique, seule voie pour sauver la planète des excès de l'humanité, en commençant par décoloniser nos imaginaires galvanisés par les publicitaires.

En vertu de cette loi, le mode de développement du monde moderne apparaît comme la victime d'une contradiction douloureuse : il se pense comme universel, et pourtant il sait désormais que son extension à l'ensemble de l'humanité, tant dans l'espace que dans le temps, se heurte à des obstacles impitoyables, ne serait-ce que parce que l'atmosphère de notre globe ne supporterait ni sa généralisation ni son maintien. Il y a donc une contradiction entre notre exigence éthique d'égalité et notre mode de développement. D'où le dilemme : nous, les riches, ou bien nous nous coupons du reste du monde au moyen de boucliers divers, ou bien nous inventons un autre mode de développement qui aura la propriété de pouvoir être étendu à l'échelle de l'humanité tout entière.

Les partisans de la croissance défendent quant à eux l'idée que nous n'avons pas d'autre choix que de continuer à désirer la croissance, car la décroissance nous exposerait à trois immenses problèmes. D'abord, elle laisserait à son sort le milliard d'êtres humains qui vivent avec moins de un dollar par jour. Ensuite, elle rendrait difficile toute protection de l'environnement (car on sait que celle-ci coûte cher : nous devons donc devenir plus riches pour avoir les moyens de ces dépenses). Enfin, le remède au chômage, ce sont de nouveaux postes de travail, mais s'ils ne se financent pas sous la forme d'une augmentation de la production, ils ne se rentabilisent pas. Bref : une croissance économique continue semble une condition de la résolution des problèmes qu'une production industrielle intensive crée elle-même.

Le développement de la société se retrouve ainsi dans un cercle vicieux : le mouvement continu de ce cercle n'est possible qu'à la condition que la croissance ne s'arrête pas ; or le combustible de cette croissance, lui, risque de s'épuiser un jour…

La question est donc : que va-t-il se passer ? Nul d'entre nous ne peut prétendre pouvoir répondre à une telle question, car la bonne réponse dépend de ce que nous faisons et de ce que nous allons faire dans les décennies qui viennent. Mais il est remarquable – et c'est là où je veux en venir – que ce soit un philosophe, Edmund Husserl, le fondateur de la phénoménologie, qui ait saisi l'importance de ces enjeux bien avant tout le monde, même si ce fut à partir d'arguments très différents de ceux que nous entendons aujourd'hui. Dès les années 1930, le vieux philosophe avait compris que la crise qui secouait alors l'Europe n'avait pas seulement à voir avec des pratiques dictatoriales, mais concernait aussi et surtout notre rapport au monde qui nous entoure et à la Terre qui nous soutient. En seulement trois jours, du 7 au 9 mai 1934, il rédigea, dans une sorte de fièvre, un texte très étrange (et même, pour tout dire, un peu fou), intitulé

La Terre ne se meut pas [1]. Husserl n'y conteste nullement la valeur de vérité de la découverte de Copernic et Galilée : il demeure acquis que la Terre tourne autour du Soleil, qui lui-même tourne autour d'autre chose. Simplement, selon lui, la Terre n'est pas une planète comme une autre. Elle est le sol originaire et insubstituable de notre ancrage corporel : pour nous, elle n'est donc pas en mouvement.

Selon Husserl, c'est l'oubli de cette relation primordiale du corps au sol qui le soutient qui constitue la « faute originelle » de la modernité scientifique. Il montre que la distance théorique que nous prenons avec la Terre lorsque nous imaginons qu'elle est une planète comme une autre risque d'ébranler un enracinement premier. Par notre histoire et nos représentations, nous sommes fondamentalement des êtres géocentrés. Notre pensée n'est pas une pensée « hors-sol ».

Nous savons aujourd'hui qu'il existe hors du Système solaire d'autres planètes, des exoplanètes, dont certaines sont peut-être très semblables à la nôtre. Un millier d'exoplanètes sont connues à ce jour, et des estimations indiquent qu'il pourrait y en avoir des milliards d'autres dans la Voie lactée. Il est donc probable que notre île cernée d'espace soit d'une très grande banalité astrophysique. Il n'empêche : elle est la seule planète qui soit là où nous sommes. La Terre est *notre* terre, notre « archifoyer », notre seul sol possible. Même si on lui découvre un jour, ailleurs, des sœurs jumelles, elle n'en deviendra par pour autant un objet quelconque pour nous. Cette unicité irréductible qu'a pour nous la Terre devrait suffire à changer notre regard sur elle. Or j'en entends dire que

1. Edmund Husserl, *La Terre ne se meut pas, Renversement de la doctrine copernicienne dans l'interprétation habituelle du monde*, tr. D. Franck, J.-F. Lavigne et D. Pradelle, Paris, Les Éditions de Minuit, « Philosophie », 1989.

si la situation se dégradait trop, nous pourrions quitter la Terre, aller camper sur Mars, coloniser un satellite de Jupiter ou partir nous installer plus loin encore. Mais rien n'est moins sûr. Nous ne nous arracherons pas si facilement à la Terre. Ou, plus précisément, nous ne pourrons la quitter que si, d'une façon ou d'une autre, nous pouvons l'emporter avec nous, ce qui ne sera pas simple. Alors, plutôt que d'imaginer que nous pourrons nous en échapper, essayons d'abord d'y sauver la possibilité de notre présence continuée. C'est là tout le paradoxe : c'est au moment où nous découvrons la banalité astrophysique de la Terre que nous devons le plus penser son unicité relativement *à nous*.

Le texte de Husserl, qui cohabite fort bien avec le discours qu'Obama vient de tenir sur la lutte contre le changement climatique, contient un argument métaécologiste qui devrait pouvoir s'imposer à presque tout le monde.

18 juillet 2013.

Gare aux clichés

Il y a un premier cliché qui veut que les physiciens théoriciens soient des êtres contemplatifs, rêveurs, en marge, déconnectés du réel véritable et gravement dépourvus de sens pratique. On imagine qu'ils discernent dans la matière toutes sortes d'objets invisibles mais peinent à reconnaître leur voisine de palier. Que ce sont des êtres improbables ayant volontiers « la tête ailleurs », à l'instar de Louis XVI au sortir de la guillotine, et qu'ils sont incapables de se préoccuper de choses bassement matérielles.

Un second cliché veut qu'ils éprouvent, sinon une méfiance, du moins une certaine réserve à l'égard du sexe opposé. On argumente en expliquant qu'il s'agit pour eux de se préserver. Les femmes ne pourraient-elles pas les détourner de leurs réflexions, les déconcentrer, pire, leur faire perdre la tête une seconde fois ? Si les grands esprits veulent conserver un minimum d'efficacité intellectuelle, la prudence s'impose à eux dans les affaires de cœur. Voilà pourquoi, mesdames et mesdemoiselles, en vertu d'une certaine sagesse, le physicien théoricien en viendrait à préférer les idées aux tête-à-tête, les équations aux élans, les concepts aux voluptés charnelles.

Mais bien sûr, et heureusement, tout cela est faux. Je vais apporter deux contre-exemples à cette double caricature du physicien théoricien que je viens de dessiner.

Le premier, c'est Einstein soi-même, Einstein, ce scientifique hors pair prétendument détaché des applications pratiques. En réalité, il fut *aussi* un ingénieur attentif et scrupuleux. On l'oublie trop souvent, mais le père de la relativité a déposé de multiples brevets en bonne et due forme. Par exemple, en 1908, à Berne, il collabore étroitement avec Paul Habicht à la réalisation d'un voltmètre capable de mesurer avec précision de très faibles tensions, de l'ordre du dix millième de volt. L'appareil, baptisé « multiplicateur de potentiel Einstein-Habicht », fera l'objet de deux publications et sera commercialisé à partir de 1912.

Cinq ans plus tard, en 1917, alors qu'il vient de mettre un point final à une nouvelle théorie de la gravitation, Einstein conçoit un profil d'aile d'avion censé assurer une portance maximale pour une traînée minimale. Un prototype est réalisé dans un hangar de l'aérodrome d'Aldershof, qu'on fixe au fuselage d'un biplan, mais les essais ne sont guère concluants. À votre avis, comment Einstein remerciera-t-il les ingénieurs qui ont construit ce prototype ? En leur faisant une conférence sur la relativité, pardi !

Au début des années 1920, alors qu'il est depuis six ans professeur à l'université de Berlin, et donc de plain-pied dans le monde académique, Einstein fait la connaissance d'Antonina Vallentin, une femme de lettres qui rédigera plus tard sa biographie, *Le Drame d'Albert Einstein*. Dans ce livre, elle se souvient de l'avoir vu discuter avec un ingénieur des Ponts et Chaussée du profil des arches d'un pont qui permettrait une meilleure répartition des efforts. Et elle ajoute : « Son intérêt se trouve accroché par des questions qu'on croirait étrangères à ses préoccupations. Il a un goût très vif pour tout ce qui est ingénieux sur le plan matériel, une tendance de bricoleur [1]. » Einstein, un sacré bricoleur !

En 1925, toujours à Berlin, il conçoit avec son ami Léo Szilard plusieurs types de nouveaux réfrigérateurs permettant de limiter les risques d'asphyxie par les gaz réfrigérants ; à l'époque, ces substances très toxiques provoquaient des accidents graves. Son idée était d'éviter l'emploi de pièces mécaniques mobiles et d'utiliser des fluides moins dangereux. Les recherches des deux compères débouchent sur trois nouveaux types de réfrigérateurs : le premier utilise un système à absorption, le deuxième un système à diffusion, le troisième un système électromagnétique fondé sur une « pompe électromagnétique » totalement hermétique. La vérité oblige à dire qu'aucun de ces appareils ne fut jamais commercialisé. D'une part, l'invention de réfrigérants plus sûrs les a rendus rapidement obsolètes ; d'autre part, la crise économique de 1929 réduisit à néant toute possibilité d'investissements. Enfin, peut-être, parce qu'au dire du physicien hongrois Dennis Gabor, venu assister à la démonstration d'un prototype, l'appareil « hurlait comme un chacal ». Un frigo qui hurle, ça peut en effet faire froid dans le dos…

Mon second contre-exemple, qui détruit le second volet de la caricature, s'appelle Erwin Schrödinger. Ce grand physicien théoricien, prix Nobel en 1933, a tenu sa vie durant un journal, *Les Éphémérides*, dans lequel il n'était nullement question d'équations, d'atomes, ou d'électrons, mais plutôt de femmes, de sentiments, mieux, de la « transcendance » à laquelle ouvre la rencontre amoureuse. Schrödinger y notait scrupuleusement les prénoms de ses conquêtes féminines, tentait quelques

1. Antonina Vallentin, *Le Drame d'Albert Einstein*, Paris, Plon, 1954, p. 66.

vers, consignait le dénouement de chaque aventure, puis analysait minutieusement ce qu'il venait de saisir de l'essence de la féminité, voire de la féminitude.

Schrödinger, homme au tempérament romantique et sensuel, avait un goût prononcé pour les lolitas. Ce qui l'intéressait au premier chef, c'était d'éprouver le sentiment amoureux, de vivre continuellement en état de passion. Son esprit n'était vraiment créatif qu'à la double condition que son corps exulte et que son âme s'enfièvre. Il s'agissait pour lui d'obliger régulièrement l'existence à tendre vers l'extrême, le sublime, et d'ainsi vivre des échappées hors des contraintes de l'espace-temps. Schrödinger demeurera le physicien d'une équation, le père d'un chat et l'homme de plusieurs femmes.

Sa vie durant, il connaîtra des amours sans cesse renouvelées, de celles qui fabriquent des souvenirs et font pleuvoir les poèmes. Ces liaisons, toutes connues de sa femme, n'empêcheront pas la vie commune de se maintenir et même une certaine complicité de s'épanouir : « Il est plus facile de vivre avec un canari qu'avec un cheval de course. Mais je préfère les chevaux de course », confiera-t-elle à un ami.

Quelle sagesse ! Car si son mari avait été un canari, le chat de son mari aurait mangé son mari…

Je crois qu'il est temps que je prenne des vacances.

Bel été à tous !

25 juillet 2013.

Vous avez dit « inversion de courbe » ?

Me voilà dans un bel état, un bel état de superposition quantique, à la fois fâché d'avoir dû redescendre de mes montagnes et ravi de retrouver ce studio, même à une heure toujours aussi exagérément matutinale qu'avant.

Cet été, l'un des tubes médiatiques a été l'amélioration de la situation de l'emploi, le gouvernement annonçant pour la fin de l'année « l'inversion de la courbe du chômage » avec l'assurance d'un astronome prédisant une éclipse du Soleil. Ces derniers jours, le sujet est revenu en force : François Hollande serait-il en passe de gagner son pari ? Ou plutôt de le perdre ? Les experts dissertent et les commentateurs commentent à longueur de pages. Ils expliquent par exemple qu'il faudrait d'abord dire de quelle courbe l'on parle : s'agit-il du nombre d'inscrits à Pôle emploi ? du taux de chômage calculé par l'INSEE ? Question tout sauf neutre, car le premier indicateur comptabilise des personnes qui ne sont pas prises en compte par le second indicateur, et vice versa.

De telles analyses n'étonnent en rien. Elles sont dans l'ordre des choses. Ce qui, en revanche, devrait nous sidérer, c'est que leurs auteurs donnent l'impression de savoir ce que veut dire « inverser une courbe ». Or cette expression ne figure dans aucun ouvrage de mathématiques. Si, soucieux d'en déterminer l'origine, on effectue une recherche sur Internet, on constate d'une part que cette expression n'est apparue que tout récemment, d'autre part qu'elle n'est utilisée qu'à propos de la courbe du chômage. C'est l'indice qu'elle procède d'une novlangue inventée *pour la circonstance*…

Bien sûr, on peut quand même tenter de deviner ce que cette fumeuse expression peut bien vouloir signifier. Inverser la courbe du chômage, cela pourrait consister à inverser la fonction $f(x)$ correspondant à cette courbe : $f(x)$ serait remplacée par $1/f(x)$. En l'occurrence, il ne s'agit pas de cela : on n'ambitionne pas d'atteindre un nombre de chômeurs qui soit l'inverse du nombre actuel, puisqu'il n'en resterait alors qu'une fraction de millionième. « Inverser la courbe du chômage » ne peut vouloir dire « écrabouiller l'ultime chômeur ».

On pourrait alors supposer qu'inverser la courbe du chômage, ce serait faire passer cette courbe par un maximum. En clair, ce serait réduire le nombre de chômeurs. Mais alors, pourquoi ne pas le dire ainsi ? Pourquoi ne pas annoncer qu'on va tout simplement diminuer le nombre de chômeurs ? Dans ce cas, inverser la courbe suppose de trouver le moyen de changer le signe de sa dérivée : la courbe qui est depuis longtemps croissante deviendrait décroissante. Mais on peut aussi imaginer que le gouvernement s'est donné un objectif plus facile à atteindre, celui de simplement freiner la croissance de la courbe : le chômage continuera certes d'augmenter, mais moins vite qu'avant. Dans ce cas, c'est la dérivée de la dérivée qui devra changer de signe…

En tout état de cause, l'expression « inverser la courbe du chômage » n'a pas de signification claire. Il reste donc quatre mois à nos doctes gouvernants pour nous expliquer en quoi consiste précisément leur objectif pour la fin de l'année, sous peine de ne pas pouvoir dire qu'ils l'auront atteint. À moins que… L'entretien délibéré du flou ne fait-il pas partie de l'agir politique ? Reste qu'une cible n'est plus vraiment une cible lorsqu'elle est trop confusément désignée. Et pour la bonne santé de notre démocratie, ne laissons pas trop s'installer l'idée que l'abondance de la mitraille médiatique peut toujours compenser l'imprécision sémantique du tir.

Vous allez me dire que je chipote. Car chacun comprend bien quelle est l'intention : on veut que la situation de l'emploi s'améliore, et si cela a lieu, bien sûr, ce sera tant mieux. Le nombre d'entretiens d'embauche devrait alors s'accroître. À propos d'entretien d'embauche, certains de mes anciens étudiants me racontent les tests en tous genres qu'ils doivent subir, et ce n'est pas triste. Pour eux qui ne font plus le service militaire, ce sont de vrais parcours du combattant. Autrefois, les choses se passaient différemment, y compris pour les physiciens.

À titre d'exemple, je vous parlerai de la manière dont procédait Enrico Fermi, le grand physicien italien, à la fin des années 1920, pour recruter ses collaborateurs.

À cette époque, il décida de lancer une campagne de recrutement auprès des étudiants les plus prometteurs d'Italie. Car ailleurs, ailleurs en Europe, tout allait très vite : les principes qui gouvernent l'atome et ses constituants se dévoilaient en Allemagne, en Autriche, au Danemark, en France, en Angleterre. Fermi voulait que l'Italie rattrape son retard, il avait donc besoin de former un groupe vivant, solidaire, productif, une sorte de famille. Alors il fit passer aux jeunes gens qu'il avait repérés des tests à sa façon, qui pouvaient s'étaler sur plusieurs mois. Il les emmenait randonner en montagne, dans les Dolomites ou dans les Abruzzes, ou bien nager et deviser sur les plages proches de Rome, il leur posait des colles de physique, jaugeait leur caractère, leurs compétences, leur motivation. Mais Fermi avait aussi l'intelligence de s'adapter aux cas particuliers. Et il en eut l'occasion lorsqu'on vint lui parler un jour d'un tout jeune homme, un certain Ettore Majorana : un génie, lui dit-on. Il lui suffit de le rencontrer une ou deux fois pour en être convaincu. Dans les faits, c'est lui, le patron, qui passa un test. À l'époque, Fermi travaillait sur un modèle de l'atome qui prendrait par la suite le nom de « modèle de Thomas-Fermi » et dont il exposa les grandes lignes à Majorana lors de leur première rencontre. En une semaine, à l'aide d'une machine à calculer, Fermi avait pu obtenir seulement quelques valeurs numériques d'une espèce de potentiel moyen, rassemblées en un tableau de nombres qu'il montra à Majorana. Celui-ci l'écouta, posa quelques questions, puis tourna les talons sans manifester ses pensées ni ses intentions.

Le lendemain, il se présenta à nouveau devant Fermi et, sans aucun préambule, le pria de lui remontrer le tableau des valeurs numériques. Fermi s'exécuta, tandis que Majorana sortit de sa poche un petit papier sur lequel il avait griffonné un tableau analogue, mais complet. Un tableau qu'il avait établi en une nuit, avec son seul cerveau pour calculatrice, grâce à une ruse : il avait transformé (je le précise pour les spécialistes) l'équation différentielle de Fermi, qui est du deuxième ordre et non linéaire, en une équation de Ricatti, plus facile à résoudre car intégrable. Majorana compara les deux tableaux et, constatant que leurs parties communes concordaient parfaitement, annonça au maître des lieux que ses calculs étaient… justes ! L'histoire ne dit pas comment Fermi prit la chose (il fut sans doute à la fois admiratif et vexé), mais Majorana fut aussitôt embauché, sans avoir à passer les autres tests. Heureusement, car il ne savait guère nager ni gravir les montagnes.

Le tempérament ombrageux de Majorana et son humeur rarement capricante m'amènent à me poser la question suivante : serait-il embauché aujourd'hui s'il devait passer les tests qui ont désormais cours, notamment les tests psychologiques ?

5 septembre 2013.

Révolutions

On en parle moins que des autres, mais certaines révolutions ne font pas couler de sang. Au cours des années 1920, la physique en a connu une, un bouleversement majeur et pacifique qui a concerné le seul monde des idées : les physiciens ont alors compris que les atomes, qu'ils venaient de découvrir, ne sont pas des objets ordinaires, au sens où leur comportement n'obéit pas aux lois de la physique habituelle. Il a donc fallu mettre au jour de nouvelles lois. Cette entreprise a conduit les physiciens à abandonner, parfois dans la douleur, souvent dans l'ivresse, quelques-uns des principes les mieux ancrés de la physique d'alors et qu'on appelle aujourd'hui la « physique classique ». En l'espace de quelques années, ils ont rendu le monde méconnaissable en élaborant une toute nouvelle physique, la physique quantique, celle du monde microscopique, dont il m'arrive de vous parler à ce micro, micro dont je note au passage qu'il est tout sauf microscopique… Voilà encore une appellation mal contrôlée.

C'est la rentrée scolaire, enfin, disons plutôt qu'on approche de la fin de la rentrée scolaire, on se dirige même tout droit vers la sortie de la rentrée, si l'on peut dire… Quelle a été la petite révolution de cette rentrée scolaire ? Vous allez me dire que c'est l'établissement d'une charte de la laïcité. Certes, cette affaire est très importante, mais il y aussi une petite révolution – en tout cas plus discrète – dans le fait qu'une introduction à la physique quantique est désormais enseignée dans les classes préparatoires scientifiques, celles qui ouvrent aux concours des grandes écoles. On peut dire qu'on y aura mis le temps, mais mieux vaut très tard qu'absolument jamais, comme on dit quand on est catastrophiquement en retard.

Je ne doute pas que cette mise en bouche va passionner les élèves, qui vont revivre les tourments mais aussi les joies intellectuelles des pères fondateurs de la physique quantique, les Einstein, Bohr, Heisenberg, Schrödinger, Pauli, Dirac, Majorana, Gamow et autres, qui, pendant les années 1920, se sont arraché les cheveux à tenter de comprendre l'étrange comportement des particules quantiques. À l'époque, les physiciens avaient en tête deux catégories d'objets qui bornaient leur imaginaire : les corpuscules d'une part, les ondes d'autre part. Les corpuscules sont des objets ponctuels, non pas au sens où ils arrivent toujours à l'heure à leurs rendez-vous, mais au sens où ils sont des sortes de grains de sable dont on ferait tendre la taille vers zéro ; ils décrivent des trajectoires nettes le long desquelles, à tout instant, leur position et leur vitesse sont bien déterminées. Les ondes, au contraire, sont des sortes de vibrations qui se propagent dans l'espace. Elles ne sont pas précisément localisées : elles ont une certaine étendue spatiale et n'ont pas plus de trajectoire que la houle de l'Atlantique venant frapper les côtes bretonnes.

Comment classer les particules quantiques ? Sont-elles des ondes ou des corpuscules ? se demandaient les physiciens.

Ils étaient bien embarrassés pour répondre, car les particules quantiques manifestent tantôt des comportements ondulatoires, tantôt des comportements corpusculaires.

Pour traduire cette ambiguïté, *Louis de Broglie*, cet aristocrate français à la démarche si élégante qu'on lui prêtait même des *guibolles de roi* (anagramme) inventa une expression, celle de « dualité onde-corpuscule », dont on peut regretter qu'elle soit reprise dans les programmes des classes préparatoires. C'est en effet une expression vieillotte et dépassée qui laisse entendre qu'une particule serait le mélange ou la juxtaposition d'une onde et d'un corpuscule, ce qui n'est pas le cas. Une particule quantique n'est ni une onde, ni un corpuscule, ni la cohabitation de l'une et de l'autre. Elle est une autre sorte de chose… Pour comprendre sa nature, il a fallu que les physiciens se cassent les os du cerveau et acceptent de ne plus classer les objets physiques selon leurs anciennes catégories, et cessent même de tenter de les hybrider.

Cette situation ressemble à celle que connurent les taxinomistes confrontés au premier spécimen d'ornithorynque empaillé qui arriva au British Museum en 1798. Ils crurent d'abord à une supercherie. Un embaumeur s'était sans doute amusé à agrafer un bec de canard au bout de la tête d'un quadrupède… Mais bien vite, ils durent se rendre à l'évidence. Il n'y avait pas eu de trucage. Cet être inclassable existait bel et bien. Mais comme il est difficile d'admettre que l'inconnu puisse être radicalement nouveau, ils cherchèrent d'abord à ranger l'ornithorynque dans une catégorie déjà existante. Certains, voulant faire de lui un mammifère, refusèrent d'admettre qu'il pût pondre des œufs ; d'autres, voulant faire de lui un ovipare, nièrent l'existence des mamelles et du lait. Finalement, après quatre-vingt-dix années de débats, l'existence des mamelles et des œufs put être rigoureusement démontrée, et il fallut conclure que l'ornithorynque n'est ni un mammifère ni un ovipare, donc inventer pour lui une nouvelle catégorie d'êtres vivants, celle, fascinante, des *monotrèmes*. En définitive, l'ornithorynque, tout comme les particules quantiques, n'était paradoxal qu'au regard des anciennes catégories abusivement considérées comme étanches.

La morale commune de ces deux histoires, c'est qu'il faut se méfier des taxinomies trop rigides (onde/corpuscule, mammifère/ovipare, gauche/droite, littéraire/scientifique, fermion/ boson, Nord/Sud, ange/démon...), car, de temps à autre, une crise peut advenir, qui mélange les genres, fait sauter les barrières et sème la panique chez les taxons, un peu comme lorsque l'une de vos serviettes vieillissantes se met à prendre des allures de torchon neuf...

12 septembre 2012.

L'ORIGINE DE L'UNIVERS EST-ELLE SOLUBLE DANS LA PENSÉE CHINOISE ?

Pour vous réveiller en douceur, je vous parlerai d'une toute petite question. La petite question de l'origine de l'univers…

Pour la traiter, je commencerai par faire l'hypothèse que les mots ont un sens, et rappellerai donc que prendre la question de l'origine au sérieux ne consiste pas seulement à tenter de décrire les phases les plus anciennes de notre univers, ce que les physiciens font de mieux en mieux, mais aussi et surtout à s'interroger sur le passage de l'absence de toute chose – le néant – à la présence d'au moins une chose (ou d'au moins un être). Questionner l'origine de l'univers, c'est en effet affronter d'emblée le mystère du néant et de ses métamorphoses possibles : comment le néant, s'il a eu existé, s'est-il débrouillé pour cesser d'être le néant ?

En d'autres termes, *penser l'origine de l'univers revient rigoureusement à d'abord penser son absence*, et à penser ensuite *comment son absence a pu se transmuter en présence* : par quelle sorte de conversion le rien peut-il devenir un monde ? Telle est la petite question que je vous pose à l'heure du café, de la douche ou des embouteillages, c'est selon.

Vous allez me dire, c'est simple, il y a eu le big bang… Dans le langage courant, le terme « big bang » est en effet employé comme synonyme de l'origine de l'univers, comme si les équations des cosmologistes avaient directement accès à l'instant marquant le surgissement simultané de l'espace, du temps, de la matière, du rayonnement, de l'énergie. Mais cette façon de parler traduit-elle vraiment ce que disent nos équations ou s'agit-il d'un abus de langage ?

A priori, il ne s'agit nullement d'un contresens : selon les premières versions des modèles de *big bang*, qui datent des années 1950, si l'on regarde ce que fut l'univers observable dans un passé de plus en plus lointain, on constate que sa taille ne cesse de diminuer et on finit en effet par aboutir – sur le papier – à un univers « ponctuel », c'est-à-dire de volume nul. En d'autres termes, si on déroule le temps à l'envers, du présent vers le passé, les équations font bel et bien surgir un instant critique, traditionnellement appelé « instant zéro », qui serait apparu il y a 13,8 milliards d'années : cet instant se trouve directement associé à une « singularité », sorte de situation monstrueuse où certaines quantités, telles la température ou la densité, deviennent infinies. Qu'est-ce qui empêche d'assimiler cette « singularité » à l'origine effective de l'univers ? De prime abord, rien. Mais seulement de prime abord car, en réalité, si on effectue cette extrapolation vers le passé, avant d'atteindre cette singularité prétendument « initiale », on tombe sur une situation dans laquelle les équations ne fonctionnent plus. C'est le fameux mur de Planck, qui vient faire barrage à nos extrapolations théoriques. Les calculs demeurent mathématiquement justes mais deviennent physiquement faux.

D'intenses recherches sont menées pour parvenir à escalader ce mur et à décrire l'univers primoprimordial. On ose toutes les hypothèses : l'espace-temps posséderait plus de quatre dimensions, ou bien, à toute petite échelle, il serait discontinu plutôt que lisse, il y aurait en quelque sorte des atomes d'espace-temps… Ces différentes pistes ne sont encore que des conjectures, mais – point remarquable – toutes ont la propriété de faire passer un sale quart d'heure à l'instant zéro : pour elles, il n'y a plus de singularité initiale ! Tout se passe en somme comme si elles aboutissaient sinon à *l'abolition de l'origine de l'univers*, du moins à sa mise à l'écart…

De sorte qu'à l'heure qu'il est, on ne peut pas scientifiquement prouver que l'univers a eu une origine « originaire », et on ne peut pas non plus prouver scientifiquement qu'il n'en a pas eu. Il s'agit donc d'une question ouverte, et non pas fermée, comme une certaine vulgate lancinante voudrait nous le faire croire.

À la lumière de cette analyse, on est en droit d'interroger la précipitation avec laquelle, dans les années 1950, nous avons assimilé *big bang* et création de l'univers, et surtout pourquoi nous continuons à pratiquer cet amalgame.

Mais en ce 19 septembre, pourquoi est-ce que je vous parle de tout cela ?

Parce que se déroule cette semaine à Cerisy-la-Salle un colloque, intitulé « Des possibles de la pensée », qui est consacré à « L'itinéraire philosophique de François Jullien », ce philosophe spécialiste de la pensée chinoise que connaissent bien les auditeurs de France Culture. Il se trouve que, dans son tout premier livre, *Procès ou Création. Une introduction à la pensée des lettrés chinois*, François Jullien présente la pensée d'un lettré chinois, Wang Fuzhi (1619-1692). La lecture qu'il en propose entre en résonance rétrospective avec ce vers quoi tend la cosmologie contemporaine. En voici trois courts extraits :

« Il n'y a jamais eu "un moment ou un existant qui puisse servir de point de départ du procès", de sorte que "tout le reste en soit la suite". Ce que nous instituons comme point de départ n'est toujours qu'une commodité de la civilisation et n'a d'autre valeur qu'arbitraire, qu'il s'agisse du premier jour de l'année pour le décompte du temps, ou du choix du printemps par rapport aux saisons. »

« En amont comme en aval de lui-même, le cours du procès n'a pas d'extrémité possible. »

« On ne peut reconnaître un procès que dans la mesure où il est *en train* d'être en procès. Il n'y a de procès qu'en procès. Et la notion même de procès dissout la question de l'origine [1]. »

On dit souvent que la physique, c'est du chinois, et c'est peut-être bien vrai… Il se pourrait que la question de l'origine se dissolve dans la cosmologie comme elle se dissout dans une certaine pensée chinoise.

19 septembre 2013.

---

1. François Jullien, *Procès ou Création. Une introduction à la pensée des lettrés chinois*, Paris, Le Seuil, 1989, p. 68 et 69.

MODÈLE STANDARD

Dans moins de deux semaines, nous connaîtrons les lauréats des prix Nobel. Pour ce qui est de la physique, je n'ai évidemment aucune information, seulement un vague pressentiment qui m'incite à vous parler aujourd'hui de physique des particules, plus exactement de ce qu'on appelle le « modèle standard » de la physique des particules. Il n'est pas exclu que cela vous aide à comprendre l'actualité de ces prochains jours.

Vous connaissez la force électromagnétique, celle-là même qui permet le fonctionnement de vos appareils électroménagers, de l'aspirateur à la cafetière en passant par le réfrigérateur et en repassant par le fer à repasser. À un niveau plus fondamental, cette force assure la cohésion des atomes et des molécules, gouverne les réactions chimiques et aussi les phénomènes optiques.

Elle est omniprésente mais pas seule au monde. Elle cohabite avec d'autres forces, par exemple l'*interaction nucléaire faible*, qui est plus discrète. Cette force est notamment à l'origine de la radioactivité bêta. La radioactivité bêta, ce n'est pas l'activité qui consiste à dire des choses stupides à la radio, non, c'est le phénomène naturel par lequel un neutron se désintègre en un proton et un électron, et aussi un antineutrino si vous voulez tout savoir. Elle joue un rôle important dans la formation des noyaux d'atomes.

Les physiciens ont pu démontrer que la force électromagnétique et la force nucléaire faible n'étaient pas indépendantes l'une de l'autre, bien qu'elles soient très dissemblables en apparence : dans un passé très lointain de l'univers, elles ne faisaient qu'une seule et même force, qui s'est par la suite dissociée.

Cette démarche unificatrice a pu être étendue à une troisième force, l'interaction nucléaire forte. Celle-ci agit comme une sorte de glu qui colle les protons et les neutrons au sein des noyaux d'atomes. Le résultat constitue ce que l'on appelle le « modèle standard » de la physique des particules, qui a été très finement testé grâce à des collisionneurs de particules.

Ce modèle standard est une théorie qui utilise de façon très astucieuse le concept de symétrie. On dit d'une chose qu'elle est symétrique si, après avoir été soumise à une certaine transformation, son apparence n'est pas modifiée. Par exemple, si je fais subir à une sphère une rotation de n'importe quel angle autour de n'importe quel axe passant par son centre, cela ne change ni sa forme ni même sa position.

Dans le monde des particules élémentaires, les symétries intéressantes opèrent au sein d'espaces abstraits que seuls les mathématiciens savent représenter et qui sont distincts de l'espace physique à trois dimensions. Elles sont directement liées à la façon qu'ont les systèmes physiques de se comporter sous l'effet d'une force, et c'est pourquoi il s'est révélé très fructueux d'identifier les symétries qui gouvernent telle ou telle catégorie de phénomènes.

La symétrie est ainsi devenue un levier théorique très puissant, à condition de l'associer dialectiquement à son antithèse, qui est la brisure de symétrie. Il apparaît en effet que certaines situations ne sont pas aussi symétriques que notre façon de les décrire. Par exemple, en certains lieux, on trouve, paraît-il, des jeunes filles en quête de mari et des maris en quête de jeune fille. Cette formulation laisse entendre qu'il existerait une parité parfaite entre la quête des unes et celle des autres. Or ce n'est pas le cas. Car chercher une jeune fille, c'est chercher une jeune fille qui est une jeune fille, alors que chercher un mari, c'est chercher un homme qui n'est pas un mari, du moins pas encore… La symétrie apparente du discours est donc brisée dans la réalité empirique.

Tiens, à propos de jeunes filles, savez-vous comment on peut connaître l'âge d'une jeune fille sans le lui demander ? Je vais vous donner un truc qui marche à tous les coups (et pas seulement pour les jeunes filles) et qui vous permettra de connaître en même temps l'âge et la pointure de la personne sans les lui demander… Vous lui demandez d'écrire sur un papier sa pointure, disons X (un nombre à deux chiffres), puis d'effectuer le calcul suivant :

$$(X + 20) \times 10 \times 5 \times 2 + 15 - \text{année de naissance}$$

Le résultat sera un nombre à quatre chiffres qu'elle devrait accepter de vous donner : les deux premiers indiquent sa pointure, les deux derniers l'âge qu'elle a ou aura dans l'année !

Mais j'en reviens au modèle standard. Si je voulais vous en dire plus à son sujet, il faudrait que je vous explique des choses compliquées et vous n'aimeriez pas ça, par exemple que je vous dise qu'à toute particule est associée une représentation irréductible du groupe de Lorentz inhomogène, ou bien que l'invariance locale de jauge est généralisable à des groupes de symétrie non abéliens qui s'appliquent aux interactions nucléaires, je devrais aussi vous convaincre que le boson de Higgs, qui est le boson scalaire massif du modèle standard, mesure en fait la rigidité du vide, etc.

Bref, si je me mettais à vous parler du modèle standard en pareils termes, cela sèmerait une belle panique chez les auditeurs et le directeur de France Culture me convoquerait aussitôt pour me supplier de ne plus parler à l'antenne en volapük intégré…

Je ne vois qu'une solution : vous inviter à lire l'album de Francis Masse intitulé *Modèle standard*. Il s'agit d'un ouvrage de pataphysique plutôt que de physique, mais vous découvrirez comment les phrases absconses que disent les physiciens peuvent brillamment allumer l'imaginaire d'un dessinateur imaginatif.

Je voudrais finir en signalant que des auditeurs m'ont à nouveau écrit à propos des anagrammes. Certains pour se plaindre que je n'en cite plus dans mes chroniques, d'autres pour me remercier d'avoir cessé. Qui dois-je écouter ? satisfaire ? Je ne sais pas. Aujourd'hui, je pourrais vous dire que le *boson scalaire* donne *bière sans alcool*, mais ce n'est certainement pas ainsi que je provoquerai une ivresse collective…

26 septembre 2013.

Faire le vide, dites-vous ?

L'autre jour, j'ai croisé l'une de mes voisines qui, me jugeant trop stressé, m'a dit : « Monsieur Klein, vous devriez apprendre à faire le vide. » Cette injonction m'a laissé perplexe, d'autant que je venais justement de faire le plein dans la station-service du quartier. Car qu'est-ce que veut dire « faire le vide » ?

De l'Antiquité jusqu'au Moyen Âge, on s'est furieusement bagarré à propos de l'existence du vide, jusqu'à aboutir à la fameuse formule de Roger Bacon : « La nature a horreur du vide. » Prise trop au sérieux, cette phrase a même conduit à envisager l'horreur du vide comme une véritable force capable d'agir sur les objets : ainsi, au Moyen Âge, on croyait – à tort – que l'eau, comme tous les autres corps, se contracte quand elle devient solide, autrement dit que la glace occupe moins de volume que l'eau liquide ; on interprétait donc le fait qu'une bouteille d'eau se casse sous l'effet du gel en disant que la nature préfère briser la bouteille plutôt que de laisser du vide se former à l'intérieur… Pour résumer cette conception du vide, Gaston Bachelard avait trouvé une jolie formule : il disait que le vide était comme « un facteur d'anéantissement apportant dans toute substance la contagion de son néant ». Dans ce cas, « faire le vide » consiste en une opération si dangereuse que, n'en déplaise à ma voisine, je ne me risquerai pas à la tenter…

De nos jours, on définit plutôt le vide comme étant ce qui reste dans un récipient après qu'on en a tout extrait. Cette définition est toutefois problématique. Pourquoi ? Parce que si le vide existe, c'est qu'il n'est pas rien, c'est qu'il est quelque chose de particulier, mais curieusement, ce « quelque chose de particulier » qu'il est ne doit pas être enlevé quand on fait le vide sous peine de faire du vide en question un pur néant qu'il ne peut pas être puisqu'on vient de dire qu'il était quelque chose… En clair, pour faire le vide, il faut tout enlever, absolument tout, sauf le vide…

D'où la question : que doit-on inclure dans ce « tout » qu'on enlève ? Doit-on considérer, par exemple, que l'espace ne fait pas partie du vide et qu'on peut donc l'enlever ? Ou bien doit-on considérer que l'espace est un élément du vide ? Descartes faisait remarquer que nous qualifions de vide une cruche qui contient de l'air sous prétexte qu'elle est faite pour contenir de l'eau et non de l'air. Nous la disons vide alors même qu'elle n'est pas vide puisqu'elle contient de l'air…

Ainsi, pour dire ce qu'est le « vide », il faut pouvoir définir ce qu'on enlève. Je peux (en principe) encore ôter l'air que contient la cruche et la laisser subsister en tant que contenant. Si j'enlève la cruche, il subsiste encore un lieu, un espace. Où dois-je m'arrêter ? Où se termine la panoplie des objets que je dois ôter pour réaliser le vide ? Poser cette question, c'est comprendre que le « tout », le « tout » de la phrase « le vide, c'est ce qui reste après que j'ai tout enlevé » va différer selon que je me réfère à telle théorie physique ou à telle autre. C'est seulement à partir des objets auxquels la théorie reconnaît une existence qu'il est possible de définir, par antithèse, tel ou tel type de vide. *Le vide apparaît ainsi dépendant du mobilier ontologique de la théorie que l'on choisit comme référence.*

Par exemple, en physique quantique, le vide n'est pas l'espace vide. Il est rempli de ce qu'on pourrait appeler de la matière « fatiguée », constituée de particules bel et bien présentes mais n'existant pas réellement : elles ne possèdent pas assez d'énergie pour pouvoir vraiment se matérialiser et, de ce fait, elles ne sont pas directement observables. Ce sont des particules « virtuelles », qui végètent dans une sorte d'ontologie endormie, telles des Belles au bois dormant. Pour les faire exister vraiment, il faut leur donner l'énergie qui manque à leur pleine incarnation (en gros mc^2). Le vide lui-même peut jouer le rôle de prince charmant. De fait, il joue plutôt le rôle de banquier, d'ailleurs très impatient : il accepte de prêter de l'énergie aux particules virtuelles à la stricte condition qu'elles lui restituent très rapidement l'emprunt. En vertu de ce contrat, des particules virtuelles peuvent surgir du vide, mais avec l'obligation d'y retourner presque aussitôt pour s'annihiler et ainsi rembourser leur dette énergétique. Elles paient donc de leur vie leur escapade dans l'ontologie radicale…

Heureusement, il y a un autre moyen plus efficace de réveiller le vide quantique. Il suffit de faire entrer en collision deux particules de haute énergie. Celles-ci offrent alors gratuitement leur énergie au vide et, du coup, certaines particules virtuelles deviennent réelles et s'échappent hors de leur repaire. Elles qui faisaient un petit somme depuis plusieurs milliards d'années retrouvent la vitalité qu'elles avaient dans l'univers primordial et s'extraient du vide quantique avec une énergie plus ou moins grande.

Cette façon de voir change bien des choses. Elle invite notamment à regarder le LHC comme une sorte de bouilloire capable de chauffer le vide quantique et d'offrir ainsi une cure de jouvence à l'univers. C'est grâce à lui que le boson de Higgs, violemment extirpé du vide, a pu être détecté par deux énormes détecteurs.

Aujourd'hui, chez les physiciens, au CERN et ailleurs, c'est donc la fête, c'est Noël avant l'heure. D'ailleurs, et puisque je parle de Noël, ce statut du vide que je viens d'évoquer vous rappelle sûrement quelque chose : la lettre de Blaise Pascal au père Noël. Je veux dire la longue lettre que Blaise Pascal écrivit au R. P. Noël, le recteur de la Société de Jésus qui, lui, ne croyait pas à l'existence du vide. Dans cette lettre datée du 29 octobre 1647, on trouve cette phrase : « Il y a autant de différence entre le néant et l'espace vide que de l'espace vide aux corps matériels ; et ainsi l'espace vide tient le milieu entre la matière et le néant… »

Il n'y a pas à dire : un philosophe, parfois, ça voit loin, et en plus avec de l'avance, un peu comme François Englert et Peter Higgs qui ont vu le boson dans leurs équations quarante-huit ans avant que celui-ci daigne montrer son nez du côté de Genève.

Tout cela est un peu compliqué et je ne sais pas ce que je vais bien pouvoir dire à ma voisine quand je la recroiserai et qu'elle me redemandera de faire le vide…

3 octobre 2013.

Les grandes leçons d'un petit boson

Le prix Nobel de physique qui vient d'être attribué à François Englert et à Peter Higgs récompense une découverte qui révolutionne notre façon de comprendre un des plus vieux concepts de la physique, celui de masse. La masse semblait pourtant condamnée à demeurer une propriété évidente des objets matériels, une grandeur physique dépourvue de mystère, à la fois *mesurable* (elle s'exprime en kilogrammes) et *mesurante* (elle quantifie le degré de « substantialité » d'un corps). Que pourrait-on jamais trouver à redire à cette lancinante façon de considérer ce qu'est la masse ?

Eh bien, beaucoup de choses ! Car ce que nous savons désormais, c'est qu'au lieu d'être une propriété intrinsèque des particules élémentaires, une caractéristique qu'elles porteraient en elles-mêmes, la masse n'est qu'une propriété secondaire résultant de l'interaction des particules avec… le vide qui, en fait, n'est pas vide ! Le vide est habité. Il contient notamment les ingrédients qui confèrent aux particules élémentaires leur masse apparente.

Pour bien comprendre cette leçon, il faut revenir sur deux ou trois choses.

Selon la physique classique, celle de grand-papa, si une particule agit sur une autre, c'est qu'un champ, engendré par la première, se propage dans l'espace puis agit sur la seconde. Mais cette conception a dû être revue : dans le cadre de la physique quantique, pour qu'il y ait interaction entre deux particules, il faut qu'elles échangent « quelque chose », et ce quelque chose est une particule caractéristique de l'interaction. En d'autres termes, une interaction ne s'exerce entre deux particules que par l'échange d'une troisième, qu'en termes savants on appelle le « boson de jauge » de l'interaction.

Une métaphore va nous aider à mieux comprendre. Imaginons deux barques sur un lac : chaque occupant est démuni de toute espèce d'objet qui pourrait l'aider à diriger son embarcation (il n'a ni rames ni pagaies). Supposons que les deux barques se dirigent l'une vers l'autre de telle sorte que leur collision paraisse inévitable. Inévitable ? Pas tout à fait. Car si l'un des occupants dispose d'un objet massif, par exemple un ballon, et le lance au passager de l'autre barque, qui le lui renverra et ainsi de suite, les deux embarcations s'écarteront peu à peu l'une de l'autre. Par l'entremise d'un médiateur spatial, en l'occurrence le ballon, la succession des lancers aura créé une force répulsive capable de modifier les trajectoires.

Bien qu'approximative, donc critiquable, cette image en forme de tour de passe-passe permet de comprendre une chose importante : puisqu'un ballon lourd condamne à ne faire que des passes courtes, la portée d'une interaction sera d'autant plus faible que la masse de ses ballons sera plus élevée.

Quatre interactions fondamentales ont été identifiées à ce jour dans l'univers : la gravitation et les interactions électromagnétiques, faible et forte. Après la Seconde Guerre mondiale, les physiciens ont pu démontrer que, dans un passé très lointain de l'univers, la force électromagnétique et la force faible (responsable notamment de la radioactivité bêta par laquelle un neutron se désintègre spontanément en un proton, un électron et un antineutrino) ne constituaient qu'une seule et même force, qui s'est par la suite dissociée.

Ils ont ensuite pu étendre cette démarche unificatrice à l'interaction forte, qui agit comme une sorte de glu collant les protons et les neutrons au sein des noyaux d'atomes. Le résultat constitue le « modèle standard » de la physique des particules, dont j'ai déjà abondamment parlé. Mais je ne vous avais pas dit que, dans sa version primitive, ce modèle posait un problème irritant. Il impliquait en effet que les particules médiatrices des interactions (les ballons) devaient toutes avoir… une masse nulle ! C'est effectivement le cas du photon, le ballon de l'interaction électromagnétique, mais pas du tout celui des ballons qui médiatisent l'interaction faible, dont la masse vaut près de cent fois celle d'un proton. Ce désaccord flagrant entre les équations et les mesures a menacé pendant un temps la cohérence de la théorie. Mais, durant l'été 1964, François Englert et Robert Brout, puis, de façon indépendante, Peter Higgs, ont proposé une solution permettant de réconcilier les équations du modèle standard avec les données empiriques : cette solution consistait à postuler l'existence d'un champ emplissant tout l'espace et avec lequel les particules élémentaires, effectivement sans masse, interagissent ; cette interaction a pour effet d'entraver leurs mouvements de la même façon que si elles avaient une masse. Selon cette hypothèse, la masse ne serait donc qu'une propriété secondaire des particules, résultant du fait qu'elles se frottent à ce champ que contient le vide et qu'on appelle le « champ de Higgs ». Tout se passe en somme comme si les particules élémentaires étaient dotées de skis et se déplaçaient sur un champ de neige qui serait l'équivalent du champ de Higgs ; les particules ayant des skis parfaitement fartés se déplacent sans frottement, donc à la vitesse de la lumière, et leur masse est nulle ; celles dont les skis sont mal fartés glissent mal sur la neige, leur vitesse est moindre que celle de la lumière et leur masse apparente est non nulle. La masse ne serait alors rien d'autre qu'une mesure de la mauvaise qualité du fartage des skis des particules, ce qui n'est pas exactement ce qu'on apprend dans les manuels scolaires.

Bientôt, vous verrez, quand la physique sera devenue partie prenante de la culture, les personnes en surpoids se feront traiter de bipèdes « mal fartés »...

Plus sérieusement, cette découverte vient aussi et surtout nous donner une leçon politique, peut-être la plus importante. À l'heure où un grand nombre de ressortissants des pays de l'Union européenne, dont beaucoup de Français, se plaignent de l'Europe, de sa politique et de sa technocratie, il n'est pas luxueux de rappeler que c'est sur le Vieux Continent que cette belle avancée scientifique a eu lieu, grâce à la longue détermination (quarante-huit ans !) des scientifiques et des institutions qui les encadrent.

10 octobre 2013.

Comme sur des roulettes

Aujourd'hui, je ne vais pas vous parler de physique – quoique –, je vais vous parler du corps.

Dans l'*Éthique*, Spinoza poussait une espèce de cri : Qu'est-ce que peut un corps ? Il répondit que personne n'en sait rien, que personne ne sait *d'avance* ce que peut un corps, car l'âme et le corps sont si fortement intriqués qu'on ne peut les dissocier. Ils font la paire, comme dirait l'autre. Spinoza écrit : « L'expérience n'a jusqu'ici enseigné à personne ce que [...] le corps peut ou ne peut pas faire, tant il est déterminé par l'esprit. Car personne jusqu'ici n'a connu la structure du corps assez exactement pour en expliquer toutes les fonctions. [...] En outre, personne ne sait de quelle manière ou par quels moyens l'esprit met le corps en mouvement, ni combien de degrés de mouvement il peut lui imprimer. D'où il s'ensuit que les hommes, quand ils disent que telle ou telle action du corps a son origine dans l'esprit qui a de l'empire sur le corps, ne savent pas ce qu'ils disent [1]. » Et vlan dans la figure de *René Descartes*, qui se prend là une bonne claque, en contradiction formelle avec son anagramme qui est *tendre caresse*...

Les jeux Paralympiques de Londres en 2012 ont magnifiquement illustré la thèse spinoziste en montrant

1. Baruch Spinoza, *Éthique*, livre III, scolie de la proposition 2, tr. Roland Caillois, Gallimard, « Bibliothèque de la Pléiade », 1954.

que tel ou tel corps n'est jamais un corps quelconque, que nul corps ne peut être dit *normal*, parce qu'il est impossible de déterminer comment sont enveloppés, dans un corps donné, les différents modes d'existence de la personne dont ce corps particulier est le corps. Je me souviens d'avoir vu le Fidjien Iliesa Delana, unijambiste, franchir lors de l'épreuve de saut en hauteur une barre placée à 1,74 mètre. Sa gestuelle incroyable (il a sauté sans prendre d'élan), associée à la détermination fulminante qu'on pouvait lire sur son visage, donnait empiriquement raison à Deleuze commentant Spinoza : « Ce que peut ton corps, ce n'est pas ce qu'il peut *en tant que corps*, c'est ce que tu peux, *toi*. »

Autre illustration de la thèse de Spinoza, cette ascension incroyable que vient d'effectuer une jeune alpiniste, Vanessa François. En avril 2010, la chute d'un bloc de glace dans la face sud de l'aiguille du Midi l'a rendue paraplégique. Pourtant, la semaine dernière, elle a effectué l'ascension complète d'un pavé monumental, le Capitan, la célèbre paroi californienne, avec l'aide de deux compagnes et d'un compagnon de cordée. Assise sur une sellette de parapente, elle a enchaîné les tractions grâce à un système de poulies et de poignées autobloquantes. Son ascension a duré pas moins de quatre jours et trois nuits. Un kilomètre à pied, ça use déjà énormément, alors que dire d'un kilomètre à main, surtout s'il est vertical ? Pourtant, une fois redescendue au pied de la paroi, Vanessa François toute transportée par ce qu'elle venait de vivre, avouait ne pas parvenir à se sentir fatiguée…

Décidément, « ce que peut ton corps, ce n'est pas ce qu'il peut en tant que corps, c'est ce que tu peux, toi ».

Et même lorsque le corps est devenu si malade qu'il n'est plus capable d'exploits sportifs, il peut encore participer à une expérience artistique. C'est ce que parvient à démontrer Clémentine Célarié qui vient de créer à Clichy un spectacle sans équivalent, *La Danse immobile*. Elle l'a écrit pour son ami comédien Thierry Monfray, atteint de la maladie de Charcot et peu à peu privé de son autonomie. Deux danseurs virevoltent à côté de lui, qui ne peut plus marcher, dansent autour de son fauteuil roulant et autour de celui d'une jeune femme atteinte de la même maladie. Et l'on voit alors que lorsque quelqu'un danse autour d'une personne paralysée, en réalité cette personne danse aussi, par un effet de contagion cinématique, lui-même orchestré par le croisement des regards. Dans sa version vivace, l'énergie est aussi une affaire de procuration réciproque.

Ce spectacle me fait penser au principe de relativité énoncé par Galilée. Qui dit que le mouvement et l'immobilité, le repos, sont équivalents. Dans un train dont la vitesse est constante, les choses se déroulent de la même façon que lorsque le train est à quai. Si un passager du train laisse échapper de ses mains un verre d'eau, celui-ci tombera exactement de la même façon que si l'incident se produisait au buffet de la gare. Le mouvement est donc « comme rien », pour parler comme Galilée. Une sorte d'équivalence démocratique unifie tous les référentiels. Il n'existe pas un référentiel particulier qu'on pourrait distinguer des autres et dont on pourrait dire qu'il est immobile *dans l'absolu* puisqu'un tel référentiel prétendument immobile pourra toujours être considéré comme mobile par rapport à d'autres référentiels ayant le même statut que lui. Dans l'absolu, rien n'est immobile, tout bouge, même ce qui ne bouge pas : c'est cette loi que Clémentine Célarié a mise en scène. Sa chorégraphie radicalise Galilée, si l'on peut dire : elle nous explique que si *le mouvement est comme rien*, alors *l'immobilité est comme tout*. Le fait d'être mobile ou immobile n'est jamais qu'une affaire de point de vue.

Et il y a autre chose dans *La Danse immobile* : tous les corps resplendissent, ceux des marchants comme ceux des roulants. *La chute des corps* n'est plus visible. Elle demeure *hors du spectacle*, enclose dans son anagramme. Sur scène, il n'y a place que pour la grâce, la légèreté, et comme un parfum de lévitation…

Privés de muscles, des corps peuvent néanmoins participer d'une dynamique collective et faire se sentir patauds et lourds les spectateurs qui les regardent de leurs fauteuils immobiles et tragiquement privés de roulettes. Spectateurs qui en viennent à penser que les roulettes offrent une capacité de libération supplémentaire.

C'était d'ailleurs l'avis du jeune Einstein. Un jour, alors qu'il n'avait que deux ans, ses parents lui annoncèrent qu'il allait avoir un petit frère ou une petite sœur avec qui il pourrait s'amuser. Pour une fois, Einstein comprit les choses de travers. Il s'imagina que ses parents allaient lui offrir un jouet, un cheval de bois à roulettes ou quelque chose de ce genre. Alors, quand il vit pour la première fois sa petite sœur Maria enveloppée dans ses langes, il manifesta sa déception en s'écriant :

« Mais où sont les roulettes ? »

Que dirait Spinoza de tout cela ?

17 octobre 2013.

Voyager dans le temps ?

Le temps ressemble parfois à une prison sans barreaux que nous voudrions pouvoir quitter pour déambuler à loisir, pour aller et venir de part et d'autre du présent. Bref, nous aimerions pouvoir voyager dans le temps.

Mais que signifie au juste « voyager dans le temps » ?

Serait-ce changer d'époque sans changer d'âge ? Discuter par exemple avec Jules César ? Ou avec Vercingétorix sur le champ de bataille d'Alésia, et lui offrir une mitrailleuse neuve avec le mode d'emploi ? Mais l'opération ne risque-t-elle pas de se révéler dangereuse pour le voyageur temporel ? Car si l'issue de la bataille d'Alésia est modifiée par un voyageur temporel armé jusqu'aux dents, si cette fois-ci ce sont les Gaulois qui mettent une raclée aux Romains comme dans Astérix, toute la suite de l'Histoire en sera également changée, les déplacements de population deviendront différents de ce qu'ils ont été dans la vraie histoire, au point que, peut-être, la première rencontre des parents du voyageur temporel ne pourra plus avoir lieu, de sorte qu'en aidant Vercingétorix, le voyageur temporel pourrait empêcher sa propre naissance, ce qui serait contradictoire avec le fait qu'il est là, bien présent au monde… On voit par là qu'un voyage dans le temps, ça pourrait être une drôle d'affaire, une drôle d'affaire pas forcément drôle au demeurant…

S'agit-il au contraire de changer d'âge sans changer d'époque, comme tentent de nous le faire croire les marchands de crèmes prétendument rajeunissantes, ou bien les chirurgiens dits esthétiques qui tirent la peau des dames dans tous les sens ? S'agit-il de revivre en boucle les moments heureux ? Ou bien d'observer passivement, comme au cinéma, le passé ou le futur en vivant une « téléportation temporelle » qui désolidariserait le temps personnel du temps historique ? Ou encore, plus simplement, de déguster une madeleine, de préférence de Proust, à l'anagramme pour le coup encourageante : *la madeleine de Proust* est *un don idéal au temps réel*. N'est-ce pas une magnifique invitation à voyager dans le temps ?

Mais voyager dans le temps, est-ce voyager dans le passé ou plutôt dans le futur ? Voyager dans le passé suppose que le passé existe encore, ce qui peut se concevoir, mais aussi se discuter. Le passé est-il encore vraiment là, et si oui, où est-il ? Et s'il est quelque part, nous est-il accessible ? Transposées dans le champ de la littérature, ces questions reviennent à se demander où placer le curseur sur une règle dont les deux extrémités représentent, pour l'une, les œuvres de Scott Fitzgerald, pour l'autre, celles de Marcel Proust. Le premier considérait que le passé n'est nulle part, que chaque instant à peine vécu tombe dans un gouffre sans fond, bref que les bonheurs enfouis sont perdus à jamais, et tout cela est forcément déchirant ; l'impossibilité d'un recours (ou d'un retour) au passé est d'ailleurs la marque la plus tragique de la détresse ordinaire de l'homme. Proust prétend au contraire qu'on peut partir à la recherche du temps perdu et des bonheurs passés grâce à un travail de purification de la mémoire : chacune de nos impressions passées est susceptible de revenir en surface, enfin débarrassée de sa gangue contextuelle. Voyez l'anagramme découverte par Jacques Perry-Salkow :

Valentin Louis Georges Eugène Marcel Proust
Il songe à l'urgence, il songe au temps retrouvé[1]

Si c'est dans le futur qu'on souhaite voyager, même problème : l'avenir est-il déjà là, quelque part à attendre sagement que nous le rejoignions, ou bien n'existe-t-il pas encore ? Dans cette dernière hypothèse, voyager dans le futur serait prendre le risque d'atterrir dans le néant… Eh oui, pour voyager dans le temps en toute sécurité, il faudrait pouvoir s'assurer que le passé ou le futur existent en même temps que le présent, c'est-à-dire que tous les moments du temps cohabitent quelque part. Or, la conception ordinaire du temps exclut que des instants différents, ou des moments qui ne se chevauchent pas, puissent coexister ensemble…

C'est drôle, mais quand j'entends parler de voyage dans le temps, me revient toujours à l'esprit cette phrase d'un personnage de Beckett : « On est peut-être cons, mais pas au point de voyager pour le plaisir. »

Me vient aussi à l'esprit une question candide : s'il est vrai, comme on nous l'annonce régulièrement, qu'on pourra construire dans le futur une machine à remonter dans le temps, comment expliquer que nous n'en disposions pas dès aujourd'hui ? Admettons par exemple qu'une telle machine soit fabriquée en 2050. Il lui suffirait de remonter le temps de quelques dizaines d'années seulement pour nous atteindre. Cette excursion temporelle, elle devrait pouvoir l'effectuer puisque c'est précisément sa fonction ! Alors, pourquoi n'est-elle pas déjà là ?

Avant d'attaquer ces questions redoutables, il convient de se poser une première question : qu'est au juste cette chose singulière que nous nommons « le temps » ? Il

1. Jacques Perry-Salkow et Sylvain Tesson, *Anagrammes à la folie*, Paris, Équateurs, 2013, p. 53.

importe en effet de savoir *dans quoi* l'on voyage lorsqu'on voyage dans le temps avant de discuter de la possibilité éventuelle d'y faire du tourisme.

C'est à cette question que s'est attaqué le physicien Marc Lachièze-Rey qui publie *Voyager dans le temps. La physique moderne et la temporalité*, un ouvrage passionnant, où il est question – je préfère vous prévenir – de courbes causales fermées, de grand-parricides, de chrono-cylindres, de défauts topologiques, de poignées dans l'espace-temps et autres notions subtiles que je n'ai guère le temps de détailler. Mais si ces notions prenaient corps, peut-être pourrais-je un jour conclure ma chronique par ces mots : « Je vous dis à la semaine dernière »…

En attendant, inhibé par une conception sans doute trop restrictive du principe de causalité, je vous dis « à jeudi prochain ». C'est un peu banal mais, cet engagement-là, je me sens capable de le tenir.

24 octobre 2013.

Parfums de déluge

Hier soir, j'ai fait un petit tour dans les librairies à la recherche de livres de prospective en matière d'économie, d'environnement, d'énergie, histoire de savoir quoi raconter de docte façon à mes enfants sur ce qui les attend. Lisant les quatrièmes de couverture, je n'ai pas tardé à reconnaître l'air du temps : ce n'est pas la joie dans les rayons. On est très loin de la chaude ambiance de la réunion annuelle de l'Amicale sarthoise de la Rillette joyeuse (exemple pris au hasard, je le précise pour les autres amicales où l'ambiance est aussi chaude). L'idée d'avenir n'a plus que de pâles couleurs et les rêves collectifs n'ont plus l'air d'avoir très bonne mine. Mais on voit quand même resurgir çà et là l'hypothèse – ou la conviction – qu'un salut est possible. Preuve que les temps mauvais donnent du bon temps à la fois aux Apocalypses et aux Annonciations, même si c'est en proportions inégales. Et c'est ainsi que nous nous retrouvons ballottés entre discours pessimistes et discours optimistes, tous débités sur un ton d'oracle.

Selon les plus alarmistes – appelons-les les « ça-va-pétistes » –, c'est simple, les vieilles terreurs millénaristes auraient désormais un fondement rationnel : le monde serait au bord du volcan et menacerait de sombrer dans la lave bouillonnante. Ces auteurs pressentent que jamais l'*Homo sapiens* n'acquerra la sagesse dont il se rengorge : aucune réflexion, aucune information n'aura un impact suffisant sur ses comportements, car il ne cessera d'inventer des ruses intellectuelles *pour ne pas croire ce qu'il sait.* Même averti, éclairé, sermonné, il continuera par exemple à saccager les ultimes ressources naturelles. Si ces auteurs ont raison, alors notre avenir s'annonce sérieusement bouché, peut-être autant que celui des dinosaures : dans trois ou quatre milliers d'années, peut-être moins, « l'affaire homme », pour parler comme Romain Gary, sera close pour de bon.

En face d'eux, il y a les optimistes, moins nombreux, qui se défendent, eux, de toute inquiétude profonde et espèrent que nous trouverons des solutions qui n'ébranleront ni nos modes de vie ni nos valeurs fondamentales. Ayons plutôt confiance, rétorquent-ils aux missionnaires de l'Apocalypse, car, comme d'habitude, nous trouverons bien le moyen de nous débrouiller : tout continuera, tant bien que mal, malgré quelques perturbations et adaptations prévisibles. L'humanité s'en sortira comme elle l'a toujours fait. Si ce sont ces gourous de la félicité planante qui ont raison, alors, un jour lointain, il sera possible à quelques étudiants de consacrer des doctorats d'histoire, mais aussi de sociologie et de psychologie, à l'angoisse multiforme qui a saisi au voisinage de l'an 2000 une société riche et puissante comme la nôtre, brusquement traversée par le spectre du grand effondrement.

De tels débats sont une sorte d'écho eschatologique aux débats économiques qui opposent partisans et adversaires de la croissance. Notre société de consommation avait déjà dû affronter de nombreux assauts : certains, notamment les disciples de Marx, dénonçaient ses lacunes, ses béances, les îlots de pauvreté au milieu de la richesse ; d'autres, dont l'inspiration remonte plutôt à Rousseau ou aux romantiques, vitupéraient la barbarie de l'ère industrielle, la pollution de l'atmosphère, l'aliénation des individus manipulés par les moyens de communication. Mais aujourd'hui, l'argument des « objecteurs de croissance » est plus simple : l'économie a besoin pour croître de ressources énergétiques ; celles-ci étant limitées, la croissance est une impossibilité à long terme. Dès lors, comment pouvons-nous continuer à vouloir l'augmentation de la production, qui implique de surcroît une augmentation de la pollution, une diminution des emplois et même du plaisir à travailler ? Il faudrait plutôt opter pour la décroissance, seule voie pour sauver la planète des excès de l'humanité, en commençant par décoloniser nos imaginaires galvanisés par les publicitaires. Il faudrait en somme aller vers ce que Samuel Beckett appelait le *lessness* (vers plus de moins de choses, vers la « moinsité »).

Nul besoin en effet d'avoir fait Polytechnique ou Centrale pour comprendre qu'une croissance continue est matériellement impossible dans un monde fini.

En face, les partisans de la croissance défendent quant à eux l'idée que nous n'avons pas d'autre choix que de continuer à la désirer, car la décroissance nous exposerait à plus de pauvreté et à plus de chômage, et elle rendrait difficile toute protection de l'environnement.

Bref, quand on met tout cela ensemble, on constate que le développement de la société est un cercle vicieux : le mouvement continu de ce cercle n'est possible qu'à la condition que la croissance ne s'arrête pas ; or le combustible de cette croissance, lui, risque de s'épuiser un jour. Ce constat nous installe dans une contradiction douloureuse : alors que nous pensions notre mode de développement comme potentiellement universel, nous savons désormais que son extension à l'ensemble de l'humanité, tant dans l'espace que dans le temps, se heurterait à des obstacles impitoyables. Apparaît ainsi une contradiction entre notre exigence éthique d'égalité et notre mode de développement. D'où le dilemme : ou bien, nous les riches, nous nous couperons du reste du monde au moyen de boucliers divers, ou bien nous saurons inventer un autre mode de développement qui aura la propriété de pouvoir être universalisé.

Que va-t-il se passer ? Nul ne le sait puisque la bonne réponse dépend crucialement de ce que nous – nous, je veux dire l'humanité – allons faire dans les décennies qui viennent. Quid de la science dans tout cela ? me direz-vous. Eh bien, justement : j'en entends certains qui voudraient mettre tous nos problèmes sur son seul dos, sur le dos de la seule science, au motif que le progrès a pris avec elle des tours désagréables. Il faudrait renoncer au désir d'en apprendre davantage sur le monde auquel nous appartenons. L'attrait de l'inconnu devrait céder devant la peur de l'incertain : il faudrait en somme ranger les gaules et organiser un vaste repli cognitif. Étrange plaidoyer. Car comment croire que c'est en en sachant moins que nous saurions mieux quoi faire ?

Devant la difficulté des problèmes, je comprends que l'indécision puisse devenir la règle. Et j'aime beaucoup cette phrase d'Umberto Eco : « Autrefois, j'étais indécis, mais à présent, je n'en suis plus aussi sûr. » Il y a néanmoins une chose qui est devenue certaine : nous ne préserverons pas la biodiversité avec la biologie de Pline l'Ancien, ni ne stabiliserons le climat avec la physique d'Aristote.

31 octobre 2013.

« A SERIOUS MAN », UN PERSONNAGE QUI DEVIENT QUANTIQUE

À une époque où le taux de chômage était encore bas, François Truffaut a dit : « En France, tout le monde a deux métiers : le sien et critique de cinéma. » Alors aujourd'hui, je me lance.

Ces jours derniers, on a pu lire ou entendre – notamment sur France Culture – de nombreuses critiques du dernier film des frères Coen, *Inside Llewyn Davis*. Vous vous dites que si je parle de ce film ce matin, c'est que je vais y ajouter la mienne. Eh bien non, car je ne l'ai pas vu !

En revanche, je voudrais me saisir de cette actualité pour évoquer un précédent film des frères Coen, *A Serious Man*. Pourquoi une telle audace rétrospective ? Parce que, quatre ans après sa sortie, je n'ai toujours pas lu de critique qui rende justice à ce qui me semble être l'une des clés de ce film. Cela vient sans doute du fait qu'il est nécessaire de connaître un peu de physique quantique pour la déceler.

Je rappelle brièvement l'histoire. Nous sommes en 1967, dans le Middle West. Larry Gopnik enseigne la physique à l'université. Marié à Judith, père de deux enfants, « homme sérieux », bon citoyen, il appartient à la communauté juive de la ville et vit tranquillement dans son pavillon de banlieue. Mais soudain, tout, dans sa vie, se met à dérailler : sa femme lui annonce qu'elle le quitte pour convoler avec un vieil ami commun ; son frère, incapable de travailler, s'installe chez lui, y monopolise la salle de bains et s'attire par ailleurs des problèmes avec la police ; un de ses étudiants tente de le soudoyer pour obtenir son diplôme tout en menaçant de l'attaquer pour diffamation ; son fils, adolescent à problèmes, passe son temps à écouter de la musique et à fumer de l'herbe ; sa fille, qui ne rêve que de mode et de soirées, le méprise et se sert dans son portefeuille ; pour couronner le tout, un inconnu envoie à l'université des lettres anonymes pour saboter ses chances d'y être titularisé. Quant à sa fort belle voisine – mais ça, c'est objectivement moins grave –, elle s'exhibe nue dans son jardin, ce qui a pour effet de faire dangereusement tourner la tête du vertueux professeur.

Perdu, sentant vaciller ses principes et tout l'ordonnancement de son existence, Larry ne comprend pas pourquoi tant de malheurs s'abattent sur lui, alors que, comme il le dit, « il n'a rien fait de mal ». Entre accidents de voiture, visites chez le médecin, cauchemars et crises de larmes, il décide de demander aide et conseils à trois rabbins différents. Il rencontre successivement un jeune exalté, un sophiste d'âge mûr et un vieux sage énigmatique, qu'il questionne sur le sens de ses épreuves : la souffrance est-elle une punition ? Un test ? A-t-elle une signification ? L'histoire de Larry renvoie à l'évidence au livre de Job, mais aucun rabbin ne le lui dit, ni ne sait lui répondre. Alors, après chaque rendez-vous, l'état mental du professeur de physique se décompose un peu plus. La volonté de Dieu, qu'il cherche à déceler, lui semble de plus en plus obscure, incertaine, et les vagues signaux qu'Il émet lui paraissent passablement embrouillés.

Les critiques professionnels ont proposé des analyses subtiles de ce film à tiroirs. Mais, sauf négligence ou oubli de ma part, ils n'ont pas saisi la portée du fait que Larry n'enseigne pas n'importe quelle théorie physique : il est professeur de *physique quantique*, pas de mécanique ou de thermodynamique. Et il se trouve que ses ennuis commencent juste après un cours qu'il donne sur l'équation de Schrödinger. Avant, tout allait bien pour lui ; après, tout va mal. Or, dans ce cours, il évoque longuement – en témoignent les longs calculs qui figurent au tableau – la situation du « chat de Schrödinger », désormais France culturellement célèbre, décrit comme la somme d'un chat vivant et d'un chat mort.

Ce moment du film, insuffisamment relevé, me semble en constituer l'une des clés principales.

On dit la physique quantique fort difficile d'accès. Elle ne peut en effet être sérieusement appréhendée sans un recours appuyé à l'abstraction, à des mathématiques qui peuvent effrayer. Pourtant, l'essentiel du bouleversement qu'elle a entraîné tient dans le simple fait qu'elle systématise l'une des quatre opérations élémentaires : l'addition ! Que dit en effet le « principe de superposition » qui gît au cœur de son formalisme ? Que si a et b sont deux états possibles d'un système, $a + b$ est également un état possible du système. Difficile d'imaginer règle plus épurée…

Mais, comme l'ont vite remarqué Albert Einstein et Erwin Schrödinger (dès 1935), le principe de superposition devient très dérangeant si on s'amuse à l'appliquer à des objets « usuels », c'est-à-dire à des objets observables à notre échelle. Dans le but d'en rendre à la fois manifestes et absurdes les aspects les plus paradoxaux, Schrödinger inventa une « expérience de pensée », celle de son chat éponyme, qu'un stratagème expérimental, sur lequel je ne reviendrai pas, place dans un état superposé, vivant plus mort…

Comme chacun le sait, depuis quatre-vingts ans, l'affaire a fait couler des milliers d'hectolitres d'encre.

Mais revenons à Larry. Après son cours sur le chat de Schrödinger, lui qui avait eu jusqu'alors une trajectoire classique, prévisible, ordonnée, se retrouve lui-même dans un état intégralement superposé : son caractère devient ambivalent, sa femme le quitte sans le quitter tout à fait, son médecin le déclare en pleine forme et malade, lui-même se désoriente, se montre fondamentalement honnête mais aussi corruptible… Tout se passe comme si l'état du chat de Schrödinger s'était universellement généralisé : il est devenu celui de Larry, mais aussi celui de ses proches et du monde qui l'entoure. L'état du plus célèbre des félins est devenu l'état de l'univers tout entier.

Le destin personnel de Larry exprime en somme l'indétermination qui s'est emparée de toute la société à la fin des années soixante (*Les années soixante = Sonnant le sexe aisé*) : jusqu'alors classique, bien rangée et prévisible, celle-ci devient subitement ambiguë, postmoderne, ambivalente, bref, un peu quantique.

Il paraît que, dans *Inside Llewyn Davis*, il y a un chat qui joue un rôle important et qui s'appelle Ulysse. Ce ne doit pas être le même.

7 novembre 2013.

Du baromètre à l'atome

Ernest Rutherford fut un très grand physicien, couronné par le prix Nobel en 1908. Trois ans plus tard, en 1911, grâce à une très belle expérience qui porte son nom, il découvrit le noyau atomique et proposa dans la foulée un modèle de l'atome d'hydrogène, qui est le plus simple de tous les atomes : son noyau est constitué d'un simple proton, autour duquel tourbillonne un unique électron, minuscule, sous l'effet de la force électrique attractive qui le lie au proton, dont la charge électrique est l'opposé de la sienne. En une seconde, l'électron fait dix millions de milliards de petits tours autour du proton et il n'a même pas le tournis…

Ce tout petit système à deux corps rappelle un autre couple bien connu, celui formé par le Soleil et la Terre. Et Rutherford d'imaginer que l'atome d'hydrogène est effectivement un système planétaire microscopique, dans lequel le noyau jouerait le rôle du Soleil, l'électron celui d'une planète, la force électrique celui de la gravitation. En supposant ainsi qu'il n'y aurait entre ces deux systèmes qu'une différence de taille, Rutherford faisait de l'atome un objet classique, susceptible d'être décrit par les lois connues de la physique.

Réfléchissons deux secondes. Si ce modèle était juste, alors l'électron serait condamné à tourner sans se lasser autour du noyau selon une certaine orbite. C'est du moins ce que conçoit la mécanique classique. En réalité, les choses ne peuvent pas être aussi simples. Car du fait qu'il tourne autour du noyau, l'électron subit une accélération radiale, tout comme une voiture dans un virage. Dans ces conditions, les équations de l'électromagnétisme impliquent que l'électron, parce qu'il porte une charge électrique, perd de son énergie en émettant de la lumière (c'est sa façon à lui de faire crisser ses pneus). Et puisqu'il perd de l'énergie, l'électron devrait se rapprocher inexorablement du noyau en suivant une spirale, jusqu'à finir par s'écraser sur lui ! Le modèle de Rutherford faisait donc de l'atome d'hydrogène une entité inapte à la durée : les calculs montrent que l'électron ne mettrait qu'une fraction de seconde à tomber sur le noyau. Or, cet ultimatum lancé à l'ultime atome n'est pas du tout respecté : l'atome d'hydrogène est un édifice tout ce qu'il y a de plus stable, contrairement à ce qui se produirait s'il était réellement comme un système planétaire miniature. Ce paradoxe fut découvert dès 1912. Quelle fut la suite de l'histoire ?

Pour le savoir, permettez-moi un petit détour. Une histoire qu'on raconte explique qu'un jour Rutherford reçut la visite d'un professeur accompagné de l'un de ses étudiants qui venait d'avoir eu zéro à son examen de physique. L'étudiant avait protesté énergiquement en réclamant un vingt sur vingt. Le professeur et l'étudiant s'étaient mis d'accord pour choisir un arbitre impartial et c'est Rutherford qui avait été désigné pour jouer ce rôle. Rutherford lut la question de l'examen : comment est-il possible de déterminer la hauteur d'un immeuble à l'aide d'un baromètre ?

L'étudiant avait répondu : on monte en haut de l'immeuble, on prend le baromètre, on lui attache une corde, on le laisse glisser jusqu'au sol, ensuite on le remonte, on mesure la longueur de la corde et ça donne la hauteur de l'immeuble. Cette solution donne le bon résultat, mais le professeur avait refusé de donner des points à son étudiant au motif qu'il n'avait pas utilisé de vraies connaissances de physique.

Rutherford suggéra de donner une seconde chance à l'étudiant. Celui-ci proposa rapidement d'autres solutions :

On laisse chuter le baromètre du haut du toit, on chronomètre la durée de la chute et on en déduit la longueur de la chute, c'est-à-dire la hauteur de l'immeuble.

On place le baromètre verticalement dehors quand il y a du soleil. On mesure la hauteur du baromètre, la longueur de son ombre et la longueur de l'ombre de l'immeuble. Ensuite, par un simple calcul de proportion, on trouve la hauteur de l'immeuble.

On monte les étages avec un baromètre et, en même temps, on marque la longueur du baromètre sur le mur. En comptant le nombre de traits, on a la longueur de l'immeuble exprimée en longueurs de baromètre, on mesure la longueur du baromètre et on obtient facilement la hauteur de l'immeuble.

Méthode la plus rapide : on frappe à la porte du gardien de l'immeuble et on lui dit : « Monsieur, si vous me dites quelle est la hauteur de votre immeuble, je vous offre ce magnifique baromètre… »

Rutherford demanda à l'étudiant s'il connaissait la réponse attendue. L'étudiant répondit que oui, mais qu'il en avait assez de l'université et des professeurs qui essayaient de lui imposer l'idée qu'il n'y aurait qu'une seule façon de bien réfléchir, comme s'il n'y en avait qu'une. Cet étudiant s'appelait Niels Bohr, et c'est lui, ce maître non du barreau, mais du baromètre, qui aura un peu plus tard une idée cruciale à propos de l'atome d'hydrogène. En 1913 – il y a donc exactement cent ans et presque personne n'en parle – il proposa un modèle d'atome révolutionnaire, avec des idées quantiques à l'intérieur. Ce modèle est basé sur deux hypothèses *a priori* dingues, au sens où elles sortent complètement du cadre de la physique classique. La première hypothèse consiste à dire que l'électron ne peut pas se trouver sur n'importe quelle orbite. Seules certaines sont autorisées, toutes les autres sont interdites. À chacune des orbites autorisées correspond une énergie bien déterminée, qui la caractérise. L'électron ne peut donc pas avoir n'importe quelle énergie : celle-ci est « quantifiée ».

La seconde hypothèse concerne le rayonnement émis par l'atome. Niels Bohr suppose que lorsqu'un électron tourne sur son orbite (autorisée), il n'émet pas de lumière, contrairement à ce que prévoient les lois classiques. Mais il a la possibilité de sauter brutalement d'une orbite à une autre, d'énergie moindre. Lorsqu'il effectue un tel saut, l'électron émet un grain de lumière qui emporte la différence d'énergie entre l'orbite de départ et l'orbite d'arrivée. Dans ce processus, une fraction de l'énergie de l'électron se métamorphose en lumière… Ces deux postulats ouvriront la voie à la physique quantique. Ils méritent donc qu'on les commémore et qu'on célèbre leur auteur à sa juste hauteur, que celle-ci soit mesurée avec ou sans baromètre.

C'est ce qui sera fait le 7 décembre prochain à l'occasion d'un colloque à l'Institut Poincaré, consacré à Bohr et aux cent ans de son atome éponyme.

21 novembre 2013.

Gare aux anagrammes

En 1939, Albert Einstein fut invité à prendre la parole à un séminaire de théologie de l'université de Princeton à propos des liens entre la science et les valeurs. Il y déclara : « Il est indéniable que des convictions ne peuvent trouver de confirmation plus sûre que celle qui provient de l'expérience associée à une pensée consciente claire. On doit sur ce point donner raison aux rationalistes les plus radicaux. Mais le point faible de cette conception est que les convictions indispensables pour agir et pour porter des jugements ne peuvent en aucun cas être obtenues par la seule voie scientifique. La méthode scientifique ne peut en effet rien nous enseigner d'autre que la bonne façon de saisir conceptuellement les faits dans leurs déterminations réciproques. Le désir d'atteindre à une connaissance objective fait assurément partie des choses les plus sublimes dont l'homme est capable. Mais nous devons prendre acte qu'il n'existe aucun chemin qui conduise de la connaissance de ce qui *est* à celle de ce qui *doit être* [1]. »

Au fond, ce qu'Einstein nous dit là, c'est que les sciences ne traitent vraiment bien que des questions… scientifiques. Or celles-ci ne recouvrent pas l'ensemble des questions qui se posent à nous. Du coup, l'universel

---

1. Albert Einstein, *Œuvres choisies*, Paris, Le Seuil/Éditions du CNRS, 1991, vol. 5, p. 165.

que les sciences mettent au jour est incomplet par essence. Il n'aide guère à trancher les questions qui restent en dehors de leur champ. En particulier, il ne permet pas de mieux penser l'amour, la liberté, la justice, les valeurs en général. Par exemple, le fait de savoir qu'il y a dans chaque atome autant de charges électriques positives que de charges électriques négatives ne nous indique pas quel usage nous devrions faire de la parité en politique. L'universel que produisent les sciences ne définit pas davantage la vie telle que nous devrions la vivre, ni ne renseigne sur le sens d'une existence humaine : que veut dire « se tenir droit » et au nom de quoi le faire ? Comment vivre ensemble ? De telles questions sont certes éclairées par la science, et parfois même modifiées par elle – un homme qui sait que l'univers est vieux de 13,7 milliards d'années et que l'espèce humaine, toute récente, n'a pas cessé d'évoluer, ne pensera pas de la même façon son être au monde qu'un autre qui croit dur comme fer que l'homme a été créé tel quel en six jours dans un univers qui n'aurait que six mille ans –, mais en général, la résolution des questions liées aux valeurs ne se fait jamais qu'au-delà des contours propres de la science.

La connaissance scientifique a donc ceci de paradoxal qu'elle produit de l'incertitude, une incertitude d'un type très spécial : nous ne pouvons pas savoir grâce à nos seules connaissances scientifiques ce que nous devons faire d'elles. Par exemple, nos connaissances en biologie nous permettent de savoir comment produire des OGM mais elles ne nous disent pas si nous devons le faire ou non. Et c'est évidemment là que commence la politique…

C'est sans doute pourquoi les décisions en matière de technosciences sont si difficiles à prendre. Elles le sont d'autant plus que nous avons compris de surcroît que nous ne pouvons pas connaître à l'avance toutes les conséquences de nos actes : « L'homme sait assez souvent ce qu'il fait, avertissait Paul Valéry, mais il ne sait jamais ce que fait ce qu'il fait. » D'où une sorte d'effroi collectif qui nous conduit désormais à valoriser l'incertitude comme défiance à l'égard de ce que l'on sait, et aussi de ce que l'on fait. L'idée d'une absence de maîtrise de l'innovation en vient même à remplacer l'idée d'un progrès qui serait toujours positif. Et c'est ainsi que l'incertitude a pu devenir l'élément fondamental de la relation entre la société et le monde scientifique et technique.

Il n'y a qu'à ouvrir la radio : les innovations suscitent toutes sortes d'enthousiasmes et toutes sortes de craintes, et tout cela cacophone gentiment sur les ondes. Certains en profitent pour se donner cette facilité un peu théâtrale consistant à dire que nous vivons un lever du soleil radieux. D'autres se donnent la facilité symétrique en disant au contraire que nous sommes plongés « au creux de la nuit » dans la plus grande « perdition ». Cette situation confuse transforme notre époque moderne (comme dirait l'autre) en une sorte de crise permanente, en un défi intranquille qui nous force à affronter la nécessité de nous produire nous-mêmes. Certains des cadres de référence qui nous permettaient de nous orienter dans le monde se sont effacés ou ont carrément disparu, de sorte que nous devons inventer de nouvelles pratiques et de nouvelles normes. Cela peut paraître un peu fatigant, mais il semble que ce soit le lot obligatoire de notre condition d'*Homo technologicus.*

Ces réflexions m'amènent à vous reparler d'anagrammes, et aussi parce que des auditeurs me le demandent. Vous ne voyez pas le rapport avec le sujet, moi non plus d'ailleurs, mais cela pourrait changer dans quelques secondes, après que je me serai permis un petit détour, qui est le suivant.

Avant de choisir un prénom pour un enfant, ou avant d'accorder un titre ou une fonction à quelqu'un, même si l'on n'est pas kabbaliste (et je ne suis pas du tout kabbaliste), on devrait faire davantage attention aux anagrammes qu'une telle décision permet d'envisager.

Par exemple, avant d'élever Philippe Pétain au titre de maréchal, on aurait dû y regarder à deux fois, car :

Le maréchal Pétain = Place à Hitler, Amen.

Michel Rocard, apprenant qu'il allait devenir le Premier ministre de François Mitterrand, aurait sans doute manœuvré autrement s'il avait su que :

François Mitterrand = Feras tintin M. Rocard.

Quant aux patrons de TF1, auraient-ils choisi Jean-Pierre Pernaut pour présenter le journal télévisé s'ils avaient remarqué que :

Jean-Pierre Pernaut = En rien préparé au JT.

De la même façon, s'agissant de certains nouveaux produits qui font ou ont fait polémique, on devrait davantage réfléchir avant de choisir les appellations ou expressions par lesquelles on les désigne :

les farines animales = arsenal si infâme
le pesticide Roundup = le pire coup du destin

En ce qui me concerne, j'aurais baptisé autrement *l'industrie pharmaceutique* qui donne *superchimique, dit la nature*. Et je vous laisse travailler *le médiator* ou *centrale nucléaire*.

Ces anagrammes se trouvent dans le dernier livre de mon compère Jacques Perry-Salkow, coécrit avec Sylvain Tesson, *Anagrammes à la folie*.

La morale de l'histoire, c'est qu'il faut être sémantiquement prudent et toujours commencer par aller voir du côté des anagrammes, qui peuvent vite devenir des étiquettes désavantageuses ou avantageuses, c'est selon…

28 novembre 2013.

Comment faire de l'anthropologie avec des neutrinos ?

Je ne sais si ma voix tiendra le coup (j'ai une angine), mais comme le disait je ne sais plus quel dinosaure, « il vaut mieux avoir une extinction de voix qu'être en voie d'extinction… ».

Les neutrinos sont des particules dont l'existence fut prédite par le physicien Wolfgang Pauli en 1930, vingt-cinq ans avant leur découverte expérimentale. Ce sont des êtres fantomatiques, dépourvus de charge électrique, des particules qui n'interagissent que très faiblement, donc que très rarement, avec la matière : c'est ainsi que des centaines de milliards de neutrinos en provenance du Soleil traversent le petit corps de chacun d'entre nous *à chaque seconde* sans que nous percevions quoi que ce soit. Ils le font le jour comme la nuit, car ils se fichent de la Terre comme de leur première chaussette, d'autant plus qu'ils n'ont jamais eu de chaussettes, donc pas de première chaussette : ils traversent notre planète à peu près de la même façon que si elle n'était pas là du tout. De toutes les particules élémentaires connues, ce sont de loin les plus discrètes. Pour elles, la matière est quasi transparente et, du coup, l'univers aussi.

Vous pourriez penser que ces particules sont des étrangetés de physiciens, des curiosités de laboratoires, des objets qui n'ont rien à voir avec nous autres les humains.

Mais ce serait une erreur. Chacun d'entre nous émet des neutrinos, ou plus exactement des antineutrinos, car dans notre squelette, dans nos os, il y a des atomes de potassium 40 qui sont naturellement radioactifs. Un jour ou l'autre, un des neutrons qui composent les noyaux de ces atomes de potassium 40 est condamné à se transformer en un proton, en émettant au passage un électron et un antineutrino. C'est ce qu'on appelle la radioactivité bêta, par laquelle, en l'occurrence, un atome de potassium 40 se transforme spontanément en un atome de calcium 40…

Vous allez me dire, d'accord, j'avoue que j'émets des neutrinos, mais je ne le fais pas souvent. Faut voir… En réalité, votre corps émet 4 000 antineutrinos par seconde, qui filent, invisibles, dans l'espace à la vitesse de la lumière, dans toutes les directions. Vous rayonnez, et vous rayonnez beaucoup plus que vous ne le pensez, grâce à ces atomes de potassium 40 qui sont en vous et qui sont tous des résidus des fournaises stellaires qui ont produit la matière terrestre voilà plus de cinq milliards d'années.

Eh oui ! On peut être jeune et avoir un corps qui contient de bien vieilles choses… Songez aussi à ce qui se passe quand vous buvez un verre d'eau. C'est une véritable expérience cosmique, en réalité. L'eau, c'est H_2O. Chaque atome d'hydrogène est fait d'un proton qui a été formé il y a 13,7 milliards d'années à partir de la fusion de trois quarks et de gluons dans l'univers primordial. Quant aux atomes d'oxygène, ils se sont formés dans une étoile il y a plus de cinq milliards d'années. L'eau n'est donc pas née de la dernière pluie et on devrait y penser, avec émotion, chaque fois qu'on se désaltère… *Boire de l'eau, c'est avaler de l'histoire cosmique. Boire du vin, c'est pareil. Boire un coup, c'est prendre un coup de vieux.*

J'en reviens aux neutrinos. L'observation de l'univers est réalisée grâce aux photons, aux particules de lumière. Pourtant ils posent un problème : à très haute énergie, ils sont absorbés par la matière, de sorte que plus leur énergie augmente, plus leur pouvoir de pénétration dans la matière est faible. Du coup, seules les couches externes des objets sont visibles et elles le sont sur des distances de moins en moins grandes à mesure qu'on s'intéresse à des phénomènes de plus haute énergie. Ils ne permettent pas de connaître le ciel lointain, celui des phénomènes cataclysmiques de l'enfance de l'univers. Celui-ci se dérobe donc à l'astronome, qui ne peut pas les voir.

D'où l'intérêt des neutrinos, grâce auxquels on pourrait savoir ce que la lumière ne peut pas nous apprendre. Car leur caractère très pénétrant leur confère la possibilité de s'extraire des zones les plus denses et les plus anciennes de l'univers, et aussi de parcourir des distances astronomiques sans la moindre altération. Le problème est que, pour cette même raison, ils sont très difficiles à capturer. Ce sont des témoins qu'il est difficile de faire parler. Mais on peut y arriver à condition de placer sur leur route énormément de matière, afin d'avoir une petite chance qu'ils entrent en collision avec une autre particule de matière.

C'est ce qui se passe dans l'expérience Antarès, installée au large de La Seyne-sur-Mer, qui n'utilise rien moins qu'une portion de la mer Méditerranée comme détecteur de neutrinos. Des lignes de photomultiplicateurs longues de plus de 400 mètres ont été enfouies à 2 000 mètres de profondeur. Elles permettent de repérer le sillon de lumière laissé par les rares neutrinos qui interagissent avec la matière dans le voisinage, après avoir traversé la planète sans même s'en rendre compte. L'étude de ces neutrinos permet d'avoir des informations sur les phénomènes les plus énergétiques de l'univers, par exemple sur les noyaux actifs des galaxies, les sursauts gamma, les microquasars, toutes ces choses dont il faudra bien que je vous parle un jour…

Mais si je vous parle de tout cela aujourd'hui, c'est parce qu'avec les neutrinos, on peut faire non seulement de la très belle physique, mais aussi faire de l'anthropologie. Grâce à une idée qu'ont eue un artiste, Laurent Mulot, et un physicien, Thierry Stolarczyk. Ils se sont dit, ma foi, ces neutrinos que nous détectons au large de Toulon, ils ont traversé la Terre, ils y sont donc entrés de l'autre côté, à un endroit que l'on peut déterminer avec une certaine précision. Si cet endroit est une zone habitée, on peut s'y rendre, rencontrer les gens qui y vivent, au Groenland, en Nouvelle-Zélande, à Magadascar, trouver une personne qui était là le jour où un neutrino est passé, une personne qui a été témoin de cet événement invisible. On lui explique ce qu'est un neutrino, puis on l'interroge : à votre avis, le neutrino est-il bénéfique ou maléfique ? Pourquoi est-il passé ici et pas ailleurs ? On découvre alors que, s'il ne porte pas de charge électrique, le neutrino porte une charge émotionnelle très grande qui révèle des choses de notre humanité, de notre façon de penser notre lien avec le cosmos. Le plus souvent, des cérémonies religieuses s'organisent autour du lieu de passage de la particule fantôme. Vous verrez tout cela en allant voir l'exposition *Les Fantômes de la liberté*, qui se tient à Lyon, dans l'hôtel de région, jusqu'en janvier prochain.

5 décembre 2013.

Physique et musique

La plupart des pères fondateurs de la physique quantique (ces physiciens sur lesquels je reviens souvent) étaient non seulement mélomanes, mais également musiciens, Einstein en tête. Je m'en voudrais de tirer de cette coïncidence une conclusion trop ferme en la confondant avec une relation de cause à effet, d'autant qu'il y a une exception à cette règle : Erwin Schrödinger, l'homme du chat, que la grande musique exaspérait. Sa femme jouait du piano, mais, manque de chance pour elle, ce n'était pas du tout du goût de son mari qui n'accepta jamais qu'elle en jouât en sa présence. Il n'aimait que les chansons d'amour, seules capables de doper son âme de perpétuel amoureux, en général en état de superposition quantique : il avait l'habitude d'aimer plusieurs femmes à la fois, mais cela ne nous regarde pas…

Reste que la physique quantique est en connivence avec les notions d'harmonie et d'harmoniques. Elle nous a appris qu'il y a des vibrations dans la matière, et aussi que des rythmes purs, transportés par des objets sans masse, sont capables de devenir matière, c'est-à-dire de s'incarner en particules massives. C'est ainsi qu'un photon, s'il a suffisamment d'énergie, peut se transformer en une paire formée d'un électron et d'un positron. Comprenant la portée de tout cela, Gaston Bachelard avait comparé la matière à une

« anarchie de vibrations [1] ». Voici comment il décrivait ces imposants blocs de matière que sont les pyramides d'Égypte : « Les Pyramides, dont la fonction est de contempler les siècles monotones, sont des cacophonies interminables. Un enchanteur, chef d'orchestre de la matière, qui mettrait d'accord les rythmes matériels, volatiliserait toutes ces pierres. Cette possibilité d'une explosion purement temporelle, due uniquement à une synchronisation des temps superposés relatifs aux différents éléments, montre bien le caractère fondamental du rythme pour la matière. » Le philosophe pourrait presque être considéré comme l'inventeur de l'idée d'un laser à atomes…

J'ai déjà évoqué la théorie des supercordes, cette tentative d'unifier les quatre interactions fondamentales, dont le formalisme pousse encore plus loin le lien entre physique et musique. Son idée fondatrice est qu'il n'y aurait pas mille sortes de particules élémentaires dans l'univers, il n'y aurait qu'une seule particule. Cette particule ne serait pas un point mais une corde dont les différentes vibrations possibles constitueraient toutes les particules que nous connaissons, et d'autres que nous ne connaissons pas encore. Une supercorde pourrait vibrer de telle façon qu'elle ressemblerait à un électron. Ou d'une autre façon qui la ferait ressembler à un neutrino, ou d'une autre encore qui l'assimilerait à un quark, etc. Toutes les particules qui nous apparaissent comme ontologiquement différentes ne seraient en réalité que les différentes harmoniques d'une seule et même supercorde vibrant allégrement dans l'espace-temps. L'unique passe-temps de la matière consisterait en somme à faire des vocalises,

1. Gaston Bachelard, *La Dialectique de la durée*, Paris, PUF, 2001, p. 131.

à produire une sorte de musique de chambre, on pourrait même dire une musique de chambre à bulles.

Cette théorie des supercordes n'est encore qu'une conjecture, mais si elle se révélait exacte, on pourrait associer l'univers matériel à une métaphore parfaitement musicale : la matière serait une sorte d'infinie dispersion rythmique, elle serait intégralement « vibrée », pour reprendre là encore une expression de Bachelard.

Cette théorie dit aussi que nous serions, nous autres les humains, confinés dans un espace-temps à quatre dimensions – l'espace-temps habituel – ; si nos particules demeurent enfermées dans cet espace réduit, c'est parce qu'elles correspondent à des cordes « ouvertes », non refermées sur elles-mêmes, qui ne peuvent se propager que dans la tranche d'espace-temps que nous connaissons. Par contre, il existerait d'autres cordes refermées sur elles-mêmes qui seraient donc comme des boucles : elles auraient, elles, le droit d'aller dans des dimensions supplémentaires de l'espace-temps. On pense qu'il en existe six, de ces dimensions supplémentaires, et les particules qui peuvent les parcourir sont par exemple les gravitons, hypothétiques médiateurs de la gravitation. Ce petit monde vibrionnant est animé de vibrations furieuses qui ne cessent jamais. Les cordes peuvent également subir des collisions et produire d'autres cordes de fréquences différentes, et ainsi de suite. Bref se joue là une sorte de réduction de l'ontologie du monde physique à des harmoniques quasi musicales, un peu comme si la corde de violon, qui a plusieurs harmoniques selon l'amplitude que l'on donne aux vibrations, était le symbole le mieux adapté pour décrire la matière.

Chacun d'entre nous a déjà vu les photos montrant Einstein jouant du violon. Quand on voit ainsi réunis Einstein (qui a toute sa vie cherché une théorie unificatrice des forces de la nature) et son instrument de musique, cela donne un raccourci saisissant *de ce qui constitue et de ce que vise* la théorie des supercordes.

Je me souviens qu'il y a quelques années, le compositeur Gérard Grisey avait enregistré les fréquences émises par un pulsar (*Le Noir de l'étoile*, pour six percussions), puis les avait transposées en des fréquences audibles « à l'oreille nue », si j'ose dire. Ainsi donna-t-il une réalité perceptible aux « soupirs sortant des choses » dont parlait Victor Hugo. C'était une belle façon de donner à entendre les sons habituellement cachés de l'univers lointain.

Il existe une autre voie de rapprochement entre physique et musique, qui consiste à donner à entendre musicalement les formalismes de la physique. Cette ambition est au cœur du projet de la physicienne Lisa Randall, qui a composé un opéra inspiré de la théorie des supercordes : la superposition des harmoniques est évoquée à l'aide d'instruments de musique, les collisions de particules font l'objet d'une transposition sonore, et les dimensions supplémentaires de l'espace-temps sont suggérées en habillant la musique d'une espèce de halo sonore, saturé de fréquences suraiguës qui semblent venues d'ailleurs…

J'ai déjà expliqué à ce micro pourquoi nos mots ordinaires sont impuissants à *dire* la physique – c'est d'ailleurs tout le problème de cette chronique qui est une impossibilité en acte –, mais il se pourrait que la musique, et plus généralement l'organisation de sons et de rythmes, puissent transmettre non seulement des émotions, mais aussi des lueurs de savoirs : une œuvre musicale peut faire « affleurer » des connaissances scientifiques. Certainement pas des savoirs formels, mais des ouvertures vers des connaissances que la vie « normale » ne nous permet pas d'entrevoir.

L'Américaine qu'est Lisa Randall ne connaît vraisemblablement pas l'anagramme de *La théorie des supercordes* : *De la poussière d'orchestre*. Toujours cette connivence entre physique et musique… Du moins en français.

12 décembre 2013.

EXISTE-T-IL UN « TEMPS VÉCU » ?

À toutes et à tous je souhaite de très belles et très heureuses fêtes de fin d'année. La perspective du passage de 2013 à 2014 me donne envie de vous parler du temps qui passe, puisque, manifestement, il passe.

En mars 1922, Marcel Proust adressa une lettre à son ami Camille Vettard, un écrivain qui souhaitait mettre en rapport la *Recherche* avec les théories d'Albert Einstein sur l'espace et le temps. Proust lui écrivit : « L'image qui me paraît la meilleure pour faire comprendre le sens de mon œuvre, c'est peut-être celle d'un télescope braqué sur le temps, car le télescope fait apparaître des étoiles qui sont invisibles à l'œil nu, et j'ai quant à moi tâché de faire apparaître à la conscience des phénomènes inconscients qui, complètement oubliés, sont quelquefois situés très loin dans le passé. »

On pourrait même dire que la physique est à la fois *un télescope et un microscope* braqués sur le temps, et qu'elle l'est de plusieurs façons. Par exemple en exhibant des temporalités très variées et en permettant la mesure de durées qui excèdent vertigineusement les capacités de nos sens et aussi celles de notre imagination : âge de l'univers (13,7 milliards d'années), durée de vie du boson de Higgs (10^{-23} seconde), périodes radioactives très petites ou très grandes (le tellure 128 a une période de 1,5 10^{24} ans, soit cent mille milliards de fois l'âge de l'univers), ce qui fait 54 ordres de grandeur entre la plus grande et la plus petite durée mesurable. Nous sommes donc loin d'être les contemporains de toutes les durées que nous mesurons. On devine facilement que de telles mesures extrêmes ne sont possibles que par le déploiement de multiples médiations entre le phénomène et sa capture numérique, médiations qui peuvent être très indirectes ou très subtiles. Il en va là du temps comme de l'espace : pour mesurer la distance entre la Terre et une galaxie, on ne peut plus tabler sur le geste d'une unité multipliée et mise bout à bout, par exemple un bon vieux double décimètre ; et pour comptabiliser une longueur qui se mesure en fractions de micron, le pied à coulisse n'a plus guère d'utilité ; quant aux montres, même à trotteuse, même Rolex, elles ne sont capables de se faire l'écho ni de la très courte durée de vie des particules instables, ni de l'âge des étoiles ou de l'univers. On a affaire à des phénomènes avec lesquels il nous est difficile d'entrer en « sympathie », puisqu'ils ne nous parviennent qu'à l'issue d'une livraison purement numérique ou abstraite. Nous ne coïncidons pas avec eux. Nous ne parvenons pas non plus à « mordre » sur eux. D'où, au passage, la critique que Bergson adressait à l'emprise croissante de la quantification. Il pensait en effet qu'il n'existe qu'un seul chemin pour entrer dans la chose, c'est de coïncider avec elle : la chose est la chose, rien ne l'égale ou n'en dispense, et nous la perdons dès que nous la saisissons à travers ce qui n'est pas elle-même.

La physique se rend également apte à décrire des événements situés très loin dans le passé, grâce aux collisionneurs de particules qui sont capables de « faire exploser le passé dans le présent » en recréant pendant des durées très brèves les phénomènes physiques qui eurent lieu dans l'univers primordial : on trouve dans le rayonnement cosmique des particules correspondant à des fréquences colossales, c'est-à-dire ayant des vibrations dont le rythme est frénétique. Elle saisit également des phénomènes dont le rythme, la cadence, la fréquence sont très élevés.

Ces quelques exemples suffisent à montrer que la physique a à voir avec toutes sortes de temporalités, de cadences, de rythmes. Quelle incidence tout cela doit-il avoir sur le temps, je veux dire sur notre *pensée du temps* ? En particulier, comment faut-il penser la relation entre le temps et les phénomènes temporels ? A-t-on le droit de dire que le temps est modulé, qu'il a lui-même une fréquence sous le seul prétexte qu'il love en son sein des phénomènes vibratoires ou des modulations périodiques ?

Si je me permets de poser cette question, c'est parce que le sujet de philosophie proposé cette année aux élèves des classes préparatoires scientifiques, c'est « le temps vécu », expression qui laisse entendre que le fait de vivre engendrerait un temps spécial, différent du temps physique, le temps vécu. Il y aurait en somme le temps physique, et, ailleurs, en marge ou contre celui-ci, le temps vécu.

Qu'en diraient les équations de la physique si elles pouvaient parler ?

Premièrement, que notre expérience du temps nous apprend beaucoup de choses sur nous-mêmes, mais ne nous renseigne guère sur le temps lui-même.

Deuxièmement, qu'il faut se méfier des mirages du langage : dès qu'il est mis dans une phrase, le mot « temps » crée une impression de savoir immédiat là où il n'y a, en réalité, aucune espèce de savoir réel. Le langage a tendance à confondre le temps avec les phénomènes temporels et l'usage que nous en faisons nous conduit à attribuer au temps des propriétés qu'il ne peut pas avoir.

Sous prétexte qu'il y a des moments qui semblent durer longtemps, que d'autres semblent au contraire passer très vite, nous croyons à l'existence d'une modulation du temps qui serait induite par le rythme de nos activités, la tension de notre emploi du temps ou la dynamique de notre attention. En réalité, ce que nous percevons du temps qui passe ne change rien à la façon qu'a le temps de passer : une minute dure une minute *quoi qu'en pense notre cerveau*, qui est un très mauvais chronomètre, une tocante minable et imprécise qui se dérègle à tout bout de champ (en fait, elle n'a jamais été réglée). C'est d'ailleurs pourquoi nous portons une montre au poignet : sa mission est de remettre notre piètre pendule interne à l'heure.

Mission importante, car maints facteurs se conjuguent pour modifier sans cesse la texture de notre lien avec le temps physique : notre âge, bien sûr, mais aussi notre état d'impatience, ou encore l'intensité et la signification qu'ont *pour nous* les événements en train de se produire. Sur l'impatience comme sur le reste, Marcel Proust avait d'ailleurs tout dit, que la théorie de la relativité ne dit pas : « Les jours qui précédèrent mon dîner avec Mme de Stermaria me furent, non pas délicieux, mais insupportables. C'est qu'en général, plus la durée qui nous sépare de ce que nous nous proposons est courte, plus elle nous semble longue, parce que nous lui appliquons des mesures plus brèves ou simplement parce que nous songeons à la mesurer [1]. »

Tout cela dit en effet bien des choses sur nous, mais rien du temps. Nous vivons dans le temps, certes, mais lui ne vit pas par nous. La vie est davantage temporelle que le temps n'est vécu.

19 décembre 2013.

1. Marcel Proust, *Le Côté de Guermantes*, Paris, Gallimard, « Bibliothèque de la Pléiade », vol. 2, 1954, p. 172.

UN CONTE DE NOËL

J'ai cherché un moyen d'associer la physique et Noël, et cela ne va pas de soi. Puis j'ai fini par me souvenir d'une affaire qui concerne Paul Dirac, ce théoricien britannique qui a contribué à la construction de la physique quantique. L'histoire commence en 1927. Dirac a alors vingt-six ans, peu d'amis, pas de compagne, et c'est à partir de ce moment-là qu'il va livrer de formidables combats dans lesquels il est seul engagé et dont le tumulte est silence pour le reste du monde. Avec son intellect pour seul outil et quelques intuitions en prime, il entreprend de décrypter un paragraphe essentiel de la prose absconse de la matière.

Le grand problème posé à cette époque est facile sinon à résoudre, du moins à énoncer. Depuis Noël 1925, les physiciens disposent d'une équation – l'équation de Schrödinger – qui permet de décrire le comportement de l'électron. Mais cette équation typiquement quantique ne donne de bons résultats que si la vitesse de l'électron est très faible devant celle de la lumière. Pour des électrons très rapides, comme ceux que l'on trouve au sein du rayonnement cosmique, rien ne va plus. Car l'équation de Schrödinger ne respecte pas les principes de la relativité d'Einstein. De par sa structure même, elle n'est valide que pour les particules dont la vitesse est lente. Or un électron, objet minuscule s'il en est, peut être également très *véloce*, et même se déplacer pratiquement à la vitesse de la lumière. Ce double statut impose donc que l'équation susceptible de le décrire en toutes circonstances soit une sorte de mariage de la physique quantique, qui traite des objets très petits, et de la théorie de la relativité, qui traite des objets très rapides. Cette équation à la fois quantique et relativiste, voilà ce qu'il faut impérativement mettre sur pied si l'on veut pouvoir disposer d'une description cohérente du monde microscopique.

C'est là que notre homme entre en scène. Selon son habitude, il commence par « jouer avec des équations et à regarder ce qu'elles donnent de beau ». Dirac n'est pas poète, mais sa démarche n'est pas sans évoquer celle de Mallarmé : il vise des formes aussi intemporelles, aussi pures que possible. Le défi qu'il s'est choisi semble colossal : aucune indication n'étant fournie par l'expérience, comment procéder ? Sur quelles bases mathématiques construire l'équation recherchée ? Personne ne le sait d'avance. Mais la motivation de Dirac est en titane. Pendant une année entière, il travaille d'arrache-pied, oublieux du reste du monde. Jusqu'à ce soir de Noël 1928 où, assis à son bureau du collège Saint John à Cambridge, il pose son stylo sur son cahier, relève la tête et, dans un spasme de réplétion esthétique, se dit : « Ça y est, je la tiens. » On comprendra plus tard que cette équation, l'équation de Dirac, était comme un cadeau de Noël pour la physique.

Mais assez vite, Dirac constate que son équation recèle quelque chose d'étrange, qui ne va d'ailleurs pas tarder à dérouter les physiciens, voire à susciter des réactions très violentes : certaines des solutions de son équation correspondent à des particules d'énergie… négative ! Or toutes les particules connues ont une énergie positive, y compris lorsqu'elles sont immobiles, puisque leur énergie est alors égale à leur énergie de masse mc^2. Si des particules d'énergie négative existaient, elles auraient donc aussi une masse négative. Cela impliquerait que, sous l'action d'une force, elles se déplaceraient dans le sens contraire à celui des particules ordinaires, toutes dotées d'une masse positive. Autrement dit, elles se comporteraient exactement comme la mule de la fable qui, lorsqu'on la tire en avant, part en arrière… Personne n'a jamais vu de telles attitudes dans le monde très obéissant des particules : toutes sans exception réagissent de la même façon à l'action d'une force. Mais alors, quelle est la signification de ces énergies négatives qui viennent de surgir dans le champ de la physique ? Faut-il les accepter ? Et si oui, quel statut leur accorder ?

Ce flottement et les controverses perdurent jusqu'en mai 1931, quand Dirac finit par comprendre que les énergies négatives sont associées à une nouvelle particule, jamais observée, qui a nécessairement la même masse que l'électron et une charge électrique opposée à la sienne. Ce nouvel objet microscopique est l'« antiparticule » de l'électron, qui sera bientôt baptisée le « positron ». Dirac démontre en outre qu'un électron et un positron ne peuvent jamais apparaître qu'ensemble, c'est-à-dire toujours par paire, un peu comme des frères jumeaux.

Comment a-t-il pu prédire pareille chose ? En proposant une nouvelle image du vide, qu'il conçoit non pas comme un espace qui serait débarrassé de tous les objets qu'il contient, mais comme plein… d'électrons ! Selon lui, des électrons peuvent se trouver dans les états d'énergie négative, qui sont en nombre infini. Ils forment la « mer de Dirac », une sorte de vide truffé de particules. Dans les conditions normales, tous les états d'énergie négative sont occupés, chacun par un électron. Mais ces électrons d'énergie négative ne sont pas observables directement : ils demeurent enfouis dans la mer et tout se passe comme s'ils n'existaient pas. Ce qui est détectable, en revanche, c'est tout changement qui se produit à partir de cette situation de départ : si un électron, sous l'influence d'un événement qui lui confère de l'énergie, passe d'un état d'énergie négative à un état d'énergie positive, il devient par là même subitement observable, et le « trou » qu'il a laissé dans la mer le devient lui aussi. Dans ce schéma, ce trou n'est autre que l'antiparticule de l'électron, c'est-à-dire le positron, apparu en même temps que l'électron lui-même. Un électron ne peut donc être créé sans qu'aussitôt un positron le soit aussi. En somme, pour Dirac, qui avait une conception classique du couple, l'idée de *mer* va de *pair* avec celle de *paire*. Sans doute y a-t-il là du grain à moudre pour les psychanalystes, qui pourront en discuter entre eux, je veux dire entre pairs.

Comme quoi tous les pairs ne sont pas de Noël.

Joyeuse fin d'année à tous.

26 décembre 2013.

Petite métaphysique de l'ennui

Je suis très heureux de vous retrouver, même si j'ai compris que mes chroniques ne servent pas à grand-chose. Je m'en suis rendu compte brutalement en lisant ou en écoutant certains commentaires de ces derniers jours à propos du chômage.

Vous vous souvenez peut-être qu'en septembre 2013 j'ai expliqué ce que presque tout le monde savait déjà : l'expression « inverser une courbe », fût-elle du chômage, était une expression inventée de toutes pièces et n'avait aucun sens mathématique. Évidemment, on peut toujours prendre ces mots au pied de leurs lettres et, dans ce cas, inverser la courbe du chômage, cela consisterait à inverser, au vrai sens du terme, la fonction $f(t)$ correspondant à cette courbe : $f(t)$ serait remplacé par $1/f(t)$). En l'occurrence, il ne peut s'agir de cela : on n'ambitionne quand même pas d'atteindre un nombre de chômeurs qui soit l'inverse de leur nombre actuel, puisqu'il n'en resterait alors qu'une fraction de millionième. « Inverser la courbe du chômage » ne peut vouloir dire « faire en sorte qu'il n'y ait plus qu'un ultime chômeur puis le découper à l'Opinel en plus de trois millions de rondelles »…

Alors on peut imaginer aussi que nos gouvernants se soient trompés de mot, qu'ils aient voulu dire « infléchissement » de la courbe, ou bien baisse de sa croissance, ou bien diminution de l'accélération de sa croissance. On peut enfin envisager qu'ils aient voulu entretenir le flou sur leur objectif par un petit bricolage sémantique.

Quoi qu'il en soit, peu importe puisque toutes les remarques qui ont pu être faites sur l'ambiguïté de cette expression n'ont pas été prises en compte. Les commentateurs de droite comme de gauche ont rapporté les chiffres du chômage de décembre comme si son sens d'une part existait, d'autre part était clair pour tout le monde. On a même assisté à un festival de poésie surréaliste : « L'inversion de la courbe a pris du plomb dans l'aile », « le germe de l'inversion est en cours » (eh oui ! si une courbe peut s'inverser, un germe peut bien « être en cours »), « le pays n'est pas dans une optique tendancielle d'inversion de courbe », ou bien « nous visons une inversion durable de la courbe » (sans voir qu'une inversion qui dure, c'est une inversion qui ne se fait pas, et donc tout le contraire de ce qu'on dit souhaiter)... À mon avis, la révolte gronde déjà dans les dictionnaires et je veux croire que le jour est proche où les mots martyrisés réclameront que les bouches qui les disent respectent le sens qu'ils ont. Ils en ont certainement plus qu'assez, les mots, qu'on se paye leur tête en se payant de mots ou qu'on les utilise pour fabriquer des « perles abracadabrantesques ».

À propos de perles, justement, vous connaissez cette phrase de José Bergamin : « L'ennui de l'huître produit des perles. » La connexion qu'elle établit entre perles et ennui me fournit la transition capillotractée dont j'ai besoin pour revenir sur ma chronique récente à propos du temps vécu. Cette chronique m'a valu un certain nombre de remarques auxquelles je voudrais répondre en parlant des vertus métaphysiques de l'ennui. Je sais, cela peut surprendre, mais vous verrez que ce détour n'est pas sans rapport avec la physique, du moins avec le temps physique.

Pour certains auditeurs, seul le temps vécu existe. C'est donc le temps physique qui serait une illusion, une idéalité ou une abstraction impalpable. Que penser, me demandent-ils, de ce temps prétendument physique qui échapperait aux différences d'appréciation subjective, serait censé palpiter de lui-même au cœur de la nature, que cette nature soit toute proche ou aux confins de l'univers ? Vraiment, le temps physique, s'il existait, ce serait une sacrée drôle de chose…

À cet argument je voudrais opposer le fait suivant : il existe une expérience du temps physique, une façon de l'éprouver directement, et cette expérience singulière, dont a très bien parlé le père Georges Vandenbeusch après les sept semaines qu'il a passées aux mains d'islamistes nigérians, c'est celle de l'ennui mortel : lorsque rien n'advient, lorsque rien ne s'annonce, nous éprouvons l'existence d'un temps débarrassé de ses travestissements et de ses chatoiements, d'un temps sans élasticité, d'un temps qui se dissocie du devenir autant que du changement. Ce temps-là, ce temps évidé, mis à nu, c'est précisément le temps physique tel qu'il a été défini par Newton, une sorte de substance homogène qui ne change pas au cours du temps sa façon d'être le temps.

Dans l'expérience de l'ennui, rien ne se passe, sauf le temps qui passe. L'ennui désintoxique ainsi notre rapport au temps, en le débarrassant de tout ce qui d'ordinaire l'enrobe ou le parasite. Il agit comme un chalumeau temporel puisqu'il consume ce qui n'appartient en réalité qu'à la périphérie du temps.

En somme, l'ennui décolle le temps de l'existence comme on décolle le papier peint d'un mur.

On pourrait dire qu'il ressemble à une pièce de monnaie : il a une certaine valeur et une double face. Sur le côté pile, le mauvais, il est l'indice d'une vacuité existentielle : Flaubert disait de l'ennui que d'un homme intelligent il est capable de faire « une ombre qui marche, un fantôme qui pense [1] ». Mais sur le côté face, le bon, il offre la possibilité d'un contact ouvert avec soi. Lui qu'on présente toujours comme un enfer à fuir est en réalité capable de s'inverser en une occasion d'en apprendre sur soi (j'ai dit « inverser » moi aussi !). En compagnie de l'ennui, on est seul : impossible, donc, de se rater. Lorsqu'il atteint cette dimension métaphysique, l'ennui devient un vide nourricier capable d'ouvrir à ce qui sommeille en soi. S'ennuyer, ce n'est pas seulement « chiquer du temps pur », comme disait Cioran, c'est aussi accéder à une certaine conscience de soi.

Bien sûr, l'expérience de l'ennui ne suffit pas pour construire l'idée de temps physique, encore moins pour la mathématiser comme Galilée et Newton l'ont fait : l'homme a connu l'ennui bien avant d'inventer la physique moderne ! Reste que l'ennui permet d'approcher l'essence du temps physique en le faisant exceptionnellement coïncider avec ce que d'aucuns appellent le « temps vécu ». J'espère que je ne vous ai pas trop ennuyé, mais un peu quand même…

2 janvier 2014.

1. Gustave Flaubert, *Correspondance*, choix et présentation de Bernard Masson, Paris, Gallimard, « Folio Classique », 1998, lettre du 7 juin 1844.

Paris et l'origine du monde

Je crois savoir qu'Anne Hidalgo sera votre invitée. J'imagine que vous allez parler de Paris et des Parisiens. Peut-être pourriez-vous l'interroger sur la pertinence que peuvent avoir aujourd'hui ces deux remarques. La première est de Balzac : « L'homme malheureux de Paris est l'homme malheureux complet, car il trouve encore de la joie pour savoir combien il est malheureux. » La seconde est de Jacques Audiard : « Conduire dans Paris, c'est une question de vocabulaire. » Eh oui, au volant, il faut connaître quelques gros mots, pas forcément pour les prononcer, mais pour comprendre un peu ce qu'on entend parfois…

De ma modeste place, je me contenterai de signaler qu'*imaginer* est l'anagramme de *migraine* et que *Parisien* est celle d'*aspirine*, ce qui permet de supposer que le fait d'être parisien suffit à guérir les symptômes céphaliques qu'engendrent les excès d'une pensée trop active.

J'en fais en tout cas le pari et me propose de vous parler d'une interrogation qui fait mal à la tête car elle transforme notre cerveau en bouillon de culture pour points d'interrogation. Cette question, c'est celle de l'origine : d'où venons-nous ? Et d'abord, d'où vient qu'il y a un univers et non pas rien ? Tout cela pourrait nous laisser indifférents. Il serait même possible de transposer, à propos de l'origine de l'univers, l'argument que Jean d'Ormesson a développé à propos du foie gras : « Quand on aime le foie gras, a-t-il écrit, il est inutile de connaître l'oie. » En réalité, c'est tout le contraire qui se passe : la question de l'origine de l'univers nous passionne. Nous avons beau savoir qu'elle relève du mystère le plus profond, cela n'empêche : dès qu'un discours prétend nous éclairer sur elle, nous tendons l'oreille comme si nous espérions encore pouvoir entendre l'écho du tout premier signal.

Certains nous parlent de *création ex nihilo*, expression fort curieuse puisqu'elle suggère qu'un méli-mélo de néant et d'être aurait déclenché l'univers. Mais par quel mécanisme le néant pourrait-il avoir cessé d'être le néant ? On ne se bouscule guère pour le dire. D'autres expliquent qu'« au tout début *il y avait* ceci ou cela ». Mais un début qui fait suite à quelque chose qui l'a précédé, est-ce vraiment *le* début ? D'autres encore évoquent une « cause première », c'est-à-dire une cause qui serait elle-même dépourvue de cause. Mais quel sens pouvait bien avoir le mot « cause » quand rien n'existait encore ? D'autres enfin nous parlent du chaos primordial comme s'ils s'y sentaient chez eux. Du coup, leurs propos ne sont jamais très ordonnés, et pour cause…

Reste que presque toutes les sociétés, grandes ou petites, puissantes ou faibles, perdues sur un îlot rocheux ou dans un désert inhospitalier, proposent une « histoire du monde » et de son origine. C'est la preuve que ces questions envoûtent presque tous les hommes, aimantent leur esprit et leur âme.

Les philosophes et même les psychanalystes n'ont pas manqué d'apporter des réponses au pourquoi de cette fascination : l'origine, expliquent-ils, serait le moteur même de notre questionnement, une sorte de manque qui nous habite, un vertige qui dynamise notre pensée.

Je voudrais compléter leurs réponses par l'argument suivant : si la question de l'origine est si captivante, si difficile à licencier, c'est aussi parce qu'elle se situe au point de rencontre de deux mouvements opposés de la pensée : le premier est celui qui incite à considérer que seule la compréhension du passé peut fonder l'intelligence du présent ; le second est celui qui incite à croire qu'on ne peut comprendre *ce qui fut* qu'à partir du moment où l'on comprend *ce qui est.*

Ces deux mouvements de la pensée (celui qui jaillit de l'origine et celui qui vole vers elle) se heurtent comme deux plaques tectoniques, ce qui a pour effet de porter l'intérieur de nos crânes jusqu'à des températures extrêmes.

Le premier mouvement nous porte à croire que si nous connaissions la véritable origine de l'univers, nous connaîtrions *ipso facto* l'intégralité de son devenir. Cela revient à considérer que le commencement est un dieu, c'est-à-dire à juger que le sens et le terme de l'histoire sont fixés par son début, et même déjà contenus en lui, de sorte qu'il nous suffirait de le comprendre pour tout comprendre.

Mais inversement – c'est le second mouvement –, une part de notre activité intellectuelle est rétrospective par prédilection. Nous nous plaisons à considérer que les vérités sont nécessairement éternelles, de sorte que notre entendement attribue à toute affirmation qu'il croit vraie un effet rétroactif. Si c'est vrai maintenant, c'est que c'était déjà vrai dans le passé, ne fût-ce que sous forme embryonnaire. C'est ce que Bergson appelle le « mouvement rétrograde du vrai ». C'est l'idée que le présent projette son ombre dans le passé et nous donne l'illusion que si l'on connaissait la vérité intégrale du présent, alors on découvrirait du même coup celle du passé, y compris celle de l'origine.

Avez-vous remarqué que lorsqu'on parle d'origine, on feint toujours de se donner le principe d'où viennent les éléments ultérieurs, alors que c'est l'opération inverse qui a lieu ? L'ultérieur prétendu se trouve seulement rétrogradé vers un avant qui le conserve et le fige en modèle intemporel. On fait comme si les effets devaient nécessairement ressembler aux causes qui les produisent. Ce faisant, on tourne en rond puisqu'on insère au sein même de l'origine ce qui en est issu. On fabrique ainsi un joli poisson qui se tord de douleur, je veux dire qui se mord la queue.

Mais je dois vous avouer que je ne suis plus tout à fait certain de comprendre ce que j'ai écrit cette nuit…

En résumé, j'ai voulu dire que le statut de l'origine est ambivalent. Elle est le problème à résoudre en premier, en même temps que celui qu'on ne pourra résoudre qu'après avoir résolu tous les autres… D'où l'aspiration, tenace mais toujours déçue, qu'elle exerce sur nos esprits.

La question du début a ceci de paradoxal que c'est une question sans fin. Cela suffit à la distinguer de cette chronique, qui, elle, vient tout juste de se terminer.

16 janvier 2014.

Le poisson et les antiparticules

Je me suis rendu compte cette semaine en relisant mes chroniques que je vous ai parlé de chats, de moutons, de vaches et de lions, mais jamais de poissons. Je me sens obligé de réparer cet oubli aujourd'hui, en vous proposant de réfléchir à la situation suivante : imaginons un poisson des grandes profondeurs qui ne remonte jamais jusqu'à la surface et qui ne descend jamais jusqu'au fond de la mer : il se contente d'aller et venir à sa guise en restant toujours entre deux eaux. Régulièrement, il voit passer des objets qui coulent, par exemple des détritus jetés par-dessus bord par des marins. Notre poisson, que je suppose intelligent, raisonne et finit par conclure que quelque chose doit exister qui force tous ces objets à aller dans la même direction, en l'occurrence vers le bas. Peut-être lui viendra-t-il l'idée de leur attribuer une masse positive, par laquelle ils se couplent au champ de gravitation qui les attire vers le fond.

Mais un jour, notre poisson voit tomber une bouteille vide dans laquelle un peu d'air est resté emprisonné. Au moment où cette bouteille touche le fond, de l'air est libéré sous l'effet du choc : des bulles s'échappent, qui toutes montent vers le haut. Qu'en dit le poisson ? Que ces bulles semblent faire les choses à l'envers puisqu'elles se déplacent en sens inverse des objets ordinaires. En somme, tout se passe comme si elles avaient une masse de signe opposé, c'est-à-dire une masse négative. Mais, s'il est très très futé, le poisson imaginera peut-être quelque chose de plus fort : il comprendra que les bulles d'air sont en réalité la manifestation *visible* de la place *invisible* qu'elles occupaient au sein de la bouteille qu'elles ont quittée.

Ce raisonnement que je viens d'attribuer à un poisson fut *grosso modo* celui que Paul Dirac développa en 1931 et qui lui permit de prédire l'existence de l'antimatière : il entrevit en effet que la particule de masse négative qui était apparue dans ses équations et qui semblait tout faire à l'envers était en réalité une antiparticule qui faisait les choses à l'endroit. La masse de cette antiparticule, qu'on appellera plus tard le « positron », est la même que celle de l'électron mais sa charge électrique est égale et opposée à celle de l'électron, c'est-à-dire positive. Ce positron fut découvert quelques mois plus tard, en 1932, dans le rayonnement cosmique, ce qui démontra que Dirac avait raisonné juste.

Aujourd'hui, on sait que toutes les particules ont leur antiparticule, l'antiproton pour le proton, l'antineutron pour le neutron, l'antiquark pour le quark, l'antiquaire pour le… Ah non ! ça, c'est autre chose. Mais il y a une chose qu'on ne comprend pas : on n'explique pas comment il se fait que l'univers est constitué presque exclusivement de particules, et non pas d'antiparticules, alors qu'on s'attendrait à ce que la matière et l'antimatière jouent des rôles symétriques. Or, d'une part, nous constatons qu'il n'existe pratiquement pas d'antimatière en dehors des laboratoires dans lesquels des physiciens en fabriquent, d'autre part, nous savons qu'il n'en a pas toujours été ainsi : dans son passé très lointain, l'univers contenait presque autant d'antiparticules que de particules. La question qui se pose est donc la suivante : d'où provient que notre monde soit constitué des premières plutôt que des secondes ?

Vous me direz : on sait que les galaxies sont des îlots de matière dans l'espace. Ne peut-on pas imaginer que certaines d'entre elles soient composées d'antimatière ? Cette hypothèse a été évoquée pendant un temps, mais elle n'a pas résisté aux observations, car l'existence de collisions entre galaxies de matière et galaxies d'antimatière devrait produire, par annihilation mutuelle, un rayonnement très intense dans toutes les directions du ciel. Ce rayonnement n'a jamais été observé. En outre, personne n'est parvenu à imaginer un processus qui aurait pu séparer totalement la matière de l'antimatière de façon qu'elles puissent former ensuite de grandes structures homogènes. Nous sommes donc invités à admettre l'existence d'une dissymétrie : au sein de notre univers, la matière domine et l'antimatière a été éliminée. Par quel mécanisme ? C'est ce qu'il faudrait savoir. Pour cela, il faut faire des expériences, comme celle qui est installée au CERN et qui porte le doux nom d'ASACUSA. Elle vise à créer des atomes « hybrides », c'est-à-dire des atomes qui contiennent à la fois des particules et des antiparticules, comme par exemple de l'« hélium antiprotonique ». Qu'est-ce donc ? Avec deux électrons qui tournent autour d'un noyau central, l'hélium possède, après l'hydrogène, la structure la plus simple. Le but est de remplacer l'un des deux électrons par un antiproton, d'obtenir ainsi un atome d'« hélium antiprotonique », qu'on pourrait étudier avec précision pour voir s'il y a ou non une très faible différence de comportement entre le proton et son antiparticule. Les physiciens qui travaillent sur cette expérience viennent déjà de réussir à produire un faisceau de 80 atomes d'antihydrogène, constitués d'un antiproton et d'un positon qui lui tourne autour, ce qui va leur permettre de faire des mesures spectroscopiques très précises et de détecter d'éventuelles violations de symétries jugées fondamentales. Inutile de vous dire que si c'était le cas, cela ferait du grabuge dans le Landerneau des physiciens (je salue au passage *les écoliers de Landerneau*, que je me garderai de confondre avec *les écolos de l'an dernier*).

À propos de grabuge, vous savez, Marc, qu'on vient de détecter l'explosion d'une étoile dans la galaxie Messier 82. Cette explosion a libéré en une seconde – tenez-vous bien – autant d'énergie que le Soleil en 10 milliards d'années. Elle s'est produite il y a 12 millions d'années. Comme cette galaxie, qu'on surnomme la galaxie du Cigare, est située à 12 millions d'années-lumière de la nôtre, la lumière émise par cette explosion nous arrive précisément maintenant. Elle devrait être visible avec une simple paire de jumelles dans les jours prochains. Il vous suffira de regarder dans la direction de la Grande Ourse (je vous donne cette précision car, comme ça, j'aurai aussi parlé des ours en plus des poissons, ce qui fera d'une pierre deux coups).

30 janvier 2014.

Hommage à Jean Cavaillès

Vous serez d'accord avec moi pour dire qu'il y a davantage de nombres entiers que de nombres pairs. C'est d'ailleurs évident puisque chacun sait bien que seulement un nombre entier sur deux est pair. Et pourtant cette évidence est fausse. Pourquoi ? Parce qu'on peut établir une correspondance parfaite (« bijective ») entre tous les nombres entiers et tous les nombres pairs. Il suffit d'associer à chaque nombre entier le nombre qui est son double : à 1 on associe 2, à 2 on associe 4, à 3 on associe 6, à 4 on associe 8, etc., ce qui démontre qu'il y a en réalité autant de nombres entiers que de nombres pairs. Ce nombre est bien sûr infini. On l'appelle l'infini dénombrable. C'est le plus petit des infinis (il y a en fait une infinité de sortes d'infinis). L'infini dénombrable, c'est une sorte d'atome d'infinité, expression qui, si on l'entend bien, est capable de réveiller notre imaginaire, et peut-être de nous réveiller tout court, ce qui ne serait pas du luxe à cette heure-ci, excusez-moi d'y insister…

Ce résultat surprenant – la partie d'un ensemble peut être aussi grosse que l'ensemble lui-même – est la preuve que la vraisemblance ne prépare pas à la vérité, et que le plausible n'est pas forcément un bon indice. Il arrive même qu'une découverte surprenne tellement son auteur qu'il ne parvienne pas à la croire.

C'est ce qui advint au XIXe siècle au mathématicien Georg Cantor lorsqu'il entreprit de clarifier la notion d'infini qui jusqu'alors n'apparaissait en mathématiques que sous une forme négative : l'infini n'était que le « non-fini », ce qui ne constitue pas une définition très précise. Dans le cours de ses recherches, Cantor en est venu à se poser la question de savoir s'il est vraiment vrai qu'il y a plus de points dans un carré de côté L que sur un segment de longueur L. La réponse qui s'est imposée à lui est qu'il y a exactement autant de points sur le segment que dans le carré ! Cette conclusion le dérangea profondément car elle débordait sa propre pensée et déréglait ses idées les plus sûres : le segment étant contenu dans le carré, Cantor s'attendait à ce qu'il y ait beaucoup plus de points dans le carré que dans le segment. Il fut littéralement effrayé par sa découverte que son intuition rejetait viscéralement mais que sa raison devait bien admettre puisqu'il avait découvert une preuve de sa véracité. Dans une lettre datée du 29 juin 1877 adressée à son collègue Dedekind, il rendit compte de son désarroi par ces mots : « Je le vois, mais je ne le crois pas... [1]. »

Un peu plus tard, Henri Poincaré expliquera que nous devons nous méfier de notre instinct en matière de vérité :

« Un sentiment de certitude absolue accompagne l'inspiration et il arrive que ce sentiment nous trompe sans pour autant être moins vif. Quand une illumination subite envahit l'esprit du mathématicien, il arrive le plus souvent qu'elle ne le trompe pas, mais il arrive aussi qu'elle ne supporte pas l'épreuve d'une vérification ; eh bien ! On remarque presque toujours que cette idée

1. Cité par Jean Cavaillès, préface de l'édition de la correspondance Cantor-Dedekind, reprise dans *Philosophie mathématique*, Paris, Hermann, 1962, p. 179.

fausse, si elle avait été plus juste, aurait flatté notre instinct naturel de l'élégance mathématique [1]. »

Si je vous parle de tout cela c'est parce qu'il y a soixante-dix ans, quasiment jour pour jour, un homme qui s'était intéressé de très près à toutes ces questions était fusillé par les Allemands dans la citadelle d'Arras. Il venait d'avoir quarante ans. Il s'appelait Jean Cavaillès. Il fut un philosophe et un logicien, mais aussi un combattant, un résistant, un chef de réseau, un homme d'action et même de coups de main. Ce major de l'École normale, qui a inspiré le rôle joué par Paul Meurisse dans *L'Armée des ombres*, fit sauter des ponts, des transformateurs, des trains et des usines. Jean Cavaillès fut « un philosophe mathématicien bourré d'explosifs », pour reprendre les mots de Georges Canguilhem qui l'avait bien connu, le mot « explosif » étant à prendre au sens propre et au sens figuré. Car sa pensée était elle aussi radicale : selon lui, la tâche de la philosophie est de substituer au primat de la conscience le primat du concept. La philosophie doit refuser le déclin de la preuve pour devenir fille de la rigueur. Elle s'apparente donc davantage aux mathématiques qu'à la littérature : philosopher, c'est démontrer et non pas faire des confidences sur sa subjectivité propre, c'est une affaire de concepts plutôt que l'épanchement des états d'âme de l'intellect ou des tourments du *cogito*.

Cavaillès est entré en résistance non par appartenance à une ligne politique, mais par logique. La lutte contre l'inacceptable était inéluctable, donc nécessaire, un point et c'était tout. Et par lutte, il ne faut pas entendre l'indignation chuchotée dans les couloirs, le porte-à-porte patriotique ou l'alimentation des boîtes aux lettres en

1. Henri Poincaré, *Science et méthode*, chapitre 3 (« L'invention mathématique »), Paris, Flammarion, 1908, p. 67.

tracs vengeurs. Par lutte, il faut entendre le combat les armes à la main.

Arrêté et emprisonné à plusieurs reprises, évadé à chaque fois sauf la dernière, il ne renonça jamais, ni à l'action la plus subversive ni à la réflexion la plus abstraite. En 1942, loin des livres, dans la solitude héroïque d'une prison, il écrivit un ouvrage incroyable intitulé *Sur la logique et la théorie de la science*, livre qui ébranlera plus tard la scène philosophique.

Cavaillès fut arrêté par la Gestapo en août 1943, puis torturé, condamné à mort et exécuté cinq mois plus tard, en février 1944. Pour ceux qui ont découvert son cadavre dans une fosse commune, il était simplement l'« inconnu n° 5 ». Ses bourreaux n'avaient sans doute pas à l'esprit que pour un mathématicien, être appelé l'« inconnu », cette chose que les mathématiques permettent de réduire calmement par le calcul, c'était un titre de gloire et la plus belle des épitaphes.

Pour finir, je ne vous livrerai pas d'anagramme, mais ces lignes écrites par Georges Canguilhem :

« D'ordinaire, pour un philosophe, écrire une morale, c'est se préparer à mourir dans son lit. Mais Cavaillès, au moment où il faisait tout ce qu'on peut faire quand on veut mourir au combat, composait, lui, une logique. Il a donné ainsi sa morale, sans avoir à la rédiger. »

6 février 2014.

Quand dans le froid l'eau chaude se les gèle

Ces derniers mois, je vous ai longuement parlé du boson de Higgs, et aussi du CERN, le Laboratoire européen de physique des particules situé à Genève, et aussi du LHC, le grand collisionneur de protons de 27 kilomètres de circonférence grâce auquel on a pu détecter ledit boson en l'obligeant à sortir du vide quantique où il était resté tapi depuis des milliards d'années.

Ce que je ne vous avais pas encore expliqué, c'est que le LHC devrait fonctionner jusqu'en 2035, avec des performances qui s'amélioreront au fil des ans. Mais les physiciens ont de la suite dans les idées, ce qui est toujours mieux que d'avoir des idées dans la suite comme on le sait depuis une certaine affaire. Ils pensent d'ores et déjà à l'après du LHC. Le 6 février dernier, le CERN a annoncé qu'il lançait une étude exploratoire pour la réalisation d'un futur collisionneur circulaire à l'intérieur d'un tunnel dont la circonférence serait comprise entre 80 et 100 kilomètres… L'énergie des protons que cette gigantesque fronde accélérera pourrait atteindre la centaine de TeV, soit sept fois plus qu'avec le LHC (un téraélectron-volt = mille milliards d'électron-volts). Grâce à elle, les physiciens du futur pourraient faire ressurgir le passé dans le présent et ainsi étudier les phénomènes violents qui se sont produits très tôt dans l'univers primordial, et peut-être même détecter des particules de matière noire. À moins, à moins qu'une votation populaire suisse ne vienne décider qu'il faut limiter le flux de ces particules au motif qu'elles sont transfrontalières (le tunnel du LHC traverse la frontière franco-suisse). En outre, elles sont gorgées d'énergie et truffées de quarks et même d'antiquarks et même de gluons, elles sont aussi porteuses d'une charge électrique non nulle qui les empêche d'être neutres, ce qui pourrait finir par les rendre inaptes en matière d'helvétitude et ontologiquement louches…

Je suis conscient qu'en vous parlant de ce projet pharaonique, je laisse entendre que pour faire de très grandes découvertes en physique, des découvertes de portée cosmologique capables d'aider au recensement du mobilier de l'univers, il faut d'énormes appareils qui demandent des décennies pour être conçus, décidés, construits et exploités. Les choses sont en effet ainsi : pour voir des objets toujours plus ténus, il faut disposer de densités d'énergie toujours plus grandes, et donc construire des machines gigantesques capables d'accélérer sur de longues distances des particules jusqu'à de très hautes énergies puis de les faire entrer en collision. C'est la dure loi du sport quantique : pour voir petit, il faut taper fort. Dans le monde du microcosme, ni les tendres caresses ni les timides effleurements ne révèlent grand-chose de ce qui se passe. Il faut donner dans le brutal, c'est comme ça.

Il n'en reste pas moins vrai que des découvertes, certes de moindre portée, mais tout aussi fascinantes, peuvent encore être faites par des amateurs, et même par des élèves du secondaire. Ce fut le cas notamment en 1963 lorsqu'un jeune lycéen tanzanien, Erasto Mpemba, découvrit que de l'eau chaude pouvait geler plus vite que l'eau froide, du moins dans certaines conditions. L'idée lui en vint lors d'un cours de cuisine, lorsqu'il se rendit compte que le lait chaud qu'il avait mis dans le réfrigérateur s'était transformé en crème glacée plus rapidement que le lait froid qu'y avaient mis ses camarades. Il en parla à ses professeurs, qui restèrent incrédules, mais finit par trouver un chercheur, Denis Osborne, qui le prit au sérieux, reproduisit avec succès l'expérience et en publia les résultats. On parle depuis de « l'effet Mpemba ». C'est un effet paradoxal, car avant de geler l'eau chaude doit d'abord devenir froide, et on ne comprend donc pas comment un volume d'eau chaude pourrait geler plus vite que le même volume d'eau froide.

En fait, cette découverte était une redécouverte. Aristote soi-même avait déjà noté le phénomène en l'attribuant à ce qu'il appelait l'*antiperistasis*, mot qui a bien l'air d'être grec de chez grec sur toute sa longueur et qui désigne « l'amélioration d'une qualité due à un entourage de qualité opposée ». C'est par exemple grâce à l'*antiperistasis* que l'eau d'un puits dans laquelle on trempe la main paraît plus chaude si l'on est en hiver que si l'on est en été… Mais cette amélioration n'a pas l'air de fonctionner en toutes circonstances : je n'ai pas noté que le fait d'être entourés de gens stupides suffise à nous rendre plus intelligents…

Mais j'en reviens à l'effet Mpemba. Comment l'expliquer ? Plusieurs pistes ont été évoquées, à commencer bien sûr par l'évaporation : une partie notable de l'eau chaude s'évapore pendant le refroidissement, ce qui a pour effet de diminuer la masse qui doit être réellement refroidie. Mais le phénomène a également été vérifié en utilisant un récipient clos, ce qui montre que l'évaporation ne suffit pas à l'expliquer.

D'autres chercheurs attribuent ce comportement à la teneur en gaz dissous qui n'est pas la même dans l'eau chaude et dans l'eau froide. Or, en chauffant de l'eau, on élimine en grande partie les gaz dissous en elle, notamment le dioxygène et le dioxyde de carbone, qui, lorsqu'ils sont présents, jouent un rôle dans la dynamique du gel (Descartes, dans *Les Météores*, ce livre dans lequel il parle des phénomènes naturels, avait déjà noté que de l'eau bouillie qu'on a laissée refroidir à la température ambiante gèle plus vite que de l'eau non bouillie conservée à la température ambiante). D'autres explications sont avancées, sans qu'aucune ne soit vraiment convaincante, ce qui veut dire que, cinquante ans après qu'il a reçu son nom, l'effet Mpemba continue de faire tourner les physiciens en bourrique. Or, cinquante ans, c'est une durée encore plus longue que celle que les physiciens ont mise pour découvrir le boson de Higgs.

Ce constat devrait encourager nos lycéens à se risquer à faire des trouvailles. Qui sait, ils découvriront peut-être des phénomènes qu'on ne comprendra que dans très longtemps, peut-être même bien après qu'on aura résolu l'énigme de la matière noire grâce à un futur grand collisionneur…

13 février 2014.

Histoires d'eau

L'autre jour, j'étais à Genève, il faisait plutôt beau, alors j'en ai profité pour me baigner dans le lac Léman. Et j'ai assisté à une scène étonnante, pour ne pas dire incroyable.

Laissez-moi vous la raconter.

À quelques mètres de moi, il y avait un homme qui nageait tranquillement et qui, vu de loin, ressemblait vaguement à saint Pierre. Après avoir fait quelques brasses, j'ai aperçu sur la plage un jeune homme qui, vu de loin, avait une vague ressemblance avec Jésus de Nazareth : barbe, cheveux longs, relative maigreur. Il marchait en bombant le torse, dans l'espoir manifeste d'épater les jeunes filles qui se prélassaient sur le sable. Ça n'avait pas l'air de marcher très fort pour lui. Alors, sans doute un peu vexé, il a sorti le grand jeu : il s'est mis à marcher sur l'eau. J'étais un peu ahuri, mais alors qu'il passait à quelques mètres de moi, j'ai entendu le gars qui ressemblait à saint Pierre crier à cet homme qui ressemblait de plus en plus à Jésus de Nazareth : « T'es con, elle est bonne. » Fin de citation (et excusez-moi pour le terme grossier qu'elle contient, je ne fais que répéter ce que j'ai entendu).

Cette anecdote m'a remis en mémoire un article qui avait été publié en 2005 par une équipe de chercheurs du CNRS et de l'université Paris-VII dirigée par Yves Couder et qui montrait qu'on peut faire « marcher » de l'eau sur l'eau, je veux dire des gouttes d'eau sur la surface de l'eau [1]. Cela mérite quelques explications, et je vais vous les donner. Prenez un récipient plein d'eau. Agitez-le de bas en haut et de haut en bas, d'une façon qui soit la plus régulière possible. Sans cesser de le secouer, laissez tomber, à l'aide de votre troisième main, une goutte d'eau sur la surface liquide : vous aurez peut-être alors la surprise de voir la goutte rebondir à la surface de l'eau. Comment comprendre cela ? Par le fait qu'à certaines fréquences d'agitation, la couche d'air présente juste avant le contact entre la goutte d'eau et la surface du liquide n'a pas le temps de s'évacuer, de sorte que la goutte rebondit sur cette couche d'air avant même de toucher l'eau, un peu comme sur un trampoline.

Mais ce qu'ont pu également observer les chercheurs, c'est que la goutte qui rebondit peut également « marcher » sur la surface de l'eau. Comment expliquer pareil miracle ? D'une façon très simple, puisque ce n'est justement pas un miracle : à chaque fois qu'elle s'approche du liquide, la goutte crée une onde qui se manifeste par l'apparition de petites vagues concentriques qui se propagent à la surface de l'eau. Dans certaines conditions, notamment de fréquence et d'amplitude du mouvement de la surface du liquide, la goutte retombe sur le côté d'une vaguelette, puis à nouveau sur le côté d'une autre vaguelette qui l'entraîne encore plus loin, et ainsi, de proche en proche. On voit la goutte qui, de rebondissement en rebondissement, se translate selon une trajectoire rectiligne. Autrement dit, de l'eau peut marcher sur l'eau, pour peu qu'on l'aide un peu.

Mais bien sûr, la question qui nous intéresse, c'est : est-ce que nous pourrions, nous, marcher sur l'eau, nous

1. Y. Couder, S. Protière, E. Fort, A. Boudaoud, « Walking andorbiting bouncing droplets », *Nature*, 8 septembre 2005.

autres qui sommes des gouttes d'eau si grosses qu'elles feraient déborder n'importe quel vase ?

Nous pourrions prendre exemple sur les gerris, ces punaises d'eau à six pattes munies de poils hydrophobes qui, elles, marchent sur l'eau. Comment y parviennent-elles ? La surface de l'eau se comporte comme une mince pellicule élastique. En réponse à la déformation que lui fait subir l'insecte, cette mince pellicule exerce une force dont l'amplitude est d'autant plus grande que le périmètre de la surface en contact est plus élevé. Un calcul simple montre que pour un homme, il faudrait un tour de pied de plusieurs kilomètres pour que ce mécanisme lui permette de se balader sur l'eau ! Les gerris, bien plus légers que nous, ne peuvent donc pas être imités par des êtres qui n'ont que deux pattes et dont la pointure est en général modestement comprise entre 35 et 45…

Il vaudrait mieux s'inspirer des basilics, ces petits lézards d'Amérique tropicale qui arrivent à courir sur l'eau à la vitesse de 10 kilomètres par heure. Comment font-ils pour ne pas couler ? Si l'on observe la mécanique de leurs pas, on voit qu'ils se décomposent en trois phases.

Première phase : le lézard frappe la patte à plat sur l'eau, un peu comme lorsqu'un plongeur fait un « plat ». En frappant l'eau, la patte lui cède un peu de sa quantité de mouvement et accélère un petit volume d'eau. En réaction, l'eau exerce une force sur la patte et la ralentit.

Deuxième phase : la patte ralentie du basilic s'enfonce très rapidement dans l'eau, si rapidement que l'eau ne la recouvre pas instantanément. Un trou d'air de plusieurs centimètres de profondeur se forme donc brièvement dans l'eau, au-dessus de la patte.

Troisième étape : le basilic retire sa patte très rapidement, avant que le trou d'air ne se remplisse d'eau (s'il le faisait après, il deviendrait plus difficile pour lui d'extraire sa patte, car il devrait lutter contre la résistance de l'eau qui se serait accumulée au-dessus).

Cette dernière condition impose que le rythme des foulées soit très rapide. La patte du lézard doit quitter l'eau en moins de 50 millisecondes.

Quid de l'homme ? Prenons-en un comme vous et moi, 70 kilogrammes avec une plante de pied de 300 centimètres carrés. Un petit calcul montre que pour pouvoir faire comme le basilic, il nous faudrait avoir une vitesse de l'ordre de 20 ou 30 mètres par seconde, soit plus de 70 kilomètres à l'heure…

La morale de l'histoire, c'est que pour marcher sur l'eau, il faut courir très vite, plus vite que n'importe quel être humain. Cela relève donc bien du miracle, même si on trouve des vidéos sur internet montrant des jeunes gens qui, après s'être élancés depuis le bord d'un lac, ont l'air de pouvoir courir sur l'eau pendant quelques secondes, d'effectuer quelques foulées très rapides avant de s'enfoncer irrémédiablement dans l'eau. À les croire, on pourrait un peu courir sur l'eau ; mais il faudrait vérifier qu'il n'y a pas sous l'eau une planche qui aide beaucoup à courir un peu sur l'eau.

20 février 2014.

DES ANAGRAMMES (POUR UNE FOIS) SÉRIEUSES [1]

Vous avez noté, peut-être pour le déplorer, que la plupart de mes chroniques sont d'une tonalité plutôt légère, pas vraiment sérieuse, et je pense qu'il est grand temps que cela cesse. Finie la rigolade, et la bonne nouvelle du jour, c'est que le début de la fin de la rigolade commence très exactement tout de suite.

Par exemple, j'ai beaucoup joué avec les anagrammes, comme si elles n'étaient que des lubies gâteuses, de petits prétextes pour jouer avec la matrice orthographique des mots de façon parfaitement dérisoire. Cette désinvolture de ma part était coupable et j'en suis désormais honteusement conscient. Alors, pour me faire pardonner, je veux vous montrer aujourd'hui qu'il y a aussi un usage sérieux des anagrammes, et que les anagrammes ont même joué un rôle très important dans la grande histoire de la physique.

Comme chacun le sait, cette grande histoire ne commence vraiment qu'avec Galilée qui, en 1610, publie les résultats de ses observations dans un livre intitulé *Le Messager des étoiles*. Il révèle au public l'inégalité de la surface lunaire, l'existence d'un grand nombre d'étoiles qui

---

1. Pour en savoir plus, voir le livre de Fernand Hallyn, *Les Structures rhétoriques de la science*, Paris, Le Seuil, 2004.

n'avaient jamais été vues, et aussi celle des satellites de Jupiter.

Mais pour communiquer ses découvertes les plus nouvelles et les moins sûres, comment Galilée procède-t-il ? Il se sert d'anagrammes, qu'il envoie à d'autres astronomes, qui sont aussi ses concurrents ! Ce procédé était pour lui un moyen de s'assurer de la priorité de ses observations tout en se donnant le temps de les vérifier et de les affiner. Cela lui permettait en outre d'augmenter l'impact de ses trouvailles en les entourant d'un halo de mystère.

Par exemple, un jour (ou plutôt une nuit), Galilée remarque la forme singulière de Saturne, mais sa lunette n'est pas assez puissante pour qu'il puisse voir que cela est dû à la présence d'un anneau. Il croit que Saturne est constitué de trois planètes agglutinées, l'une grosse et deux autres petites. Il envoie à Kepler, qui est à Prague, une suite de lettres mélangées dans une séquence incompréhensible :

Smaismrmilmepoetalevmibunenugttaviras.

Kepler trouve une anagramme de cette suite de lettres qui est :

Salve umbistineum geminatum Martia proles.

Ce qui signifie : *Salut, double protection du bouclier, engeance de Mars !*

Kepler croit comprendre que Galilée a découvert deux satellites (« double protection ») de Mars (dont le bouclier est l'emblème).

Un peu plus tard, Galilée dévoile la solution :

Altissimum planetam tergeminum observavi.

Ce qui signifie : *J'ai observé que la planète la plus haute est tri-jumelle.* La planète la plus haute, c'est Saturne, qu'il croit donc composée de trois corps.

À la fin de 1610, rebelote. Galilée découvre les phases de Vénus et publie l'anagramme suivante :

Haec immatura a me iam frustra leguntur : o, y.

C'est-à-dire : *Ces lettres prématurées ont jusqu'à maintenant été lues en vain par moi : o, y.*

La solution était : *Cynthia figuras aemulatur mater amorum.*

C'est-à-dire : *La mère des amours imite les figures de Cynthie.*

La mère des amours, c'est Vénus, et Cynthie, c'est la déesse associée à la Lune. Bref, ce que veut dire Galilée, c'est que Vénus, comme la Lune, a des phases.

Le 1er janvier 1611, Kepler, en rentrant de son réveillon, croit avoir décodé le message :

Nam Jovem gyrari macula hem rufa testatur.

Ce qui veut dire : *Car Jupiter, las ! témoigne-t-on, tourne maculé d'une tache rousse.*

Ce n'est donc pas la bonne combinaison, mais, chose incroyable, cette fausse solution est elle aussi une vérité astronomique ! La tache rousse de Jupiter, invisible avec les moyens de l'époque, existe bel et bien. Elle sera observée plus tard, en 1660, par Cassini et Hooke !

Comme quoi les anagrammes, même lorsqu'elles sont mal traduites, peuvent faire surgir des vérités cachées, enfouies à la fois dans le coffre des mots et dans le ciel des astronomes. Et là, on ne plaisante plus.

Le recours à l'anagramme pour à la fois révéler et voiler les découvertes s'est répandu au XVIIe siècle. En 1669, Huygens proposa même à la Royal Society de Londres d'en officialiser l'utilisation pour préserver les droits de propriété sur une découverte : « Je demande à ces messieurs de la Royal Society s'ils trouveraient bon que je leur envoyasse en anagrammes ce que je pourrais avoir de propositions et d'inventions nouvelles, pour les leur expliquer ensuite, et que ceux d'entre eux qui en ont fissent de même. »

Par retour de courrier, le secrétaire de la Royal Society, qui s'appelait Oldenburg si vous voulez tout savoir, accepta cette proposition. En septembre de la même année (1669), Huygens adressa à Londres quatorze anagrammes portant sur des découvertes qu'il avait faites en optique et aussi à propos du pendule.

Mais, comme vous le savez, les mœurs scientifiques ont bien changé et ces pratiques trop capillotractées n'ont plus cours : le CERN n'a pas annoncé qu'on avait découvert *le boson scalaire* aussi appelé le boson de Higgs en clamant qu'il venait de mettre au point une *bière sans alcool*…

Mais imaginons, Marc, que vous soyez une sorte de Kepler des temps modernes et que je sois une sorte de Galilée. Moi qui suis une sorte de Galilée d'aujourd'hui, c'est-à-dire un gars vraiment génial, je découvre un jour qu'avant toute chose il y avait le vide quantique, qui n'est pas un néant où rien ne se passe mais un océan rempli de particules en sommeil, capables, dans certaines circonstances, d'accéder à l'existence. Je démontre que tout serait parti de là, de cette matière en hibernation ontologique. Comment vous le faire savoir sans que vous puissiez me piquer ma découverte ?

C'est très simple, je vous envoie un mail contenant la question suivante :

Qu'est-ce que la Terre devant ces vallées supérieures de pétillement d'étoiles ?

Et vous, Marc, qui êtes une sorte de pseudo-Kepler mégaastucieux, vous ne manquerez pas de trouver qu'une anagramme de cette question est :

Le vide quantique est et reste la source réelle de l'espace-temps et de l'univers.

Ce qui est très exactement ce que je voulais que vous compreniez.

Ah, les anagrammes, c'était quand même bien…

6 mars 2014.

De la relativité de l'appel des pics

L'air de Paris est très pollué ces jours-ci, ce qui me donne envie de vous parler de montagne et d'air pur.

Les physiciens ne sont pas tous des matadors de la verticale, mais beaucoup aiment la montagne, « ce monde démesuré où la voluminosité du silence amortit les fracas les plus retentissants », pour parler comme Paul Veyne, l'historien que tout le monde connaît et qui est également grand amateur d'alpinisme.

Cela ne date pas de la dernière chute de neige. Dans les années 1920 et 1930, la plupart des pères fondateurs de la physique quantique étaient de bons grimpeurs, de grands chercheurs de pentes raides capables à la fois d'emballer le rythme cardiaque, de dévoiler des paysages sublimes, de rompre avec le reste des choses et l'ordinaire des jours.

Par exemple, vous vous souvenez de Paul Dirac, ce physicien champion olympique du laconisme dont je vous ai déjà parlé. Eh bien chaque dimanche, Dirac partait en solitaire gravir les collines autour de Cambridge. Et tout au long de sa vie, pendant ses congés, il s'en ira escalader les sommets, dans les Alpes, les Rocheuses ou encore le Caucase. En 1936, il parviendra même à atteindre le sommet du mont Elbrouz, la montagne à laquelle fut enchaîné Prométhée selon la légende et qui culmine à 5 640 mètres d'altitude. Mais du fait de sa constitution fluette, Dirac s'effondrera de fatigue au cours de la longue descente, victime d'une terrible hypoglycémie.

En Italie, du côté de chez Enrico Fermi, on partait aussi très volontiers en randonnée dans les Dolomites, escalader les tours de Vajolet ou le Sassolungo, ou bien dans les Abruzzes gravir le Gran Sasso ou le Monte Aquila.

À la même époque, en Allemagne, à Leipzig, dans l'équipe de Werner Heisenberg, c'était la même chose : on entrelaçait les séminaires, les discussions scientifiques et les activités physiques, notamment les randonnées en Bavière où Heisenberg possédait un petit chalet.

Ce que je veux dire, c'est que les exemples de physiciens fréquentant la montagne sont si nombreux qu'on peut se demander si la physique quantique aurait pu voir le jour si l'Europe avait été rigoureusement plate. Y aurait-il une relation de cause à effet entre la pratique de la physique et la fréquentation des pentes ? L'amour des concepts abstraits et la fascination pour les à-pics, les arêtes ou les glaciers seraient-ils reliés par une secrète collusion ? Pour tout vous dire, il me plaît de croire que oui. J'aime l'idée qu'en marge des bavardages de toutes sortes, la physique pourrait être une sorte d'alpinisme intellectuel consistant à grimper jusqu'à des altitudes himalayennes où le *logos* est rare et la vérité mutique…

Mais je reste prudent. Je sais d'expérience qu'on peut s'exalter le cerveau en se fatigant les jambes, mais je sais aussi que cette recette ne fonctionne pas toujours et pas pour tout le monde. Il est des êtres qui éprouvent au contraire une sorte d'incompatibilité entre la transpiration et l'inspiration.

Ce fut le cas notamment de Wolfgang Pauli, qui fut une exception de taille à la règle qui veut que les physiciens fréquentent les montagnes. Pauli aimait tant les sucreries et les pâtisseries qu'il était enrobé au point d'avoir des allures de montgolfière et de déjà peiner dans l'ascension de quelques marches d'escalier. Sur certaines photos, on voit d'ailleurs sa cravate courte qui suit la courbure de son espace-temps abdominal et s'arrête brusquement au nombril, tel un panneau indicateur.

Mais j'en reviens à mon sujet, la montagne. J'ai parlé des physiciens, mais il y aurait aussi long à dire sur les écrivains. Certains aiment la montagne, d'autres pas. L'un de nos plus grands (je vous laisse deviner lequel) fit en 1806 un voyage du côté du massif du Mont-Blanc et voici ce qu'il écrivit après avoir marché jusqu'au Montenvers, à seulement 2 000 mètres d'altitude : « On dit que les montagnes sont le séjour de la rêverie ? J'en doute. Je doute qu'on puisse rêver lorsque la promenade est une fatigue, ou lorsque l'attention que vous êtes obligé de donner à vos pas occupe entièrement votre esprit. L'amateur de la solitude qui bayerait aux chimères en gravissant le Montenvers pourrait bien tomber dans quelque puits, comme l'astronome qui prétendait lire au-dessus de sa tête et ne pouvait voir à ses pieds. »

Il continue :

« Si nous en croyons Rousseau et ceux qui ont recueilli ses erreurs sans hériter de son éloquence, quand on arrive au sommet des montagnes, on se sent transformé en un autre homme. […] Plût à Dieu qu'il en fût ainsi ! Qu'il serait doux de pouvoir se délivrer des maux en s'élevant à quelques toises au-dessus de la plaine ! Malheureusement, l'âme de l'homme est indépendante de l'air et des sites : un cœur chargé de sa peine n'est pas moins pesant sur les hauts lieux que dans les vallées. »

Avez-vous deviné qui est cet écrivain que le spectacle de la mer de Glace, des Drus, de l'aiguille Verte et des Grandes Jorasses a laissé de marbre ? C'est Chateaubriand[1]. Je ne voudrais pas dire, mais à mon humble

1. François-René de Chateaubriand, *Voyage au Mont-Blanc*, 1806.

avis, notre François-René national devait avoir ce jour-là le mal de Saint-Malo. Ou alors, il y avait un sacré brouillard…

13 mars 2014.

Physique, romantisme, jalousie : trois drames de l'impossession

Je voudrais vous distraire aujourd'hui en vous parlant d'un sujet qui ne présente pas le moindre intérêt : je voudrais vous convaincre de l'existence d'un lien entre la physique, le romantisme et la jalousie amoureuse. Je voudrais vous convaincre qu'être physicien, ou être romantique, ou être jaloux, sont trois façons de vivre un même « drame de l'impossession », pour reprendre les mots de Clément Rosset [1].

Je vous ai déjà expliqué que la physique est une sorte de législation invariable des métamorphoses : elle prétend expliquer ce qui change grâce à des lois qui ne changent pas. Les lois physiques, exprimées sous forme d'équations, sont supposées insoumises à l'histoire. Il y a donc quelque chose de très platonicien dans la façon qu'a le physicien de se servir des mathématiques. Les vérités intemporelles qu'il y puise font écho en lui à une certaine nostalgie de la fixité : les mathématiques viennent doubler le réel changeant et insaisissable d'un arrière-monde explicatif peuplé d'entités impérissables. Si le physicien n'utilise que des stratégies qui se parfument à l'éternité, c'est parce que la réalité qu'il tente de saisir lui échappe : il ne parvient à la comprendre qu'en la

1. Clément Rosset, *Le Monde et ses remèdes*, Paris, PUF, 2000, p. 143.

considérant d'abord comme l'expression d'un autre réel qui, lui, serait inaltérable. Ce faisant, il vit bien une sorte de « drame de l'impossession » qui le rapproche du romantique. Voici pourquoi.

Le passage du temps suscite en chacun d'entre nous une certaine angoisse. Cette angoisse n'a *a priori* rien de romantique. Elle n'acquiert un versant romantique que si, justement, elle ne se résume pas au sentiment d'une fuite irréparable des jours. Il faut qu'elle traduise, de plus, le sentiment que le temps, même futur, même présent, est toujours et également insaisissable. Pour un romantique digne de ce nom, le véritable « tragique » de l'instant qui passe n'est pas qu'il devienne irrécupérable sitôt passé, mais qu'il ne puisse être capté *alors même* qu'il est là, en apparence à sa portée. Pour un romantique, la notion de fuite du temps se « globalise » : elle ne signifie pas seulement que le temps présent s'éloigne loin de nous dans le passé jusqu'à s'y annihiler, mais surtout qu'il s'efface progressivement au moment même où il passe.

Le romantique ressent donc lui aussi, comme le physicien, une certaine détresse de l'impossession. Celle-ci ne vient pas de ce que le temps se retire aussitôt après s'être donné, mais de ce qu'il ne se donne jamais. De là la célébration de l'amour immortel comme parade au temps destructeur. Le temps a beau ne pas se donner à nous, nous clamons héroïquement qu'il ne pourra jamais démentir la vérité des sentiments qu'il a fait advenir.

J'en viens maintenant au jaloux. Dans la jalousie amoureuse, il est facile de discerner cette même nostalgie du fixe. Ce n'est d'ailleurs pas un hasard si Marcel Proust a analysé avec la même acuité le rapport au temps d'une part, le rapport à l'être aimé d'autre part. Cela vient de ce qu'ils sont structurés de la même façon. La jalousie amoureuse exprime elle aussi un drame de l'impossession : le cœur ne possède jamais ce qu'il ne peut qu'aimer.

Le bilan de ce que je viens de dire, c'est qu'une même fascination pour l'immuable se retrouve dans nos tentatives pour conjurer l'être mouvant, pour saisir le donné rebelle à toute possession ou pour comprendre une réalité toujours changeante. Cette similitude ne relève pas du hasard, mais de la nécessité : pour que le monde nous soit *compréhensible*, il faut d'abord que nous y discernions des entités « *préhensibles* », c'est-à-dire fixes et sans fuite ontologique.

Plus généralement, on peut détecter dans tout exercice de l'intelligence un effort pour contester ou défier le passage du temps. « Il est de la nature de la raison, affirmait Spinoza, de percevoir les choses sous une certaine espèce d'éternité [1]. » L'intelligible et l'éternel semblent en effet devoir toujours être associés l'un à l'autre. Des choses équivalentes ont été dites à propos de l'art : toute perfection d'ordre esthétique devrait se lier à l'éternité par quelque rapport nécessaire.

Sur ce point, la physique a longtemps imité l'art : elle aussi a voulu associer perfection et inaltérabilité, ce qui l'a induite en erreur. D'où provenait ce goût trop prononcé pour ce qui ne change pas ni ne s'abîme ? De notre hantise de la mort, répondit Galilée. Ayant braqué sa lunette vers le ciel, il avait découvert le caractère accidenté de la surface lunaire et compris que la matière est partout la même, « terreuse » ici comme sur la Lune ou n'importe où ailleurs. La matière obéit donc partout aux mêmes lois, et si elle est dégradable au ciel comme sur

1. Baruch Spinoza, *Éthique*, livre II, prop. 44, corollaire 2, tr. Roland Caillois, Paris, Gallimard, « Bibliothèque de la Pléiade », 1954, p. 638.

la Terre, il ne faut envisager qu'une seule sorte d'univers, composé d'une seule sorte de matière, qui est partout corruptible. Galilée en déduisit qu'on avait eu tort d'associer perfection et inaltérabilité : ce qui est corruptible n'est pas pour autant imparfait. La cause de cet amalgame métaphysique était selon lui toute désignée : « Ceux-là qui exaltent si bien l'incorruptibilité, l'inaltérabilité, je crois qu'ils en viennent à dire ces choses à cause de la peur qu'ils ont de la mort. [...] Il est hors de doute que la Terre est bien plus parfaite, étant, comme elle l'est, altérable et changeante, que si elle était une masse de pierre, et même rien qu'un diamant très dur et impassible [1]. »

Galilée, décidément, quel homme ! On voit là qu'il n'a pas fait que découvrir la loi de la chute des corps. Mais à propos de chute des corps, je ne résiste pas au plaisir de vous lire les premières lignes d'un problème qui figure dans le manuel de seconde de l'un de mes fils : « La masse d'une boule de pétanque constitue un critère de choix pour les joueurs. Selon le règlement de la Fédération française, elle doit varier entre 650 et 800 grammes. La masse de la boule dépend aussi du sexe. »

Ah bon ? « La masse de la boule dépend aussi du sexe. » Cette phrase m'a laissé songeur. Et tandis que je songeais à cette phrase qui me laissait songeur m'est revenue à l'esprit une remarque de Robert Desnos : « Nul ne connaîtrait la magie des boules sans la bougie des mâles »...

Une contrepèterie, voilà qui devrait nous changer des anagrammes, sauf que là, c'en est aussi une...

27 mars 2014.

---

1. Galileo Galilei, *Dialogue et lettres choisies*, éd. P.-H. Michel et G. De Stantillana, Paris, Hermann, 1966, p. 37.

LE FACTEUR *H* N'A PAS FINI DE SONNER UNE FOIS...

Aujourd'hui, les hommes et les femmes de science écrivent. Ils ne cessent même presque jamais d'écrire : ils écrivent des projets à soumettre aux agences de financement, mais aussi des rapports pour les mêmes agences de financement sur les projets soumis par d'autres chercheurs, mais aussi des rapports aux agences de financement sur les recherches menées grâce aux subventions, mais aussi des rapports sur les rapports rendus par d'autres chercheurs sur les travaux subventionnés, et j'en passe...

Mais qu'on se rassure : les hommes de science écrivent *aussi* des articles scientifiques. Et même de plus en plus. Ce phénomène est lié à une loi devenue d'airain : il faut publier pour ne pas mourir. Ce n'est pas nouveau, mais le phénomène s'accélère dans des proportions spectaculaires. Dans les années 1960, déjà, George Gamow (vous vous souvenez, ce physicien qui avait réussi à publier un article expliquant pourquoi les vaches mastiquent dans le sens des aiguilles d'une montre dans l'hémisphère nord, et dans le sens inverse dans l'hémisphère sud) avait calculé que, compte tenu de la forte augmentation du nombre d'articles publiés dans la *Physical Review*, la longueur totale des étagères occupées par les tomes successifs de cette revue croîtrait bientôt à une vitesse dépassant celle de la lumière. Il ajoutait avec malice que les principes de la théorie de la relativité qui interdisent pourtant qu'aucune information ne puisse se propager plus vite que la lumière n'en seraient nullement violés, puisque aucune information véritable ne serait plus contenue dans ces volumes…

D'où vient que les scientifiques écrivent tant, des articles de science, mais aussi des rapports et d'épais projets ? Les choses se sont passées à peu près partout de la même façon : les réformes successives de la gouvernance de la recherche ont transformé les chercheurs en gérants d'un capital qu'ils font fructifier en transmutant leurs articles en demandes de subventions, leurs subventions en articles, et leurs articles en nouvelles demandes de subvention. Tous galopent sans jamais s'arrêter pour rester dans la course, d'où la croissance exponentielle de la logorrhée scientifique.

Mais comment jauger la valeur de cette énorme production ? En l'évaluant, pardi. C'est ainsi que le mot « évaluation » est venu agiter et intégralement coloniser le monde de la recherche et de l'enseignement supérieur. On veut désormais tout évaluer : les enseignants, les professeurs, les chercheurs, les programmes de formation, les universités et même les agences d'évaluation, et bientôt – sans doute aussi – les agences qui évaluent les agences d'évaluation.

Tout se passe comme si on avait peur de ce qui n'est pas mesuré ou – pire – de ce qui ne serait pas mesurable.

Tout se passe comme si on voulait tout formater, tout aplatir, selon les critères des agences de notation.

L'évaluation est ainsi devenue une épidémie. Pour les chercheurs, cette épidémie a un nom : le « facteur *h* ». Qu'est-ce donc ?

En 2005, alors que les milieux scientifiques avaient commencé à concocter les indices bibliométriques pour rendre les évaluations individuelles plus « objectives », le physicien américain Jorge E. Hirsh de l'université de San Diego y est allé de sa proposition : le facteur *h*, défini comme étant le nombre *n* d'articles qu'un chercheur a publiés et qui ont obtenu au moins *n* citations chacun depuis leur publication. Par exemple, un auteur qui a publié 20 articles parmi lesquels 10 sont cités au moins 10 fois aura un facteur *h* de 10.

Ce facteur est donc une sorte d'hybridation arbitraire du nombre de publications et de leur impact. Mais il a toutes sortes de défauts, qui sont énumérés par le chercheur québécois Yves Gingras dans son livre *Les Dérives de l'évaluation de la recherche* [1].

Il compare par exemple deux cas de figure. Celui d'un jeune chercheur qui a publié seulement trois articles, mais cités 60 fois chacun. Et celui d'un second chercheur possédant à son actif dix articles cités 11 fois chacun. Ce second chercheur, apparemment plus fécond, a donc un facteur *h* de 10, alors que le premier a un facteur *h* de 3 seulement. On a envie de conclure que le second est trois fois « meilleur » que le premier. Est-ce que c'est forcément vrai ? Bien sûr que non…

Il y a un autre effet pervers : les recherches nouvelles se trouvent d'emblée mises hors de ce classement, puisqu'il n'y a aucune raison qu'elles soient immédiatement connues et citées. C'est le phénomène de la « Belle au bois dormant ». Par exemple, Majorana a publié en 1937 un article génial sur la théorie relativiste des particules ayant un spin quelconque. Cet article, trop en avance sur son temps, a dormi jusqu'au milieu des années 1960. Il ne fut réveillé que lorsque le grand nombre de nouvelles particules trouvées grâce aux accélérateurs donna

1. Yves Gingras, *Les Dérives de l'évaluation de la recherche. Du bon usage de la bibliométrie*, Paris, Raisons d'agir, 2014.

à cette question une actualité qu'elle n'avait pas trente ans auparavant.

Mais cela n'empêche : malgré son simplisme et ses défauts, la référence au facteur *h* se généralise à presque toutes les disciplines, venant par là-même confirmer un vieil adage anglais : « *Any number beats no number.* » En d'autres termes, français ceux-là, mieux vaut un mauvais chiffre que pas de chiffre du tout.

Pour montrer l'absurdité de cette évaluation étriquée et comptable de la recherche, Yves Gingras donne une recette que Benoît Hamon, notre nouveau ministre, sera peut-être tenté d'appliquer : « Les universités françaises relevant toutes directement du ministère de l'Enseignement supérieur, il serait facile de passer rapidement au premier rang du classement de Shanghai. Il suffirait d'appliquer la solution de Napoléon en créant une unique université officielle : l'université de France. Toutes les publications seraient regroupées sous cette appellation et la France se classerait première. »

Mais il y a une chose que je ne lis nulle part et qui devrait nous rendre prudents. Cette chose concerne les agences de notation, vous savez ces agences qui distribuent allègrement des triples A, ou bien des AA, ou bien des AAB, etc. Eh bien *les agences de notation* ont une anagramme qui dit les choses bien mieux qu'une chronique : *la conne gestion de tes A.*

Fermons le ban.

3 avril 2014.

Des génies qui prennent la tangente

Il y a exactement un an, je vous parlais d'Ettore Majorana, ce jeune physicien maigre, aux yeux sombres et incandescents, qui était considéré par ses pairs comme un génie de la trempe de Galilée. Il fut un théoricien fulgurant, dont certains travaux furent prophétiques. Mais on le sait, de tels dons ont souvent leur contrepoids : Majorana ne savait pas vraiment vivre parmi les hommes, et c'est la pente tourmentée de son âme qui finit par l'emporter. À l'âge de trente et un ans, il décida de disparaître et le fit savoir. Une nuit de mars 1938, il embarqua sur un navire qui effectuait la liaison Naples-Palerme et se volatilisa.

Personne n'a jamais pu retrouver sa trace.

Personne n'a même été capable de reconstituer les dernières étapes de l'enchaînement causal qui l'a conduit à choisir de disparaître. On peut toujours invoquer son mal de vivre, la maladie, la singularité de son génie, son incapacité à entrer dans le moule de l'existence, une lassitude indomptable, mais qu'est-ce que cela peut bien ôter au mystère de cette disparition ?

On sait quand même que Majorana fut un grand lecteur de Pirandello, sicilien comme lui. Or Pirandello souligne à maintes reprises les périls de la réflexion lorsque celle-ci est poussée à l'excès : la passion du raisonnement, vécue de façon exclusive, se déployant loin de toute vie concrètement incarnée, peut avoir pour revers le soliloque absolu. L'activité intellectuelle, lorsqu'elle s'applique à corroder l'univers réel, incline à l'ironie, fait rire jaune, et finalement conduit à rejeter le monde tel qu'il est, à se distancier des hommes et des choses, à se réfugier dans l'abstraction. Et comme l'écrivait aussi Céline, « il peut y avoir beaucoup de folie à s'occuper d'autre chose que de ce qu'on voit ».

D'où la question du jour : les génies, ceux qui pensent ce que les autres ne pensent pas, ou qui voient au-delà des réalités empiriques, auraient-ils plus de mal que nous autres à vivre en société ?

À vrai dire, je n'en sais rien, mais je ne peux pas m'empêcher de noter une certaine analogie entre le destin de Majorana et celui d'un autre génie, des mathématiques cette fois : je veux parler d'Alexandre Grothendieck, qui vient de fêter son quatre-vingt-sixième anniversaire.

Pour respecter sa volonté d'effacement, je ne devrais même pas prononcer son nom ni parler de ses travaux. Alexandre Grothendieck a réussi l'exploit d'avoir été l'un des plus grands mathématiciens et d'être devenu le plus discret de tous. Chercheur génial, écologiste radical au début des années 1970, ermite retiré du monde depuis vingt-trois ans, il a eu trois ou quatre vies successives depuis sa naissance le 28 mars 1928, à Berlin. Aujourd'hui, il vit reclus en un lieu tenu secret [1].

Le monde des mathématiques l'a découvert en 1958, au congrès mondial d'Édimbourg, où il présenta une refondation de la géométrie algébrique. La géométrie algébrique, ce sera sa grande œuvre, une sorte de cathédrale conceptuelle construite en collaboration avec Jean

1. Depuis la diffusion de cette chronique, Alexandre Grothendieck est mort, le 13 novembre 2014, dans un petit village de l'Ariège.

Dieudonné et Jean-Pierre Serre. En quoi cela consiste-t-il ? Difficile de dire. En gros, si vous tracez un cercle avec un compas, vous faites de la géométrie. Si vous écrivez $x^2 + y^2 = 1$, c'est-à-dire l'équation d'un cercle, vous devenez un algébriste. La géométrie montre, l'algèbre démontre. Grothendieck, lui, a voulu fonder une géométrie nouvelle à partir de deux concepts clés, les *schémas* et les *topos* : les schémas sont une métamorphose de l'ancienne notion de variété algébrique, tandis que les topos sont une métamorphose de la notion d'espace. Je n'en dirai pas plus pour ne pas effrayer nos auditeurs, et ne parlerai donc pas des produits tensoriels topologiques, ni de la théorie de Galois-Teichmüller, ni de la cohomologie cristalline, ce qui, je l'avoue, m'arrange plutôt.

De 1950 à 1970, Grothendieck fit des mathématiques, seulement des mathématiques. Il fut un travailleur acharné, monomaniaque.

Mais il finit par découvrir la politique. En 1966, il refusa d'aller chercher sa médaille Fields à Moscou, où deux intellectuels venaient d'être condamnés à plusieurs années de camp pour avoir publié des textes en Occident sans autorisation. L'année suivante, il passe trois semaines au Vietnam pour protester contre la guerre lancée par les États-Unis. À partir de 1971, il consacra l'essentiel de son temps à l'écologie radicale à travers un groupe qui avait été fondé par un autre mathématicien et qui s'appelait « Survivre et vivre ». En août 1991, il choisit de disparaître après avoir confié 20 000 pages de notes à l'un de ses anciens élèves.

Le nom d'Alexandre Grothendieck, comme celui d'Ettore Majorana, sonne un peu comme le surgissement d'une absence, comme la promotion de l'évanescence dans l'ontologie radicale. Car sa disparition donne à croire qu'elle le résume et le raconte davantage que tout le reste. Le choix qu'il a fait de s'évader rétroprojette son ombre sur tous les événements antérieurs de sa vie. Comme s'il n'avait jamais eu d'autre intention que celle d'échapper un jour au commerce des hommes. Mais raisonner ainsi serait injuste, car ce serait oublier l'homme, ses vies et son œuvre, qui est monumentale et demeure en partie inexplorée, tout comme celle de Majorana d'ailleurs.

Misha Gromov, le prix Abel 2009, est sans doute celui qui a le mieux défini le génie de Grothendieck : « Il a introduit une nouvelle manière de penser, importante non seulement pour les mathématiciens, mais pour toute la pensée humaine. C'est une manière de penser où l'on commence par rassembler les choses simples, les choses absolument évidentes. Pour lui, le plus important était toujours quelque chose que l'on a sous les yeux. Et son génie consistait en partie à saisir le potentiel créatif de ces choses absolument évidentes, que n'importe qui d'autre aurait négligé. Alors que lui s'arrêtait à cela, le formalisait et en faisait quelque chose d'extraordinaire. »

Je doute que M. Grothendieck nous écoute, mais où qu'il soit, je lui souhaite un joyeux anniversaire.

10 avril 2014.

Musique de chambre (à bulles)

Je vous propose un peu de douceur dans ce monde de brutes : je vais vous parler de musique de chambre, plus exactement de musique de chambre à bulles…

La chambre à bulles est un détecteur de particules qui fut utilisé pendant plus d'une vingtaine d'années, à partir de 1953. Tous nos auditeurs ont eu l'occasion – je pense – de voir ici ou là des clichés de chambres à bulles. Ces photos exhibent la matière déclinant sa grammaire à l'échelle microscopique, cette grammaire si baroque. Elles montrent en noir et blanc l'élégance des trajectoires curvilignes et arborescentes qu'ont les particules chargées lorsqu'elles traversent un milieu baignant dans un champ magnétique puissant.

Je sais bien que chacun de ces deux mots, « chambre » et « bulle », évoque le repos et la sieste, mais c'est très trompeur. Les chambres à bulles rendaient au contraire manifestes les arcanes très violents de l'infiniment petit. Elles donnaient à voir les chorégraphies éphémères auxquelles se livrent les particules gorgées d'énergie, dont les chocs avec des noyaux d'atomes libèrent des bouquets de nouvelles particules. Mais bien que très violents, ces chocs, une fois figés sur une pellicule, produisaient une sorte de beauté respirant la paix.

C'est à un physicien américain, Donald Glaser, que l'on doit l'idée de la chambre à bulles, en 1952. La rumeur dit que c'est en contemplant des heures durant les bulles dans son verre de bière que cette idée lui serait venue. La rumeur va jusqu'à préciser le nom du pub (d'Ann Arbor) où ce futur prix Nobel (en 1960) coinçait la bulle : *The Brown Jug*, ce qu'on peut traduire par « la cruche brune » (j'imagine que pour les blondes, l'association de ces deux termes a comme un parfum de revanche…).

Le principe de la chambre à bulles s'inspire en fait de celui de la cocotte-minute. En maintenant sous pression un liquide que l'on chauffe, on l'empêche de bouillir. Si on relâche brusquement la pression, le liquide ne se met pas aussitôt à bouillir : il reste provisoirement dans un état métastable, dans lequel la moindre perturbation suffit à faire démarrer localement l'ébullition. Lorsqu'une particule chargée traverse un tel liquide, elle agit justement comme une perturbation : de petites bulles apparaissent au sein du liquide, formant une traînée de bulles que l'on identifie à la trajectoire de la particule.

Grâce à ce dispositif, des millions de clichés de collisions de particules ont pu être pris, qui ont permis de découvrir de nombreuses nouvelles particules, et notamment d'identifier en 1973 les fameux « courants neutres » qui avaient été prédits par les théoriciens : la preuve fut ainsi faite que l'interaction nucléaire faible peut procéder de l'échange de particules dépourvues de charge électrique.

Pour toutes ces raisons, les chambres à bulles ont fait couler beaucoup d'encre. Et aussi beaucoup de champagne pour célébrer les découvertes qu'elles ont rendu possibles. Transmuter le spectacle d'un verre de bière en bouteilles de champagne, les alchimistes n'y avaient pas pensé, mais les physiciens l'ont fait. J'y vois comme un hommage sincère rendu aux multiples vertus des bulles, dès lors qu'elles ne sont ni immobilières ni spéculatives.

Bon, mais je ne sais plus trop où je voulais en venir… Ah si, à la chose suivante, qui concerne les images. Dans *Mythologies*, Roland Barthes faisait remarquer que « l'image est plus impérative que l'écriture, car elle impose la signification d'un coup, sans l'analyser, et sans la disperser ». En fait, cette remarque vaut surtout pour les images de science, qui ont une éloquence immédiate, brutale, qui est souvent trompeuse. Il leur arrive en effet de faire croire le contraire de ce que, en réalité, elles font voir, de montrer l'inverse de ce qu'elles démontrent. Je m'explique.

Quand on ne veut pas entrer dans le détail, on explique que le mécanisme produisant des traces de particules dans les chambres à bulles est analogue à celui par lequel un avion à réaction dessine sa trajectoire dans le bleu du ciel : l'avion provoque au sein du milieu qu'il traverse des modifications locales visibles à l'œil nu. De cette éloquente métaphore on déduit que les particules sont, tels les avions, des objets concrets, précisément localisés et se déplaçant selon une trajectoire bien définie. Bref, on se convainc facilement que ce sont des corpuscules, c'est-à-dire des tout petits grains de matière.

Or il se trouve que cette conclusion est erronée. D'abord, rien ne prouve qu'avant leur arrivée dans la chambre à bulles les particules incidentes possèdent une trajectoire. De fait, la physique quantique représente chacune d'elles comme une onde qui se propage, de sorte qu'au départ ces particules n'ont pas de trajectoire proprement dite. De plus, il s'avère que c'est grâce à cette représentation ondulatoire des particules – et seulement grâce à elle – que l'on peut montrer que les bulles qu'elles font apparaître ont une probabilité très forte de s'établir selon une ligne continue. Paradoxalement, c'est donc le concept d'onde – et non celui de corpuscule – qu'il est nécessaire d'invoquer pour expliquer la formation d'une trace bien nette. En clair, l'idée de corpuscule ne permet pas, à elle seule, de rendre compte de ce phénomène qui est pourtant d'apparence corpusculaire.

Morale de l'histoire : il faut se méfier de l'éloquence de certaines images. Elles semblent parler d'elles-mêmes, elles imposent une interprétation spontanée, non ambiguë, qui ne reflète en réalité rien d'autre que nos propres grilles de lecture. Et nous croyons qu'elles prouvent avec une aveuglante clarté ce que, au bout du compte, elles ne prouvent pas. En l'occurrence, une trace ressemblant à s'y méprendre à une trajectoire classique fait accroire à tort qu'elle est nécessairement produite par des entités relevant elles-mêmes de la physique classique.

La grande leçon des chambres à bulles est donc celle-ci : ce n'est pas parce qu'on a vraiment l'air d'être un corpuscule qu'on en est vraiment un.

Je terminerais volontiers par une citation de Lao Tseu, même si son rapport avec le sujet gagnerait à être précisé : « Celui qui prend du recul voit clair. Celui qui est trop près ne voit que du brouillard. »

17 avril 2014.

Du rififi chez les hadrons

Il existe quatre interactions fondamentales dans la nature et l'interaction nucléaire forte est de loin la plus intense. Les physiciens ont deviné son existence dans les années 1930, lorsqu'ils se sont rendu compte que la stabilité des noyaux atomiques avait quelque chose d'étonnant. Puisqu'ils portent des charges électriques de même signe, les protons se repoussent du fait de la force électrique qui tend à les séparer. Et pourtant, au sein d'un noyau atomique, ils semblent très solidement attachés les uns aux autres. Par quoi donc est combattue leur répulsion électrique ? Aucune force classique ne pouvait expliquer cette cohésion nucléaire. De là l'hypothèse, vérifiée depuis, qu'il existe au sein des noyaux atomiques une force très intense, l'interaction forte justement, qui agit comme une sorte de glu.

Toutes les particules ne subissent pas l'interaction forte. Celles qui y sont sensibles, tels les protons ou les neutrons, s'appellent les « hadrons ». Celles qui ne la subissent pas s'appellent les « leptons ». Les hadrons sont tous instables, à l'exception peut-être du proton. Cela signifie que, très rapidement, ils se désintègrent en d'autres particules plus légères, parfois au bout de seulement quelque 10^{-23} seconde. En général, donc, les hadrons ont des vies si courtes qu'ils n'ont même pas le temps de dire ouf.

Les physiciens ont répertorié plusieurs centaines de hadrons, qu'ils ont détectés soit dans le rayonnement cosmique, soit grâce à des expériences menées auprès des accélérateurs de particules.

Au début des années 1960, des théoriciens ont eu la bonne idée d'imaginer que des particules aussi nombreuses et aussi diverses avaient peu de chance d'être élémentaires, c'est-à-dire sans structure interne. Énoncée pour la première fois en 1964 par Murray Gell-Mann et indépendamment par George Zweig, le modèle des quarks vint donner à cette idée l'honneur d'une première formalisation. Il partait du principe que les hadrons pourraient être des particules composites, constituées de grains plus petits qu'eux-mêmes, les « quarks ». Certains hadrons, appelés les « baryons », seraient constitués de trois quarks. Les autres, appelés des « mésons », seraient constitués d'un quark et d'un antiquark.

Guère applaudie au début, cette idée acquit ses lettres de noblesse au fur et à mesure qu'elle fut corroborée par les expériences, notamment à partir de 1974. Finalement, elle permit de comprendre très finement la structure des hadrons, qui sont donc bien soit des baryons, soit des mésons.

On sait aujourd'hui qu'il existe six sortes de quarks, chacune étant caractérisée par ce qu'on appelle une « saveur ». Les six saveurs des quarks sont désignées par les lettres *u*, *d*, *s*, *c*, *b* et *t*, initiales de mots anglais (*up, down, strange, charm, beauty* et *top*). À partir d'elles, on peut reconstituer la structure de tous les hadrons connus. Par exemple, on sait que le proton est formé de deux quarks *u* et d'un quark *d*. Quant au neutron, il contient un quark *u* et deux quarks *d*. Vous voyez, la physique, c'est simple.

Sauf que. Sauf que la théorie explique que les quarks sont inobservables isolément. On ne détecte que des hadrons, jamais de quarks seuls. Ces derniers demeurent toujours enfermés, on dit « confinés », au sein des hadrons.

Cela vient de ce que, paradoxalement, ils subissent d'autant moins la présence de leurs voisins qu'ils sont plus tassés les uns contre les autres… En fait, ils deviennent libres à courte distance, d'autant plus libres qu'ils sont plus proches les uns des autres. J'imagine que ce que je dis là fait pâlir d'envie ceux qui prennent le métro aux heures de pointe et qui, eux, vivent la situation inverse…

Mais cette liberté des quarks n'est pas totale, car ils ne peuvent pas s'échapper hors des systèmes composites auxquels ils appartiennent. Tout se passe comme s'ils étaient libres au sein d'une prison dont ils ne pourraient jamais sortir. Car, lorsqu'on veut séparer un quark et l'isoler des autres quarks avec lesquels il interagit, l'énergie qu'il faut fournir augmente très vite avec la distance qui les sépare. Dans ce cas, la nature, par souci d'économie, préfère utiliser cette énergie pour faire sortir du vide d'autres quarks et antiquarks : tout quark qui s'échappe s'enrobe immédiatement d'un manteau de partenaires avec lesquels il forme un nouvel hadron. Le célibat est interdit aux quarks. Ce que je suis en train de vous expliquer là, c'est aussi la pudeur des quarks : ils s'habillent toujours pour sortir, de sorte qu'on ne les voit jamais nus.

Tout cela est connu et étayé depuis longtemps. Mais si je vous en parle aujourd'hui, c'est parce que les physiciens viennent d'apprendre qu'en la matière la messe n'est pas aussi bien dite qu'on a pu le penser. Les responsables de l'une des expériences du LHC, appelée LHCb, viennent en effet de confirmer l'existence d'une particule qui bafoue la classification standard des hadrons : elle est composée non pas de trois quarks, ni d'un quark et d'un antiquark, comme n'importe quel hadron respectueux de la taxinomie, mais de quatre quarks. En fait de deux quarks et deux antiquarks : *ccdu*. Cette particule particulière a un nom tout à fait officiel : la particule Z(4430).

Nous avons donc désormais la preuve certaine qu'existent des hadrons pas comme les autres, des hadrons exotiques, et France Culture ne pouvait évidemment pas rester en marge de cette affaire. Les physiciens se penchent sur ces nouveaux petits êtres qui pourraient les obliger à remanier leurs discours et peut-être aussi leurs équations. Cela va leur demander un peu de temps, parce qu'on ne peut pas mettre de lunettes à la nature. Je dis cela en écho à la phrase de Borges : « Si l'on pouvait mettre des lunettes à la nature, on y verrait clair, les jours de brume. » Phrase que je comprends de la façon suivante : la nature est myope, si on pouvait lui mettre des lunettes, elle y verrait plus clair, et comme nous faisons partie de la nature, nous y verrions nous-mêmes plus clair aussi.

Mais comme nous ne pouvons pas mettre de lunettes à la nature, il va falloir patienter avant de bien comprendre ce qu'implique l'existence de ces paquets de quatre quarks qui viennent d'être découverts, de ces sortes de couples de couples de quarks, de ces mariages de deux mésons, ou d'un *méson* et d'une *mésone* (je ne veux froisser personne).

Bien sûr, je vous tiendrai au courant, surtout si cette particule Z, avec ses quatre quarks bourrés d'énergie, s'avère être la réincarnation quantique des Rolling Stones.

24 avril 2015.

COMBIEN VAUT 1 + 1 ?

On dit la physique quantique fort difficile d'accès. Certes, elle ne peut être sérieusement appréhendée sans un recours appuyé à l'abstraction et à des concepts mathématiques qui peuvent effrayer. Mais il faut savoir une chose : l'essentiel du bouleversement qu'elle a entraîné tient dans le simple fait qu'elle systématise l'une des quatre opérations élémentaires, à savoir l'addition ! Au cœur de son formalisme gît en effet le principe dit « de superposition » qui dit ceci : si *a* et *b* sont deux états possibles d'un système, *a* + *b* est également un état possible de ce système. Aurait-on pu imaginer une règle plus simple ?

Et pourtant, cette règle a des conséquences terribles. Elle implique notamment que, dans certaines situations, deux particules qui ont interagi dans le passé sont intriquées, c'est-à-dire très fortement corrélées au point qu'elles ont des liens que leur distance mutuelle, aussi grande soit-elle, n'affaiblit pas : ce qui arrive à l'une des deux, où qu'elle soit dans l'univers, est irrémédiablement intriqué à ce qui arrive à l'autre, où qu'elle soit dans l'univers. L'espace ne joue plus aucun rôle, et la paire formée par les deux particules se trouve avoir des propriétés globales que n'ont pas les particules individuelles. En somme, le tout, d'une part n'a plus de localisation précise, d'autre part devient autre chose que la somme de ses parties.

Cette propriété qu'on appelle la « non-séparabilité » constitue l'un des grands mystères de la physique quantique. Elle nous invite à nous interroger sur la notion même de composition.

On parle de composition quand un système combiné à un autre en donne deux. Mais comment ajoute-t-on deux objets l'un à l'autre ? Comment les choses se composent-elles ? La vérité, c'est que la réponse à cette question peut être assez subtile.

Je vais prendre trois exemples tirés de la vie quotidienne.

Premier exemple : l'étreinte de deux corps humains. Elle se déroule en un lieu unique (les physiciens diraient que c'est une « opération locale »), mais elle donne parfois naissance à un troisième corps, qui est irréductible à la somme mécanique de ses parents. Ce fait d'expérience permet de douter d'un résultat que des mathématiciens arrogants présentent comme certain : selon eux, 1 + 1 serait égal à 2 sans possibilité d'exception. On voit là que ce n'est pas vrai.

Deuxième exemple : les bananes. De toute évidence, une banane plus une autre banane, cela donne deux bananes. Mais c'est à la condition que ces bananes n'aient pas pourri au point de ne plus être reconnaissables en tant que bananes. Autrement dit, pour qu'il y ait composition, il faut qu'il n'y ait pas décomposition. La préservation de l'identité des composantes, en l'occurrence des bananes, et la possibilité de les appeler par le même nom qu'auparavant, sont donc deux conditions importantes pour qu'on puisse dire qu'une banane plus une banane est égal à deux bananes.

Troisième exemple : deux verres de jus d'orange. Si on les ajoute, le résultat peut varier selon la méthode qu'on emploie pour obtenir leur somme. Mettons le premier verre à côté du second : cela fera deux verres de jus d'orange. Mais si nous versons le jus du second verre dans le premier, on dira alors qu'on n'a qu'un seul verre de jus d'orange, contenant une quantité de jus d'orange plus grande. Le second verre étant devenu vide, il ne pourra plus être appelé « verre de jus d'orange ». Cette appellation est désormais limitée au seul grand verre. Celui-ci, bien qu'il corresponde à la somme des deux verres initiaux, est le seul qu'on puisse continuer d'appeler « verre de jus d'orange ».

On voit par là que même quand on prend des objets très ordinaires, 1 + 1 peut donner 1, ou 2, ou 3, et peut-être même 2,5 pour les grandes valeurs de 1…

Vous allez me dire que je cherche midi à sept heures vingt du matin, mais ce petit détour fastidieux permet de s'ouvrir à l'esprit de la physique quantique. Car en physique quantique, il existe des cas où « 1 + 1 » donne autre chose que ce que prévoient les règles d'addition classique. Par exemple, un photon plus un photon, cela forme un système quantique, mais de temps en temps, cela en donne deux. À vrai dire, le résultat dépend de l'histoire des photons et de ce que l'observateur souhaite faire avec eux. Leur destin n'est pas décidé à l'avance, il est défini par le cours même de l'expérience, de sorte que la règle de composition ne peut plus être considérée comme un attribut pérenne des systèmes. Elle varie selon le contexte.

Je vois à votre regard que vous semblez m'avoir compris, mais sachez que si vous m'avez compris, c'est que je n'ai pas été clair, comme aurait dit Niels Bohr.

Mais si vous voulez tout comprendre, je vous recommande la lecture d'un petit livre dense, très original, presque poétique, qui téléportera, mine de rien, vos neurones dans le monde quantique. Cet ouvrage, paru aux éditions Encre Marine, s'intitule *Mécanique des étreintes*. Il a été écrit par Alexei Grinbaum, un jeune philosophe de la physique. En le lisant, vous en apprendrez de belles sur la vie des idées, notamment sur la façon dont les philosophes ont pensé depuis l'Antiquité grecque l'idée de mélange, comment les théologiens ont pensé celle de Trinité, comment on peut formaliser rigoureusement le concept de couple et, par la même occasion, celui de célibat. Et vous méditerez sans doute sur ce qu'on appelle la « périchorèse », notion qui m'a régalé l'esprit. Ce terme, popularisé par Jean Damascène au VIIIe siècle, ne désigne pas François Hollande faisant le tour de la Corrèze, mais le mode d'union des trois personnes de la sainte Trinité, c'est-à-dire l'interpénétration des personnes les unes dans les autres dans une unité parfaite et dans le respect absolu de leurs propriétés personnelles. Bref, c'est la fusion sans la confusion. Pour que vous suiviez bien, je vais vous dire la chose autrement : la périchorèse est une notion paradoxale et contre-intuitive qui exprime de façon condensée la fusion des natures divines et humaines dans l'unique hypostase du Christ.

Vous m'accorderez qu'en comparaison, la physique quantique, finalement, peut sembler bien triviale…

1er mai 2014.

Faut-il faire preuve de réalisme ?

Le problème du réalisme scientifique a trait à la question de savoir si la partie théorique de la science constitue ou non la description objective de la réalité, description généralement considérée comme plus fondamentale et, pour cette raison, plus réelle, que la réalité observable ou empirique.

Il invite en somme à se poser les questions suivantes : la fonction première d'une théorie physique, par exemple, est-elle simplement de classifier, d'organiser et de prédire les phénomènes ? Ou bien une théorie physique doit-elle, de surcroît, dévoiler une véritable ontologie qui serait déterminée par son propre contenu ? Les réalistes sont évidemment partisans de la seconde alternative. Leurs adversaires, qui se rangent sous des bannières très diverses – il y a les positivistes, les pragmatistes, les vérificationnistes, les instrumentalistes, les fictionnalistes, les antiréalistes, les constructivistes, les relativistes et je dois en oublier pas mal –, soutiennent au contraire que ce que nous pouvons obtenir de mieux en matière de connaissance objective ne consiste pas en la production de théories « vraies », qui auraient pour tâche de décrire la nature telle qu'elle est réellement, mais seulement en l'élaboration de théories qui constituent des instruments efficaces pour le calcul et la prédiction. D'après eux, notre aspiration devrait donc se limiter, selon la formule consacrée, à « sauver les phénomènes », c'est-à-dire à décrire correctement ce qui est observable. Accepter une théorie scientifique, ajoutent-ils, n'oblige donc nullement à croire qu'elle est vraie et que les entités qu'elle décrit sont réelles. Il suffit en effet, pour qu'une théorie soit acceptable à leurs yeux, qu'elle puisse être considérée comme empiriquement adéquate.

Même s'il continue de représenter une position très répandue dans la communauté scientifique, le réalisme physique est aujourd'hui critiqué par de nombreux philosophes des sciences qui voient en lui une survivance que l'évolution des sciences a rendue anachronique et intenable. Je note que dans la liste de leurs arguments, on retrouve presque toujours une évocation des débats concernant l'interprétation de la physique quantique : selon eux, la philosophie non réaliste de Bohr a fini par prendre le dessus sur le réalisme passionné d'Einstein, de sorte que le seul problème à résoudre serait désormais : quel successeur épistémologique au réalisme opiniâtre et dépassé du père de la relativité doit-on choisir ?

Je ne veux pas me lancer dans ce débat, parce qu'il est fort compliqué et parfaitement inadapté à la durée et à l'horaire de cette chronique, mais simplement noter que ce débat fait écho à celui qui a eu lieu en peinture au XIXe siècle. Le peintre doit-il faire un compte rendu fidèle de la société et de la vie quotidienne ? Ou bien doit-il peindre autre chose, des choses dont il rêve, des choses qu'il ne voit pas mais imagine voir ? Souvent, on dit que le chef de file du courant réaliste fut Gustave Courbet, qui ne peignait pas des objets construits et produits, mais des phénomènes surgissant et se donnant d'eux-mêmes à voir. Je parle de phénomène, or, justement, un phénoménologue, un philosophe phénoménologue, j'ai nommé Jean-Luc Marion, vient de consacrer un ouvrage lumineux à l'auteur de *L'Origine du monde*, intitulé *Courbet ou la Peinture à l'œil*[1].

Il explique d'abord que, selon la phénoménologie, le phénomène doit être pensé comme ne reproduisant rien d'autre que lui-même, il ne révèle nul arrière-monde qui nous resterait inaccessible ou invisible. Il surgit comme un événement, qui se produit comme tel, ne reproduit rien et ajoute au visible déjà vu et répertorié un nouveau venu dans l'univers de la visibilité. Il ajoute ensuite que seule la peinture est capable de mettre en œuvre cette tâche de la phénoménologie, et que c'est Courbet qui l'a accomplie le mieux, de façon révolutionnaire. Courbet fait voir non l'invisible, mais ce que Jean-Luc Marion appelle l'« invu », ce non-encore-vu qui, dans les limbes, attend encore qu'une main le rende visible, le fasse passer au grand jour de la visibilité, l'introduise au concert des visibles.

N'attend-on pas la même chose du physicien ? Le boson de Higgs est longtemps resté invu, jusqu'au jour où on l'a vu presque aussi bien qu'un nez au milieu de la figure.

8 mai 2014.

1. Jean-Luc Marion, *Courbet ou la Peinture à l'œil*, Paris, Flammarion, 2014.

Les mirages du point final

Une fois n'est pas coutume, je vais faire précéder ma chronique d'un petit préambule.

Comme il m'est arrivé d'ironiser à ce micro à propos de l'expression « inverser la courbe du chômage » au simple motif qu'elle ne veut rien dire, des auditeurs m'ont demandé de faire de même à propos de la dernière trouvaille verbale qui vient de nous arriver en provenance de l'empyrée des idées pures. Je veux parler de la phrase : « Le redressement n'est pas terminé, mais le retournement économique arrive. » Je ne suivrai pas ces auditeurs, car s'il fallait réagir chaque fois qu'on nous sert des bizarreries exprimées en volapük légèrement désintégré, toutes les chroniques de France Culture y passeraient. Mais qu'ils sachent que je suis d'accord avec eux pour considérer que si on me disait d'un truc, de n'importe quel truc, qu'il commence à se retourner alors même qu'il n'a pas terminé de se redresser, je serais bien incapable de dire quelle allure peut avoir ce truc…

En matière de contrefaçon sémantique, le progrès fait rage, comme dirait l'autre, au point qu'à mon avis, au train où vont les choses, les choses où vont les trains devraient bientôt cesser d'être des gares…

Fin du préambule, début de ma chronique, dont l'idée m'est venue en voyant la couverture d'un magazine scientifique évoquant ces jours-ci l'inflation cosmique dont on vient de détecter des indices. Ce magazine a titré à sa une : « Big bang, vers la théorie du tout ».

Je voudrais interroger le sens et la portée de cette expression, « théorie du tout ».

Depuis plusieurs décennies, un commando d'avant-garde de la recherche pure tente d'unifier en un seul et même corpus théorique les quatre interactions fondamentales. Férus de calculs cabalistiques, les chercheurs qui le composent ambitionnent de décrire par un seul jeu d'équations l'intégralité du monde, de ses lois aussi bien que de son mobilier ontologique.

Leur projet n'a pas encore abouti, mais l'horizon qu'ils visent a déjà été baptisé : c'est la « théorie du tout ». La question est : s'agit-il d'un rêve chimérique ou d'une ambition raisonnable ?

J'ai déjà évoqué certains des obstacles qu'il reste à franchir : les énigmes de la matière et de l'énergie noires, et aussi l'unification de la physique quantique et de la relativité générale… L'ampleur de ces problèmes fournit une estimation basse de la distance à parcourir avant d'espérer pouvoir dire que les physiciens auront terminé leur tâche. Il ne faut pas oublier une autre contrainte, d'ordre épistémologique : pour qu'une future théorie prétendument du tout puisse se revendiquer « scientifique », il faudra qu'elle conduise à des prédictions qui puissent être vérifiées par des mesures, des observations ou des expériences. Sans quoi, elle risquerait de ne pouvoir se départir du rôle d'éternelle conjecture, ou servirait de prétexte à pouvoir tout dire sur n'importe quoi. La théorie du tout ne serait alors qu'une « foire à tout » logorrhéique.

Mais ne soyons pas trop sceptiques : admettons, pour voir, qu'une telle théorie du tout sera effectivement mise sur pied un jour ; admettons également que nous serons capables de reconnaître en elle *la* théorie du tout, la seule, l'unique, parmi toutes celles qui prétendront lui faire concurrence ; admettons aussi, même si c'est présomptueux, que ses implications nous seront parfaitement intelligibles ; admettons enfin, même si c'est là carrément utopique, qu'elle sera assez courte pour être découverte et assez longue pour avoir suffisamment de puissance explicatrice. La messe de l'univers sera-t-elle dite pour autant ? Certains font semblant de le croire, ou bien survendent des extensions métaphysiques allant au-delà de ce qu'offrent les théories dont nous disposons aujourd'hui. Stephen Hawking écrit par exemple : « L'univers n'a pas eu besoin de créateur. En raison de la loi de la gravitation, l'univers a pu se créer de lui-même, à partir de rien. La création spontanée est donc la raison pour laquelle quelque chose existe, pour laquelle l'univers existe, et pour laquelle nous existons [1]. » Ah bon ? Faut-il comprendre que dans le « rien » dont il est ici question se trouvait déjà la loi de la gravitation ? Mais une loi, ce n'est pas rien, c'est même déjà quelque chose, de sorte qu'un rien qui cohabite avec une loi devient aussitôt mieux que rien… Et lorsqu'on dit que la loi de la gravitation a suffi pour créer l'univers, veut-on dire qu'elle est Dieu, dès lors que Dieu est souvent défini comme le créateur de l'univers ? Que la gravitation, finalement, c'est Dieu soi-même ? Dans ce cas, toute gamelle que vous feriez dans les escaliers deviendrait une expérience religieuse, une sorte de prière cosmique…

On voit par là que le désir de totalisation peut faire céder certaines digues intellectuelles. Sauf à sombrer dans un mysticisme idolâtre, il est illusoire d'espérer extraire le sens du monde d'un jeu d'équations mathématiques. Mais c'est plus fort que nous : nous ne tolérons pas bien

1. Extraits publiés par le quotidien *The Times* daté du 2 septembre 2010.

la contingence. Nous voulons du sens, du dessein, du projet. Dès lors que nous croyons connaître le sens du monde *à l'avance*, nous ne pouvons pas nous empêcher de le faire énoncer par telle ou telle théorie scientifique à notre goût, en réalité de l'y projeter comme on verse du sel sur les aliments. Puis, tout émerveillés, nous nous extasions après coup de l'y reconnaître.

La théorie du tout, même si elle nous éclairait sur la façon que l'univers a eue d'apparaître, ne nous dirait pas *pourquoi* – ni *pour quoi* – un tel événement a eu lieu. Jusqu'à nouvel ordre, les équations n'explosent pas. Alors, même si l'on connaissait celles d'une éventuelle théorie du tout, cela ne nous dirait pas comment un monde physique régi par elles a pu être engendré, un univers obéissant à leurs ordres : quel souffle a pu propulser leurs symboles abstraits dans l'ontologie d'un univers en expansion, avec des êtres humains à l'intérieur ? Nul ne le sait. Il ne suffit donc pas d'avoir une théorie du tout pour tout savoir sur tout. Une *théorie du tout* ne saurait être considérée *a priori* comme une *théorie de tout*.

Par exemple, il y a peu de chances que nous soyons capables de déterminer à partir d'elle pourquoi nous sommes sur cette Terre, ce que signifie se tenir droit, ou si quelqu'un nous regarde. Les théories scientifiques ne traitent vraiment bien que des questions… scientifiques. Or celles-ci ne recouvrent pas l'ensemble des questions qui se posent à nous. Du coup, l'universel que mettrait au jour une théorie *scientifique* du tout serait, par essence, incomplet. Il n'aiderait guère à mieux penser l'amour, la liberté, la justice, le sens qu'il convient d'accorder à nos vies. De telles questions sont certes éclairées par la science, mais pas résolues par elle.

En la matière, il ne faut donc pas chercher à conclure trop vite. Même si les progrès récents de la cosmologie sont incroyablement spectaculaires, il convient de ne pas vendre la peau de la Grande Ourse avant de l'avoir complètement élucidée. Nous ne sommes pas à la fin de l'histoire, et nous ne savons même pas si l'histoire aura une fin.

15 mai 2014.

Six petites minutes pour l'Europe

Aujourd'hui, je ne vous parlerai ni du vide quantique, ni de l'inflation cosmique. Je ne vous parlerai pas non plus du boson de Higgs, ni même de la violation de la symétrie CP dans la désintégration des kaons neutres, qui est pourtant un sujet passionnant sur lequel il faudra bien que je revienne un jour. Car depuis dimanche soir, j'ai plutôt envie de vous parler à ma manière de l'Europe.

À vrai dire, je regrette de ne pas l'avoir fait plus tôt, ne fût-ce que pour vous annoncer que cette année, en 2014, le CERN va fêter ses soixante ans. Or, le CERN, qui est le Laboratoire *européen* pour la physique des particules, c'est le lieu où l'on voit le mieux l'Europe rassemblée, l'Europe en acte, une Europe qui « a de la gueule » si vous me permettez cette expression. Le CERN, c'est l'endroit où l'Europe apparaît vraiment, non pas comme une réalité donnée, inscrite dans l'ordre naturel des choses, mais comme une construction humaine, issue d'un geste intentionnel.

Je ne suis pas naïf au point de penser que si tous les Européens avaient visité le CERN, les résultats des élections européennes auraient été différents. Je ne suis pas non plus assez *poire* pour imaginer que si davantage de personnalités politiques s'étaient donné le mal de parler *un peu* de la science qui se fait en Europe, cela aurait suffi pour que l'idée d'Europe soit davantage applaudie dans les urnes. Mais je suis tout de même encore assez naïf pour m'étonner du fait que l'Europe de la science, *la science en Europe*, ne fasse guère partie des débats, comme si les questions économiques étaient les seules à mériter une dignité électorale.

Je viens de dire que je ne parlerais pas du boson de Higgs, mais embarqué par un tropisme chez moi irrépressible, je vais quand même vous en dire un petit mot. Je veux simplement rappeler que sa découverte, en 2012, au CERN justement, était aussi une leçon de nature politique. Cela a été insuffisamment relevé, alors même qu'un grand nombre de ressortissants des pays de l'Union européenne, dont beaucoup de Français, se plaignent de l'Europe, de son coût, de sa technocratie, de ses pouvoirs insuffisants, de ses pouvoirs excessifs, et de je ne sais plus quoi encore. Dans un tel contexte, il n'aurait pas été luxueux de rappeler que c'est sur le Vieux Continent et nulle part ailleurs que cette découverte a été faite, et qu'elle n'est pas du tout tombée du ciel. Elle est au contraire le résultat d'une très longue persévérance de la part des scientifiques, bien sûr, mais aussi des institutions qui les soutiennent depuis plusieurs décennies. On peut même dire, sans céder à l'emphase, que cette découverte est venue couronner une histoire encore plus longue, pour une grande part européenne, en précisant la réponse à une question qui fut posée il y a bien longtemps sur les rivages de la mer Ionienne : de quoi la matière est-elle faite ?

Cette découverte aurait pu – *aurait même dû* – être l'occasion de mettre en perspective le rôle spécifique qu'a joué l'Europe dans l'émergence de la science moderne. Par exemple, qui a mis sur pied la physique moderne ? Des milliers et des milliers de personnes, qui constituent une vaste forêt dans laquelle on trouve quelques grands arbres qui la cachent : Galilée, Newton, Laplace, Maxwell, Lagrange, Hamilton, Boltzmann, Planck,

Einstein… Il y en a tellement, de ces grands arbres, que je pourrais continuer à citer leurs noms jusqu'au journal de neuf heures… Mais que nous diraient-ils, ces noms ? Que du point de vue historique, la physique a à voir, de très près, avec l'Europe.

Sans doute y a-t-il eu aussi des Galilée indiens et des Galilée chinois. Mais ces Galilée hypothétiques n'ont pas pu se maintenir durablement dans le souvenir de leurs compatriotes. Galilée, « le nôtre » si j'ose dire, a bénéficié, lui, d'un contexte intellectuellement et culturellement favorable (je vous vois sourire, mais le XVIIe siècle, ce n'était pas que l'Inquisition…). Après leur publication, il a bien fallu que les théories de Galilée fussent copiées, diffusées, enseignées, sans quoi elles auraient été oubliées. Cette dernière condition n'est pas si fréquemment réalisée : le cas des grands algébristes chinois du XIIIe siècle, qui ont été complètement effacés du champ de la pensée au cours des siècles suivants, démontre que l'oubli de découvertes, même géniales, est parfaitement possible lorsque les courroies de transmission font défaut dans une société donnée.

L'Europe a peut-être aussi bénéficié du fait qu'elle est le seul continent à être constitué d'un ensemble de terres à la fois séparées et reliées par la mer. La mer qui y joue donc un double rôle, celui d'obstacle et celui de lien, ce qui est propice d'une part à la stabilité d'États prospères, d'autre part à la circulation des idées. David Cosandey a inventé une jolie expression pour dire cette situation particulière de l'Europe : il parle de sa « thalassographie articulée ».

Mais je laisse la géographie pour en revenir à l'histoire. C'est pendant la décennie 1925-1935 que le bouillonnement intellectuel chez les physiciens culmina en Europe, avec l'élaboration de la physique quantique, grâce aux contributions d'Anglais, d'Allemands, d'Autrichiens, d'Italiens, de Français, de Danois, qui collaborèrent dans une sorte de fièvre féconde. Mais au moment où l'Europe scientifique produisait là le meilleur d'elle-même, l'Europe politique engendrait malheureusement le pire : Mussolini, Hitler, Staline, inutile de faire un dessin. De nombreux physiciens européens durent partir, la plupart pour les États-Unis, ce qui déplaça le centre de gravité de la physique d'une rive à l'autre de l'Atlantique.

Et pourtant, ces dernières années, c'est en Europe qu'ont eu lieu de belles avancées scientifiques, par exemple la découverte du boson de Higgs, bien sûr, mais aussi l'obtention de la carte détaillée du fond diffus cosmologique par le satellite européen Planck. Au moment où l'idée d'Europe se trouve quotidiennement malmenée, je tenais juste à souligner ce fait. Et aussi à vous livrer un proverbe ouzbek, à moins qu'il ne soit albanais, ou finlandais, en fait on s'en fiche : « Quand la chèvre a du lait, l'homme n'a plus besoin de bouc émissaire. » Je vous laisse réfléchir à l'actualité de ce proverbe…

29 mai 2014.

Matière à dire

Une anagramme est aux lettres de l'alphabet ce qu'une réaction chimique est aux atomes. Une réaction chimique est en effet un processus qui modifie les liaisons entre atomes : certaines liaisons sont rompues, d'autres sont formées, ça divorce, ça se remarie, mais les atomes eux-mêmes sont conservés. Eh bien c'est pareil pour les lettres dans une anagramme : elles sont conservées, mais changent de position pour former d'autres mots. L'anagramme est donc une bête affaire de stœchiométrie, et on peut métaphoriquement dire que la matière est un alphabet dont les lettres sont les atomes…

Pendant que j'y suis, je vais continuer à vous parler de langage, cette fois du lien entre physique et langage. Certains physiciens considèrent le passage au langage courant comme une concession dangereuse à un désir de communication, et il faut leur reconnaître quelques arguments : par exemple, quand il s'intéresse à la science, le langage littéraire tend à faire résonner les tonneaux vides plus fort que les tonneaux pleins (phénomène que la physique explique d'ailleurs fort bien) ; il exploite aussi le fait qu'il est plus facile de dire une belle chose que de dire une chose précise ; du coup les choses précises sont en général mal dites. C'est Paul Valéry, je crois, qui avait noté que le fait de « penser trop *exactement* mène à mal écrire », ce qui explique peut-être pourquoi les grâces de la belle langue s'enfuient comme autant de lapins devant les équations différentielles ou l'antimatière. Le véritable langage de la physique, il est vrai, ce sont les mathématiques, et non pas les mots.

Reste qu'en attendant l'apothéose du muet que promettent les puristes, les sciences, y compris les plus formelles, ne peuvent se passer du langage. La recherche scientifique n'a rien d'une activité d'aphasiques. C'est même une incessante causerie. Pensez aux particules élémentaires : étant invisibles, elles ne sont jamais vraiment là, bien en évidence devant nous, de sorte que nous n'avons pas d'autre choix que de les invoquer par le verbe. En ce sens, la physique demeure un « drame parlé », comme dit Valère Novarina, cet homme de théâtre dont je vous reparlerai dans une minute et douze secondes.

Sans mots, pas de choses, et sans verbe, pas de matière.

Mais comment bien parler de la matière ? Les particules élémentaires n'ont aucune des propriétés que les choses possèdent à notre échelle : elles ne sont pas bien localisées dans l'espace, ni ne sont impénétrables, et elles n'ont pas de trajectoires bien définies… On pourrait presque dire qu'à toute petite échelle, la matière se « déchosifie ». Elle disparaît même d'une certaine façon, comme si le sort de toute représentation de la matière était de la laisser à la traîne : plus la représentation se précise, plus l'idée même de matière se perd en cours de route. Il en irait donc de la matière en physique comme de la Loi chez Kafka : toutes deux sont données comme très proches, mais aussi toujours remises à plus tard. Souvenez-vous de l'homme du *Procès*, qui attend d'avoir accès à la Loi : « Une sentinelle se tient postée devant la Loi ; un homme vient un jour la trouver et lui demande la permission de pénétrer. Mais la sentinelle lui dit qu'elle ne peut pas le laisser entrer pour le moment.

L'homme réfléchit et demande alors s'il pourra entrer plus tard. “C'est possible, dit la sentinelle, mais pas maintenant.” [...] La sentinelle lui donne un escabeau et le fait asseoir à côté de la porte. Il reste là pendant de longues années [1]. »

Le physicien est donc dans la position de l'homme de Kafka, au sens où lui aussi attend une ultime expérience décisive : il ne rencontre jamais vraiment la matière, mais projette sans cesse de le faire. Valère Novarina dit cela à sa façon : « La matière est en attendant. »

Si je le cite aujourd'hui, c'est parce qu'il vient de publier *Observez les logaèdres* [2]. Les logaèdres, ce sont des mots, mais pas des mots domestiqués, au repos, comme sont les mots des dictionnaires. Ce sont plutôt des mots volants, des sortes d'oiseaux mathématiques qui sont à la fois de la famille du gypaète et proches du logarithme. Je sais, cela ne veut rien dire, c'est juste une façon de signifier que la grande question qui intéresse Novarina est : d'où vient que notre viande s'exprime ?

Dans l'une de ses pièces, *Le Vrai Sang*, il fait parler des machines parlantes. Je ne résiste pas au plaisir de citer deux de ces machines.

La machine à dire la suite :

« Le ministre de la Communication préconise dans son blog *Lu dans mon café au lait* la réunion d'un Grenelle de l'environnement culturel regroupant tous les Créateurs de la création autour d'une motion visant au *garantissement* de la *fournitivité* de la *culturitude* pour *chacun*. Une Rolex sera offerte à la sortie à tous les acteurs sociaux ayant remis leur cadran solaire au contrôle. »

1. Franz Kafka, *Le Procès*, tr. A. Vialatte, Paris, Gallimard, p. 281.
2. Valère Novarina, *Observez les logaèdres*, Paris, POL, 2014.

La machine à espérer la même chose :

« “La France osera-t-elle menacer ses voisins de se retirer de l’Hexagone ?” se demande ce matin dans *Pensée-Magazine* le philosophe Régis Gallibert. »

C’est drôle, on dirait de la politique.

5 juin 2014.

QUAND L'INFLATION SE DÉVALUE

Je me dois aujourd'hui de revenir sur l'une de mes chroniques précédentes, que j'avais intitulée « Le spectre de l'inflation ». Le 20 mars dernier, je vous avais en effet parlé des résultats potentiellement spectaculaires qui venaient d'être annoncés par les responsables de l'expérience BICEP2, un radiotélescope installé au pôle Sud. Ces résultats concernaient l'univers primordial, et même primo-primordial, ce qui, vous me l'accorderez, n'est pas un petit sujet.

Laissez-moi d'abord résumer cette chronique du 20 mars que vous avez le droit d'avoir oubliée. D'abord, j'avais expliqué ce qu'est le fond diffus cosmologique, qui est l'objet d'étude de l'expérience BICEP2. Ce rayonnement fossile est le résidu d'une étape clé de l'histoire de l'univers : pendant les 380 000 ans qui ont suivi le big bang, la lumière ne pouvait pas se propager librement dans l'espace, à cause des interactions trop nombreuses qu'elle avait avec des particules de matière. Le refroidissement continu de l'univers a toutefois fini par provoquer un changement lorsque la température de l'univers n'était plus que de 3 000 kelvins : les électrons furent capturés par les noyaux, formant ainsi des atomes. Comme les photons interagissent peu avec les atomes, ils se propagèrent enfin librement dans l'univers. C'est ce rayonnement qui s'est libéré de la matière – et dont la température n'est plus que de 2,7 kelvins – qui constitue le fond diffus cosmologique. Il contient une mine d'informations, car sa structure a dû conserver la trace d'événements cosmiques antérieurs.

Ensuite, j'avais expliqué que notre univers a deux propriétés bien étranges, en forme d'énigmes. Première énigme : il est plat, c'est-à-dire que sa courbure est nulle à grande échelle, alors que toutes les valeurs de la courbure, positives ou négatives, étaient également envisageables (alors d'où vient que c'est tout juste zéro ? Serions-nous les vainqueurs de je ne sais quelle loterie cosmique ?) ; seconde énigme, le fond diffus cosmologique est homogène, ce qui est bizarre, car 380 000 ans, ce n'est pas une durée suffisante pour qu'un univers inhomogène au départ puisse atteindre l'équilibre thermique.

Alors, en ce 20 mars, à 7 h 21 du matin je m'en souviens, je vous avais expliqué que pour résoudre ces deux problèmes, des théoriciens avaient proposé l'hypothèse selon laquelle l'univers primordial aurait connu une gigantesque « inflation », c'est-à-dire une phase d'expansion incroyablement accélérée lorsque la densité était extrêmement élevée : les distances auraient été multipliées par un facteur de l'ordre de 10^{50} en une durée de l'ordre de 10^{-32} seconde ! Vous imaginez sans peine qu'en cette occasion, la métrique de l'espace-temps n'a pas dû chômer…

Cette hypothèse semble gratuite, mais elle a ceci d'intéressant qu'elle permet d'expliquer à la fois l'homogénéité de l'univers et sa platitude. Commençons par l'homogénéité : avant que ce mécanisme d'inflation ne s'enclenche, la portion d'univers correspondant à celle actuellement visible était beaucoup plus petite qu'un noyau d'atome. La lumière n'a donc eu aucun problème pour traverser cette portion d'espace, même avec seulement 10^{-32} seconde à sa disposition. En conséquence, toutes les parties de l'univers aujourd'hui observable avaient pu se lier les unes aux autres avant l'inflation, et c'est ainsi que l'équilibre thermique a pu être atteint. Par la suite, la taille de l'univers s'est démultipliée du fait de l'inflation, avec, pour résultat final, un rayonnement homogène, y compris des régions qui nous semblent causalement indépendantes.

Quant à la platitude de l'univers, l'inflation l'explique par un simple effet de perspective : l'univers s'étant considérablement agrandi en une fraction de seconde, sa courbure paraît moins importante, de la même façon que la surface d'un ballon gonflé (il fallait bien que je trouve le moyen de parler de foot en ce jour de démarrage du Mondial) apparaît presque plate si on la regarde sur une toute petite portion. L'univers observable ne serait qu'une toute petite partie de l'univers réel…

Mais comment tester pareille hypothèse ? J'avais expliqué que certains modèles d'inflation prévoient que les tremblements furieusement quantiques de l'espace-temps que l'inflation a provoqués ont dû engendrer des ondes gravitationnelles capables de polariser les photons du fond diffus cosmologique.

Et ce qu'avaient annoncé les responsables de BICEP2 en mars dernier, c'était justement que leur radiotélescope avait détecté cette polarisation. J'avais dit que ce résultat allait être examiné à la loupe par les spécialistes et qu'il était donc un peu trop tôt pour clamer qu'il était définitif : en recherche, il faut savoir suspendre son jugement et différer ses émotions. Mais j'avais conclu en disant que si ce résultat était confirmé par les données du satellite Planck, alors, vraiment, ce serait dingue.

Or, et c'est ce qui m'oblige à revenir sur ma chronique du 20 mars afin de ne pas vous laisser brouter plus longtemps dans les verts pâturages de l'erreur, l'affaire vient de faire *pschitt* : plusieurs études ont en effet montré qu'une partie, voire la totalité, du signal obtenu pourrait être due non pas aux fluctuations quantiques de l'espace-temps primordial, mais aux effets des poussières intra-galactiques. Cela veut dire qu'aujourd'hui, contrairement à ce qui fut annoncé, personne ne sait dire si les ondes gravitationnelles issues du vide quantique primordial existent ou n'existent pas. Le doute à ce sujet est donc redevenu de mise, au moins jusqu'à ce qu'on prenne connaissance des résultats du satellite Planck, annoncés pour octobre prochain.

Je conçois fort bien qu'un signal puisse faire grand bruit si son importance le justifie, mais à la condition que l'on se soit donné le temps de vérifier qu'il s'agit vraiment d'un signal et non pas simplement d'un bruit, justement. Trop de gens se sont là montrés trop pressés, alors même que rien dans le lac de la physique n'était spécialement en feu.

Ma petite morale de l'histoire :

Je sais bien que tout le monde peut se tromper, et même qu'en science la vérité est presque toujours une erreur rectifiée, et même encore que c'est Victor Hugo qui l'a le mieux dit : « Ô erreurs sacrées, mères lentes, aveugles et saintes de la vérité », écrivait-il. Mais bon, à force de nous agiter fébrilement comme des cyber-Gédéon ou des turbo-Bécassine, nous finissons par ne plus prendre les précautions nécessaires avant de faire des annonces retentissantes qui peuvent se trouver malmenées par la suite, voire carrément contredites, au point que ma chronique d'aujourd'hui est presque l'antiparticule de ma chronique du 20 mars : les deux s'annihilent mutuellement.

Pareille attitude alimente le scepticisme ambiant et le relativisme post-moderne, par ailleurs si florissants qu'on ne voit pas très bien pourquoi les physiciens devraient leur donner un coup de main.

12 juin 2014.

VOUS AVEZ DIT « TÉLÉPORTATION » ?

Je vous l'ai déjà dit, l'intrication quantique tient en ce que deux particules qui ont interagi dans le passé peuvent être si fortement corrélées qu'elles ont des liens que leur distance mutuelle n'affaiblit pas : ce qui arrive à l'une des deux a des répercussions immédiates sur l'état de l'autre, où que l'une et l'autre soient dans l'univers, par l'entremise d'une connexion étrange, sans équivalent dans le monde ordinaire.

Cette propriété, qu'on appelle aussi la « non-séparabilité », est quelque chose d'impossible à se représenter avec des images ordinaires. On peut toutefois s'en faire une vague idée en pensant aux Rolling Stones, qui ont donné ce vendredi un très brillant concert (le 13 juin) : il est clair qu'en tant que groupe, les Stones forment une totalité qui est bien plus que l'addition de ses membres (j'ai failli dire l'addiction… mais on sait bien que ce temps-là est révolu). Leurs guitares électriques et électrisantes sont intriquées les unes aux autres, comme si elles étaient très fortement corrélées à distance. Keith Richards l'a d'ailleurs dit avec ses mots bien à lui : « Je ne sais pas comment cela a pu arriver, mais un lien s'est créé entre nous, qui tient toujours malgré tout le reste, comme un pacte très solide. »

Mais l'intrication quantique, la vraie, est encore plus impressionnante que celle des Stones en ce qu'elle permet de « téléporter » une information, c'est-à-dire de la transférer depuis un objet vers un autre objet. Les Stones, eux, se contentent de nous transporter, ce qui est déjà beaucoup, mais n'est pas la même chose que nous téléporter.

Prenons deux jeunes gens, disons Paul et Jules, qui disposent d'une paire de particules intriquées. Donnons à Paul une particule supplémentaire dans un certain état quantique. Question : comment Paul peut-il transmettre à Jules l'information associée à cette particule ? Très simplement, enfin, presque…

Laissez-moi d'abord préciser une chose : Paul ne peut pas déterminer l'état de la particule qu'il souhaite faire connaître à Jules, puisque toute mesure faite sur cette particule détruirait une partie de l'information qu'elle porte (c'est comme ça en physique quantique, la mesure modifie l'état du système sur lequel elle est faite). Dès lors, Paul n'a qu'une solution : coupler cette particule avec la particule appartenant à la paire intriquée qui est également en sa possession, puis effectuer une mesure locale sur l'ensemble ainsi formé. Cette opération a une répercussion instantanée sur l'autre particule de la paire intriquée détenue par Jules : celle-ci se retrouve aussitôt mise dans un état qui dépend du résultat de la mesure faite par Paul. Il suffit ensuite que Paul communique à Jules par téléphone le résultat qu'il a obtenu pour que Jules puisse mettre sa particule dans l'état exact qu'avait la particule supplémentaire de Paul, en effectuant une opération élémentaire que je ne détaillerai pas. M'avez-vous suivi ?

Je n'en suis pas certain, car je sais bien que nos partie-têtes ne sont pas toujours capables de comprendre nos particules…

En fait, ce que je viens d'expliquer, c'est qu'il y a eu *téléportation* non pas de la particule elle-même, mais seulement de l'information qu'elle porte : la particule de

Jules se retrouve exactement dans l'état qu'avait la particule de Paul. Mais dans cette opération, aucun objet proprement dit n'a été transporté dans l'espace. On a presque envie de parler de « fax quantique », sauf que contrairement à ce qui se passe avec un fax, la téléportation quantique détruit l'original de l'information qu'elle transmet au travers de l'espace… Il ne s'agit donc pas d'un clonage à l'issue duquel on aurait deux objets identiques en deux endroits différents : le second objet est certes devenu identique au premier, mais le premier, lui, n'est plus identique à lui-même…

Cette téléportation quantique n'a rien à voir non plus avec celle de la science-fiction. On n'est pas dans *Star Trek*, où l'on voit un objet disparaître d'ici pour réapparaître là-bas sans être passé par aucun lieu intermédiaire, ce qui constitue une opération impossible. Ce qu'on peut téléporter dans la réalité, ce ne sont pas des objets, mais seulement des propriétés d'objets, car il demeure vrai en physique quantique que de la matière ne peut passer d'un endroit à un autre sans passer par des lieux intermédiaires.

La téléportation quantique n'a pas non plus à voir avec la téléportation que semblent permettre les technologies de l'information : par exemple, un e-mail qui quitte mon ordinateur se retrouve en quelques secondes sur l'écran de mon correspondant, à l'autre bout du monde. Mais cette opération n'a en réalité rien de quantique : elle mobilise tout un réseau d'ondes WiFi, d'électrons dans des câbles et de photons dans des fibres optiques qui a, de fait, transporté mon e-mail, de proche en proche, depuis là où je suis jusque là-bas où il arrive.

Dans la téléportation quantique, rien de tel n'existe : il n'y a aucun support matériel qui serve à la transmission de l'information.

Bref, la téléportation, quand c'est quantique, ce n'est pas du tout comme quand ce n'est pas quantique.

Comme certains de nos auditeurs sont plutôt philosophes, je peux réexpliquer les choses en m'appuyant sur Aristote, selon lequel tout objet est constitué de deux ingrédients, la substance et la forme. La substance, en gros, c'est la matière, et la forme, en gros, c'est l'état physique. Exemple : une lettre est constituée d'une part de papier et d'encre, qui sont sa matière, et d'autre part d'un texte qui est l'information ou l'état physique attaché à cette matière.

Dite en ces termes, la téléportation quantique consiste à transmettre la forme d'un objet à un autre objet sans qu'il y ait déplacement de substance. Par exemple, si Paul téléportait une guitare électrique sculptée dans de la pâte à modeler, la pâte en sa possession demeurerait sur place, mais deviendrait d'un coup informe, tandis qu'à l'arrivée, du côté de Jules, une pâte au départ informe acquerrait à la fin du processus la forme de la guitare initiale. Pour que ça marche, il faut donc qu'il y ait au départ de la pâte aux deux endroits.

Si je vous parle de tout cela, c'est parce que la revue *Science* vient de publier un article de Ronald Hanson et de son équipe de l'université de Delft annonçant que des physiciens avaient téléporté l'état quantique d'un atome vers un autre atome situé trois mètres plus loin, avec une fiabilité parfaite.

Au moment où, pour cause de Mondial, presque tout le monde est téléporté – au sens de « porté sur sa télé » –, il m'a semblé que c'était une information à méditer…

19 juin 2014.

Coups francs et invariance de jauge

La pression est forte, de plus en plus forte, pour que je vous parle de football. Le problème est : que pourrais-je dire qui n'a pas déjà été dit ?

Je pourrais bien sûr évoquer le très beau livre de Jean-Claude Michéa, *Le plus beau but était une passe*[1], dans lequel il démontre que le football, ce « royaume de la liberté exercée en plein air » selon la jolie définition d'Antonio Gramsci, n'est pas aussi étranger au monde des idées, notamment aux enjeux de la philosophie politique, que certains seraient enclins à le croire. Rares sont pourtant les intellectuels du XXe siècle à s'être vraiment passionnés pour le football.

Il y a Jean Giraudoux, auteur d'une jolie formule : « Le génie ne doit rien à l'arthritisme. »

Il y a Pier Paolo Pasolini, qui fut capitaine de l'équipe de football de son université de lettres.

Il y a Albert Camus, qui gardait les buts de l'équipe de l'université d'Alger. Il s'était habitué à occuper ce poste depuis l'enfance parce que c'était celui où l'on usait le moins ses chaussures. Fils d'une famille pauvre, Camus ne pouvait pas se payer le luxe de courir sur le terrain. Son expérience de gardien de but lui enseigna beaucoup de choses, comme il le racontera lui-même : « J'ai appris

1. Jean-Claude Michéa, *Le plus beau but était une passe. Écrits sur le football*, Flammarion, « Climats », 2014.

que le ballon n'arrive jamais par où l'on croit qu'il va arriver. Cela m'a beaucoup aidé dans la vie, surtout dans les grandes villes, où les gens ne sont pas en général ce qu'on appelle droits. »

Camus apprit aussi à gagner sans se prendre pour Dieu et à perdre sans se trouver nul, ce qui n'est pas un savoir si facile à acquérir.

Je pourrais aussi vous parler de physiciens qui ont été de très bons footballeurs.

Par exemple Niels Bohr, qui fut toutefois dépassé en la matière par son frère cadet, Harald Bohr, qui était à la fois mathématicien et sportif de haut niveau : il joua dans l'équipe nationale de football du Danemark et participa aux jeux Olympiques de Londres en 1908.

Autre exemple, Frédéric Joliot-Curie, l'un des Français les plus connus en son temps, dans le monde entier, d'une part pour ses travaux scientifiques, menés en collaboration avec sa femme Irène, d'autre part pour ses engagements politiques. Mais on cite plus rarement le goût qu'il eut toute sa vie pour les activités physiques. Au lycée Lakanal, à Sceaux, où il fit ses études jusqu'en classe de première, il laissa surtout le souvenir d'un sportif, bon élève par ailleurs, sauf en français. Excellent footballeur (« toujours un péril pour le goal adverse » selon la presse), il fit partie d'une sélection nationale qui, en 1917 (alors qu'il n'avait que dix-sept ans) rencontra une équipe anglaise. À cette époque, dira-t-il plus tard, « j'étais quasi professionnel de football ».

Mais je préfère vous dire comment la physique aide parfois à comprendre ce qui se passe dans un match de football.

Prenez ces coups francs qui semblent impossibles : le gardien de but et les joueurs qui forment le mur contemplent, médusés, le ballon décrivant une trajectoire courbe, qui contourne le mur et finit par se loger dans le coin le plus inaccessible de la cage.

On dirait de la magie. Mais non. En réalité, c'est de la physique, plus précisément ce qu'on appelle de l'« invariance de jauge ». Je me souviens encore du jour où mon collègue et ami Gilles Cohen-Tannoudji me l'a expliqué.

Deux ingrédients, me dit-il, permettent d'expliquer le phénomène :

– D'abord, l'effet qui est communiqué au ballon au moment de la frappe.

– Ensuite, l'interaction du ballon en rotation sur lui-même avec l'air ambiant : sur la Lune, où il n'y a pas d'atmosphère, le ballon ne pourrait pas contourner le mur.

Supposons qu'au moment de la frappe le tireur a communiqué au ballon un mouvement de rotation sur lui-même dans le sens inverse des aiguilles d'une montre. Cela signifie que le ballon a acquis un moment cinétique propre, qui est dirigé vers le haut.

Mais l'air oppose une résistance au mouvement de rotation du ballon : se forment donc à sa surface des tourbillons d'air qui tournent en sens inverse du ballon. Le système formé par le ballon en rotation et les couches d'air que sa rotation fait tourner n'est pas isolé mais presque, car la viscosité de l'air est faible (dans un liquide, la balle en rotation s'immobiliserait très vite). Le moment cinétique total de ce système est donc conservé. Il se trouve que c'est de cette conservation que résulte la courbure de la trajectoire du ballon, qui lui permet de contourner le mur.

Voyons cela de plus près. À l'envol du ballon, le moment cinétique du ballon est celui qui lui a été communiqué par le tireur. Dans notre hypothèse, il est dirigé vers le haut. Mais ensuite intervient la somme des moments cinétiques des tourbillons d'air, qui, elle, est dirigée vers le bas. Comme le moment cinétique total est conservé, le système doit acquérir un nouveau moment cinétique qui compense exactement celui des tourbillons d'air, et qui est donc dirigé vers le haut. Ce nouveau moment cinétique ne peut pas être un moment cinétique propre du ballon, car cela voudrait dire que la rotation du ballon s'accélérerait du fait de la résistance de l'air. Il ne peut qu'être un moment cinétique orbital : la trajectoire du ballon va donc se courber dans le même sens que la rotation propre du ballon.

Le principe qui courbe la trajectoire est donc bien un principe d'invariance de jauge : c'est l'invariance par rotation, équivalente à la conservation du moment cinétique et imposée en chaque point de la trajectoire, qui autorise les coups francs magiques.

Quand je vous aurai dit que ce principe d'invariance de jauge est aussi à la base de notre description des interactions entre particules élémentaires, j'aurai sans doute fini de vous convaincre, après Jean-Claude Michéa, que le football offre effectivement matière à penser.

26 juin 2014.

14-18

Dans le numéro de juin de la revue *Études*, Emmanuel Godo se demande si la guerre de 14-18 a correspondu à une crise de l'esprit. Sa réponse est évidemment positive. Car, écrit-il, « l'un des paradoxes les plus cruels de la guerre de 14-18 a été de mobiliser toutes les ressources de la vie intellectuelle pour confronter le soldat à une réalité d'une telle absurdité que la pensée ne pouvait lui faire face ».

Civilisation, culture, progrès, science, devoir… Les mots convoqués pour justifier et sublimer la guerre perdirent d'autant plus leur crédit que les soldats se trouvent confrontés à des réalités exactement contraires : morts en masse, poux, pestilence, pourriture, boue, négation de la valeur humaine, cadavres laissés sans sépulture au mépris des lois les plus élémentaires. Au lieu d'entraîner l'homme vers un avenir radieux, la guerre le ramène à une préhistoire. Et à rebours de l'idéalisme faisant de l'éducation, de la culture et de l'exercice de la raison les ressorts d'une humanité accomplie, on découvre qu'ils ont été les adjuvants du désastre et les instruments de la « brutalisation » des âmes. L'ampleur du crime s'est mesurée – aussi – à la puissance de l'esprit qui l'a porté et enrobé.

La guerre a donc bien été une déroute de l'esprit, un carnage pour lequel il a fallu mobiliser, comme le dit Paul Valéry, beaucoup de science, de philosophie, de culture et de qualités morales. C'est même au point que la fin de la guerre a marqué non pas l'heure de la victoire mais le début d'une ère du soupçon : « Savoir et Devoir, vous êtes donc suspects ? » se demande Paul Valéry dans un livre justement intitulé *La Crise de l'esprit*.

Les classiques eux-mêmes n'ont sans doute pas survécu aux tranchées, comme le fit remarquer Brecht : « La vérité, c'est que les classiques sont morts à la guerre, ils figurent au nombre de nos victimes. S'il est exact qu'on a vu des soldats mettre *Faust* dans leur musette en partant au front, ceux qui en sont revenus ne l'avaient plus [1]. »

Reste qu'il y a eu des exceptions. Pour quelques très rares soldats, le front a été au contraire ce que l'un d'entre eux, Roger Cahen, a appelé un « pensoir », c'est-à-dire un lieu où la réflexion s'épure et s'élève au-dessus des contingences ordinaires. Cette idée a beau sembler bizarre et même scandaleuse, elle se retrouve dans certains retours d'expériences de 14-18. La guerre a parfois joué le rôle d'une épreuve de vérité, permettant à l'homme de forger sa philosophie de l'existence. Teilhard de Chardin, par exemple, a écrit un livre dont le titre semble à peine croyable : *La Nostalgie du front*.

Je me suis demandé si on pouvait trouver un physicien ayant vécu pareille chose. Et il me semble que oui, on peut en trouver un, en la personne d'Erwin Schrödinger, l'homme du chat, dont j'ai déjà dit qu'il fut également un grand amateur de femmes, dont la vie a incarné dans toute sa longueur cette phrase d'Aristote : « Car le désirable est moteur et, si la pensée est à son tour motrice, c'est parce qu'elle trouve le principe de son mouvement

1. Bertolt Brecht, *Écrits sur le théâtre*, dir. J.-M. Valentin, Paris, Gallimard, « Bibliothèque de la Pléiade », 2000, « Entretien sur les classiques », p. 158.

dans le désirable. » Schrödinger a tenu sa vie durant un journal dans lequel il n'était nullement question d'équations ni d'atomes, mais plutôt de femmes, de sentiments, mieux, de la « transcendance » à laquelle ouvre la rencontre amoureuse.

Schrödinger était entré à l'université de Vienne en 1907. Au début du XXe siècle, la tendance à cloisonner les disciplines et à contraindre les étudiants à des choix mutilants pour l'esprit n'avait pas encore produit ses ravages. L'intérêt de Schrödinger pour la philosophie put donc s'exprimer à l'intérieur même de son cursus universitaire. Inscrit en physique, il assistait régulièrement aux cours sur Spinoza et sur les atomistes grecs. Les deux leçons principales qu'il en retiendra portent sur l'étonnement, source de toute démarche philosophique, et sur la mise à distance de la mort dans l'épicurisme. Habitué à considérer que « la mort n'est rien pour nous », l'épicurien s'immunise contre le malheur éventuel. Les conditions qu'il assigne au plaisir sont d'ailleurs fort simples : comprendre que la mort n'est pas à craindre ; fuir la brigue et l'agitation politique ; éviter, enfin, les feux de l'amour qui aveuglent. Sur ce dernier point, il semble que Schrödinger n'ait pas voulu retenir la leçon. Il sera donc épicurien, aux femmes près.

Lorsque la Première Guerre mondiale éclate, il est envoyé sur les fronts du sud-ouest de l'Empire austro-hongrois, en tant qu'officier d'artillerie. Il y a, contre toute attente, si peu d'agitation alentour qu'il tente de s'occuper à sa façon, en publiant quelques articles sur l'agitation perpétuelle des grains de poussière due au mouvement des molécules de l'air, et il rédige même un cahier sur la question du temps en philosophie.

Mais quand l'Italie déclare la guerre à l'Empire austro-hongrois, à la suite de la signature du pacte de Londres, en 1915, Schrödinger est envoyé sur le front tyrolien, où l'ambiance est tout autre. Les combats sont acharnés. Son régiment repousse plusieurs offensives italiennes très meurtrières. Lui-même fait preuve de sang-froid et d'un grand courage qui sont salués par la hiérarchie militaire. Lors des permissions, bien sûr, il tombe systématiquement amoureux, mais ne parvient pas à oublier ses amours précédentes, qui se superposent donc aux nouvelles. Le chat de Schrödinger, lui-même mis en état de superposition quantique, est peut-être né là…

Schrödinger est toujours sur le front lorsqu'il apprend qu'Einstein vient d'achever sa théorie de la relativité générale. Il se procure l'article et étudie minutieusement ce lien qui apparaît tout à coup entre l'espace, le temps et la matière. Il est comme fasciné.

Mais c'est le temps qu'il fait, et non le temps qui passe, qui va l'accaparer : en 1917, il retourne à Vienne pour enseigner la météorologie aux officiers. Parallèlement, son activité philosophique s'intensifie : il étudie les métaphysiques de l'Inde, détaille notamment les notions de *nirvana* et de *karma*, puis découvre Schopenhauer. C'est pour lui une révélation, qui marquera la suite de son parcours de physicien.

C'est un peu terrible à dire, mais Schrödinger est la preuve qu'on peut former et enrichir son intellect tout en traversant la guerre de très près.

3 juillet 2014.

TABLE

LES SCIENCES DANS LA COLLECTION CHAMPS

JEAN ABITBOL
L'Odyssée de la voix.

RONAN ALLAIN
Histoire des dinosaures.

ALEX BELLOS
Alex au pays des chiffres. Une plongée dans l'univers des mathématiques.

MICHEL BITBOL
L'Aveuglante Proximité du réel. Anti-réalisme et quasi-réalisme en physique.
Mécanique quantique. Une introduction philosophique.
Physique et philosophie de l'esprit.

FRANCESCO ET LUCA CAVALLI-SFORZA
Qui sommes-nous ? Une histoire de la diversité humaine.

YVES CHRISTEN
L'animal est-il une personne ?

CLAUDE COMBES
L'Art d'être parasite. Les associations du vivant.

THIBAULT DAMOUR
Si Einstein m'était conté…

PATRICE DAVID ET SARAH SAMADI
La Théorie de l'évolution. Une logique pour la biologie.

DEREK DENTON
L'Émergence de la conscience. De l'animal à l'homme.

MICHAEL DENTON
Évolution. Une théorie en crise.

ALBERT EINSTEIN
Comment je vois le monde.
Conceptions scientifiques.

ALBERT EINSTEIN ET LÉOPOLD INFELD
L'Évolution des idées en physique. Des premiers concepts aux théories de la relativité et des quanta.

LUDWIK FLECK
Genèse et développement d'un fait scientifique.

MURRAY GELL-MANN
Le Quark et le Jaguar. Voyage au cœur du simple et du complexe.

JAMES GLEICK
La Théorie du chaos. Vers une nouvelle science.

JOHN GRIBBIN
À la poursuite du big-bang.
Le Chaos, la complexité et l'émergence de la vie.
Le Chat de Schrödinger. Physique quantique et réalité.

STEPHEN HAWKING
Une belle histoire du temps.

Une brève histoire du temps. Du Big Bang aux trous noirs.

Commencement du temps et fin de la physique.

Petite Histoire de l'Univers. Du Big Bang à la fin du monde.

WERNER HEISENBERG

La Partie et le Tout. Le monde de la physique atomique (Souvenirs, 1920-1965).

ALEXANDRA HOROWITZ

Dans la peau d'un chien.

JEAN-JACQUES HUBLIN

Quand d'autres hommes peuplaient la Terre. Nouveaux regards sur nos origines.

ALBERT JACQUARD

Idées vécues.

La Légende de demain.

La Légende de la vie.

MICHIO KAKU

Une brève histoire du futur. Comment la science va changer le monde.

SAM KEAN

Quand les atomes racontent l'histoire du monde.

ÉTIENNE KLEIN

Allons-nous liquider la science ? Galilée et les Indiens.

Discours sur l'origine de l'Univers.

Le Facteur temps ne sonne jamais deux fois.

Il était sept fois la révolution.

Le Monde selon Étienne Klein.

Petit Voyage dans le monde des quanta.

Les Tactiques de Chronos.

ÉTIENNE KLEIN ET MICHEL SPIRO (DIR.)

Le Temps et sa flèche.

THOMAS S. KUHN

La Structure des révolutions scientifiques.

MANJIT KUMAR

Le Grand Roman de la physique quantique. Einstein, Bohr… et le débat sur la nature de la réalité.

HERVÉ LE TREUT ET JEAN-MARIE JANCOVICI

L'Effet de serre. Allons-nous changer le climat ?

RICHARD E. LEAKEY ET ROGER LEWIN

Les Origines de l'homme.

GEORGES LOCHAK

La Géométrisation de la physique.

KONRAD LORENZ

L'Agression. Une histoire naturelle du mal.

L'Envers du miroir. Une histoire naturelle de la connaissance.

Les Fondements de l'éthologie.

KONRAD LORENZ ET KARL POPPER

L'Avenir est ouvert. Entretien d'Altenberg.

JAMES LOVELOCK

La Terre est un être vivant. L'hypothèse Gaïa.

BENOÎT MANDELBROT
Fractales, hasard et finance. (1959-1997)
Les Objets fractals. Forme, hasard et dimension.

JACQUES MERLEAU-PONTY
Einstein.

JEAN-MARIE PELT ET GILLES-ÉRIC SÉRALINI
Après nous le déluge ?

ROGER PENROSE
Les Deux Infinis et l'esprit humain.

JEAN PERRIN
Les Atomes.

ANDRÉ PICHOT
Histoire de la notion de gène.
La Société pure. De Darwin à Hitler.

PASCAL PICQ
Le monde a-t-il été créé en sept jours ?

PASCAL PLANCK
Autobiographie scientifique et derniers écrits.
Initiations à la physique.

HENRI POINCARÉ
La Science et l'Hypothèse.
La Valeur de la science.

ILYA PRIGOGINE
Les Lois du chaos.

ILYA PRIGOGINE ET ISABELLE STENGERS
Entre le temps et l'éternité.

JOSEF REICHHOLF
L'Émancipation de la vie.
L'Émergence de l'homme. L'apparition de l'homme et ses rapports avec la nature.

CLAIRE SALOMON-BAYET
L'Institution de la science et l'expérience du vivant. Méthode et expérience à l'Académie royale des sciences, 1666-1793.

GILLES-ÉRIC SÉRALINI
Génétiquement incorrect.

MICHEL SERRES
Les Origines de la géométrie. Tiers livre des fondations.

ISABELLE STENGERS
L'Invention des sciences modernes.

IAN STEWART
17 équations qui ont changé le monde.
La Chasse aux trésors mathématiques.
Dieu joue-t-il aux dés ? Les mathématiques du chaos.
Les mathématiques du vivant, ou la clé des mystères de l'existence.
Mon cabinet de curiosités mathématiques.

RENÉ THOM
Paraboles et catastrophes. Entretiens sur les mathématiques, la science et la philosophie.

Prédire n'est pas expliquer.
Entretiens avec Émile Noël.

KIP S. THORNE
Trous noirs et distorsions du temps.
L'héritage sulfureux d'Einstein.

TRINH XUAN THUAN
Entretiens avec un astrophysicien.

FRANS DE WAAL
De la réconciliation chez les primates.

Mise en page par
Pixellence/Meta-systems
59100 Roubaix

N° d'édition : L.01EHQN000916.B002
Dépôt légal : septembre 2016
Imprimé en Espagne par Novoprint (Barcelone)

Mis en page par
[illegible]
33100 Bordeaux

[illegible]
Dépôt légal : [illegible] 2016
Imprimé en [illegible] par [illegible]